10대를 위한
인성 수업

올바른 인성 만들기를 위한 행복 단어 43가지

10대를 위한
인성 수업

이충호 지음

하늘
아래

10대를 위한 **인성 수업** (개정판)

개정 1쇄 펴낸날 2024년 2월 28일

지은이 이충호
펴낸이 이종근
펴낸곳 도서출판 하늘아래

주소 경기도 고양시 일산동구 하늘마을로 57- 9 3층 302호
전화 (031) 976-3531
팩스 (031) 976-3530
이메일 haneulbook@naver.com
등록번호 제300-2006-23호

ISBN 979-11-5997-095-5 (43190)

뜻을 세워 사는 사람에게는 길이 열린다

머리말

제자들에게 또는 자녀들에게 뭔가 뜻있는 이야기를 해주고 싶을 때, 언뜻 말하고자 하는 주제에 알맞는 이야깃거리가 잘 생각이 나지 않아 애를 태웠던 경험이 누구에게나 있었을 것이다. 특히 학생들을 가르치고 있는 교직자에게는 더욱 그러했을 것이다.

이럴 때 재미있으면서도 오래 기억에 남을 수 있는 예화를 곁들인 이야깃거리를 덕목별로 정리한 교육자료가 있으면 얼마나 좋을까 하고 아쉬워했다. 그래서 언젠가는 우리 생활과 밀접한 덕목들을 망라한 교훈적인 이야깃거리를 한 권의 책으로 묶어 펴내고 싶었다. 간단히 단편적으로 어느 한 덕목에 관계된 글은 볼 수가 있어도 여러 덕목을 한 곳에 모아 놓은 책은 눈에 띄지 않았기 때문이다.

가치관의 혼돈으로 방황하고 있는 청소년들에게 확고한 가치관을 심어주고, 세상을 긍정적으로 살아가도록 이끌어 줄 인성교육의 필요성이 오늘날처럼 절실히 요구되는 때도 없을 것 같다. 그들에게 어떻게 살아가는 것이 옳은 것인지를 깨우쳐 주고, 세상을 당당히 싸워 이겨 나가도록 삶의 의욕과 용기를 북돋워 주고 긍지와 자신감을 심어 줄 수 있는 교육이 무엇보다도 앞서야 할 때이다.

이러한 때에 오랫동안 교직에 몸담았던 사람으로서, 무엇인가 보탬이 되는 일을 해야 되겠다는 생각이 이 책을 펴내게 만들었다. 그렇지 않아도 40여 년 동안이나 교직생활을 하다가 정년퇴임을 하고 나니, 그 수많은 해, 그 허다한 날을 보내면서 무엇을 남겼는가 하는 자책으로 늘 부끄럽게 여겨오던 터였다. 다행히, 중·고등학교에서 주로 사회와 윤리 과목을 담당하고, 또 교장으로서 훈화를 할 때에 꼭 남에게도 들려 주고 싶을 만큼 감명 깊었던 이야기들을 그때그때 메모해 둔 귀한 자료가 있었기에 용기를 내어 글을 쓰기 시작한 것이다. 그렇지만 막상 책으로 만들어 세상에 내보이게 되니 미흡한 점이 많아 주저하기도 하였다. 그러나 이런 것이라도 필요로 하는 사람이 있을 것이라는 생각에 부끄러움을 무릅쓰고 펴내기로 한 것이다.

이 글을 쓰면서 일관되게 강조한 것은 '뜻을 세워 사는 사람에게는 길이 열린다'는 것과 '모든 것은 마음먹기에 달려 있다'는 점이다.

자기가 잘되고 못되는 것, 자기가 성공하고 실패하는 것은 전적으로 본인의 의지와 마음먹기에 달린 것이다. 세상에 성공하지 못하는 사람은 많지만, 성공하지 못할 사람은 아무도 없다. 다만 자기의 뜻을 이룰 수 있는 굳센 의지력과 결심이 되어 있느냐 없느냐가 문제 해결의 열쇠가 되는 것이다.

영국의 항해가 허드슨은 '의지가 있는 곳에 길이 통한다'고 했다. 세상은 의지력이 약한 사람에게는 가혹하지만, 의지력이 강한 사람에게는 언제나 길이 활짝 열려 있다. 바로 이 점을 되풀이 강조하면서 청소년의 분발을 촉구하고 싶은 것이다.

끝으로 이 부족한 자료가 미래를 꿈꾸는 청소년들에게, 삶의 지혜와 용기와 의욕을 북돋워주고 성공으로 가는 길잡이가 되는 데에 도움이 되기를 바라며, 특히 교육 현장의 선생님들과 가정의 부모님들께서 인성교육을 위해 유용하게 활용한다면 더 바랄 것이 없겠다.

지은이 이 충호

차례

용기

진정한 용기란 올바른 마음으로 올바르게 살아가는 데서 나오는 정정당당한 용기이다. 진정한 용기란 도덕적 인격이 함양된 사람이 옳다고 판단하여 과감하게 행동으로 옮기는 것을 말한다.

소년의 용기

고대 그리스 마케도니아의 필리포스 대왕에게 페르시아의 명마(名馬) 한 마리가 진상되었다. 대왕은 매우 기뻐하며 그 말을 광장에 끌어내어 신하들과 함께 살펴보니 과연 키도 크고 털 빛깔도 좋은 훌륭한 명마 중의 명마였다. 그러나 길들여지지 않은 탓에 뒷발질을 하며 설치는 모습이 매우 광폭했다. 대왕이 말을 타 보려 했지만 워낙 사나운 말이라 신하 중 한 사람이 자청해서 먼저 타 보겠노라 나섰다. 하지만 타자마자 떨어졌고 그 뒤를 이어 말을 잘 다루는 부관 두 사람이 연달아 타 보려고 했지만 모두 말에서 떨어지고 말았다. 그 광경을 보고 있던 대왕은 기분이 상했다. 이런 말 한 마리 때문에 쩔쩔 맨다면 대제국 마케도니아의 체면 또한 크게 떨어지는 것이기 때문이었다. 모두가 말을 피해 우왕좌왕하는 가운데 옆에서 구경하던 열 살짜리 알렉산더 왕자가 나섰다.

"아버지, 제가 한번 타 보겠습니다."

"이 말은 네가 타던 조랑말과는 다르다. 낙마라도 하면 어쩌려고 그러느냐? 그만 두거라."

"아버지, 저는 떨어지지 않고 이 말을 탈 자신이 있습니다. 만일 성공한다면 이 말을 제게 주소서."

알렉산더 왕자는 말에게 다가갔다. 그리고 자그마한 키로 겨우 닿는 말고삐를 오른손으로 잡고 왼손으로 말의 머리를 두세 번 쓰다듬어 주었다. 그러자 말이 놀랍게도 잠자코 서 있는 것이 아닌가! 왕자는 말의 고삐를 잡아 서쪽을 향해 서 있던 말을 동쪽으로 돌려 세웠다. 어린 알렉산더는 동쪽 하늘에 해가 떠 있었기에 서쪽을 향해 서 있던 말이 자기의 그림자에 놀라 거친 행동을 한다고 생각했기 때문이었다. 말의 방향을 바꾸고 안정되자 왕자는 신하의 도움을 받아 얼른 말의 잔등에 올라탔다. 그리고 박차를 가해 달리기 시작했다. 말은 명마라는 이름에 걸맞게 순식간에 멀리 달려 나갔다.

얼마 지나지 않아 말 위에 앉은 당당한 알렉산더의 모습이 다시 나타났다. 말을 잘 다룬다고 자부하던 대왕과 신하들은 알렉산더의 모습에 혀를 내두르며 감탄했다. 어린 나이임에도 나이답지 않은 용맹을 보인 알렉산더는 훗날 20세의 나이에 왕에 즉위하여 대군을 거느리고 유럽과 아시아, 아프리카 지역을 점령하여 헬레니즘이라는 빛나는 대문화의 시대를 열었다.

용기란 무엇인가?

알렉산더는 어린 나이에 이미 말이 거친 이유를 지혜롭게 간파하고 용기 있게 제안하여 훗날 대제국을 건설한 대왕의 면모를 보였다. 우리에게 용기란 어떤 것인가? 그것은 씩씩하고 늠름한 기상이며 두려워하지 않는 정신이다. 어려운 일을 당했을 때 두려워하지 않고 용감하게 앞으로 나가는 것이 용기다. 용기 있는 자가 시련을 극복할 수 있고 역경을 뛰어넘을 수 있다. 용기 있는 자가 고난을 이겨낼 수 있고 신념을 관철시킬 수 있다. 용기는 곧 인생을 발전시키는 원동력이다.

하지만 용기는 어디에 어떻게 쓰느냐에 따라 진정한 용기와 만용으로 구분된다. 진정한 용기는 인간의 가치를 높여 주지만 만용은 인간을 망치고 만다. 힘이 있다고 앞뒤 가리지 않고 싸움을 걸거나, 자신의 능력에 부치는 무리한 모험을 하는 것이 만용이다. 손으로 호랑이를 때려잡으려 하고 걸어서 깊은 강을 건너려는 것이 무모한 만용이다. 죽음을 가벼이 여기고 오직 자만과 공명심만을 위해 날뛰는 행동 또한 경솔하고 무모한 자의 만용이다.

그렇다면 진정한 용기는 무엇인가? 진정한 용기란 올바른 마음으로 올바르게 살아가는 데서 나오는 정정당당한 자신감이다. 진정한 용기란 도덕적 인격이 함양된 사람이 옳다고 판단하여 과감하게 행동으로 옮기는 것을 말한다. 지혜가 없는 용기는 만용이 되기 쉽고 정의가 없는 용기는 악행이 되기 쉽다. 용기는 이성과 양심이라는 도덕적 바탕이 완성되었을 때 비로소 그 가치가 빛나는 것이다. 악의 유혹을 물리치는 용기, 부정과 불의에 맞서는 용기, 올바른 신념대로 살아가는 용기와 같이 나 자신과 모두에게 유익한 행동을 과감하게 행했을 때 진정 가치 있는 용기가 완성되는 것이다.

 어떻게 용기를 기를 것인가?

이 세상에는 지혜롭고 착한 성품을 지니고 있으면서도 큰일을 해내지 못하는 사람이 많다. 이런 사람들은 난관에 부딪히면 어떻게 난관을 극복해야 하는지 잘 알지만 두려운 마음에 용기가 없어 결단을 내리지 못하고 주저하다가 기회를 놓치고 아무것도 이루지 못하는 것이다. 우유부단한 성격의 사람은 잘못된 일이나 나쁘다고 판단되는 일을 거절하는 데도 힘이 들고 옳다고 생각하는 일을 실천에 옮기는 데에도 힘이 든다. 그래서 그릇된 일이라는 것을 뻔히 알면서도 유혹에 끌려가거나, 실천에 옮기면 성공할 일도 주저하다 기회를 놓치고 만다. 그렇기 때문에 사람은 강단 있는 용기를 길러야 한다. 용기 없이는 큰일을 할 수도 없고 그 일을 성공시킬 수도 없다. 용기가 없는 자는 인생의 패배자가 되고 인생의 낙오자가 될 뿐이다.

그렇다면 이제 용기 있는 사람이란 도대체 어떤 사람인지 알아보자. 우선, 용기 있는 사람에겐 두려움이 없어야 한다. 다시금 말하지만 두려움이 없는 사람이란 맹목적인 혈기에 의존하는 사람이 아닌 정정당당한 명분과 조금도 부끄러움이 없는 당당한 도덕적 신념에 의존하는 사람이다.

세계적인 인물 가운데 이런 용기를 몸소 보여준 대표적인 위인이 바로 흑인 지도자 마틴 루터 킹 목사이다. 그는 20세기의 용기를 대표하는 사람이다. 그는 결국 암살 당하긴 했지만 두려움 없는 그의 생애는 많은 사람들에게 감명을 주었다. 그는 진리의 승리와 정의의 지배를 확신하고 비폭력 투쟁으로 흑인 민권을 위해 자신을 던졌다. 그는 참으로 어려운 싸움을 해야만 했다. 백인 우월주의자의 거듭된 억압과 폭력에 대항해 비폭력으로 맞섰다. 언제나 죽음의 위협과 협박을 받으면서도 기독교의 사랑과 간디의 비폭력을 계승하여 두려움 없이 흑인 민권운동에 앞장섰다. 킹 목사는 일생 동안 열두 번이나 투옥되었다 그러나 그의 굳건한 신념은 감옥에 갇히는 일이 더욱 더 그를 강하게 만들었고 온갖 고난 속에서 그는 점점 더 위대해졌다. 불굴의 신념과 두려움 없는 지도력은 흑인들에게 놀라운 단결과 저항정신을 심어주어 마침내 인종차별법을 철폐하는 승리를 이끌어 냈다. 그는 결국 39세의 나이에 흉탄에 쓰러지고 말았다. 하지만 그의 죽음은 오히려 살아남은 사람들을 더욱 견고하게 단결하게 하는 계기가 되었고, 그는 쓰러졌지만 결코 패배하지 않는 삶의 교훈을 남겼다.

다음으로, 용기 있는 사람에게는 결단력이 필요하다. 우리가 난관에 빠졌을 때, 그 일의 옳고 그름을 판단하여 결정을 하는 것을 결단이라고 한다. 그리고 그 결정에 따라 실천으로 옮기는 힘을 결단력이라고 한다. 우리는 결단을 내릴 때, 신중에 신중을 기하여 사태를 오판하는 일이 없어야 한다. 그리고 일단 결정을 내리고 바로 실천에 옮겨야 하는 일이라면 주저 없이 행동으로 이어져야 한다. 이런 일을 우물쭈물 주저하며 망설인다면 결단까지의 과정이 모두 쓸모없는 시간낭비에 불과한 것이다. 예나 지금이나 위인들은 위인이 된 까닭이 있고 영웅은 나름의 이유가 있어서 영웅으로 불리는 것이다. 이런 사람들의 공통점은 한결 같이 중요한 위기의 순간에 현명한 판단을 하고 적절한 시점에 적절한 실천을 했던 사람들이다.

14세기 초반의 스위스는 오스트리아의 지배 하에 있었다. 당시 스위스 총독이었던 게슬러의 횡포가 극심하여 지방의 민중들이 폭동을 일으켰다. 게슬러는 그에 대한 보복으로 그 지방의 장로를 처형하고 나서 막대기 위에 자신의 모자를 걸어 놓고 지나는 백성들이 자신을 경배하도록 강요했다. 어느 날, 유명한 궁수였던 빌헬름 텔이 여섯 살 난 아들을 데리고 그곳을 지나다가 모자에 절을 하지 않았다는 불경죄로 체포되어 게슬러에게 끌려갔다. 게슬러는 잔인하게 텔의 어린 아들 머리 위에 사과를 얹어 놓고 그것을 쏘아 떨어뜨리라고 명령했다. 게슬러의 속셈은 어린 자식을 제 손으로 쏘게 하려는 간교한 잔꾀였다. 하지만 텔은 명인다운 활솜씨로 사과만 떨어뜨렸다. 그런데 활을 쏘고 난 후, 텔의 겨드랑이에서 화살 두 개가 떨어졌다. 게슬러가 추궁을 하자 텔은 한 치의 떨림도 없이 떳떳하게 말했다.

"만약 화살이 사과를 맞추지 못하고 내 아들에게 맞았다면 당신을 쏴 죽일 작정이었소."

게슬러는 텔을 포박하여 배에 태우고 외딴 섬으로 보내 죽이기로 결심했다. 텔을 태운 배가 물을 건너갈 때였다. 갑작스런 폭풍이 몰아쳐 배가 뒤집힐 지경에 이르자 게슬러는 텔을 풀어 노를 젓게 했다. 배가 무사히 해안에 닿자 텔은 재빨리 뭍으로 뛰어내려 게슬러를 활로 쏘아 죽였다. 이것이 발단이 되어 스위스는 일제히 봉기하여 오스트리아의 압제로부터 독립을 되찾았다. 텔은 결단력 있는 용기를 갖춘 사람이다. 비록 문학 작품 속의 주인공이지만 텔처럼 과감하게 역경과 맞설 수 있는 결단력이 있는 사람이라면 진정한 용기를 갖춘 영웅으로서 만인의 칭송을 받는 사람이 될 것이다. 진정한 용기와 결단력을 갖춘 사람이라면 어떠한 난관이 닥쳐도 당당히 맞설 수 있으며 자신뿐 아니라 세상을 구하는 위대한 사람으로 역사에 길이 남을 것이다.

희망

인간은 희망을 먹고 사는 동물이다. 생명이 있는 곳에 반드시 희망이 있고 희망이 있는 곳에는 살 길이 있기 마련이다. 희망이란 무엇인가? 희망은 가능성에 대한 믿음이다. 지금보다는 나을 것이라는 신념이다.

 생사의 기로

1972년, 남아메리카의 태평양 연안을 남북으로 가로지르는 안데스 산맥의 험준한 산중에 비행기가 추락했다. 승객 45명 중 29명이 죽고 16명이 살아남아 72일 만에 기적적으로 생환했다. 훗날 생존자들의 고증을 통해 「얼라이브」라는 영화로 만들어져 당시의 충격적인 경험과 긴박한 상황을 되새기기도 했다. 하얀 눈이 덮인 안데

스 산맥에서 악천후를 만난 비행기는 산 중턱에 부딪쳐 동체는 동
강이 나고 사고 현장은 그야말로 아비규환의 아수라장이 되고 말았
다. 심한 눈보라는 재난에 노출된 사람들을 순식간에 덮쳐 부상자
들은 손쓸 겨를도 없이 속수무책으로 죽어갔다. 추락한 지 며칠 동
안은 실종된 비행기를 찾는 구조비행기가 공중을 맴돌아 생존자들
은 구조의 희망을 갖고 견딜 수가 있었다. 그러나 1주일을 넘기며
구조기는 점차 보이지 않게 되었고 극심한 추위와 배고픔은 생존자
들의 목숨을 옥죄어 왔다. 이때부터 생존자들은 죽음과 무서운 싸
움을 하게 되었다. 혹독한 추위를 견디기 위해 죽은 자의 옷을 벗겨
입어야 했고 눈 덮인 산중에 먹을 것이 절대적으로 부족한 상황에
서 생존자들은 차마 먹지 말아야 할 것까지 먹어야만 했다. 고립무
원의 절박한 상황에서 추락한 지 수주일이 지난 어느 날, 힘겹게 라
디오를 고쳐 방송을 듣게 되었으나 그들에게는 듣지 않느니만 못한
소식이 전해졌다. 정부는 이미 사고 비행기 수색을 포기했다는 것
이었다. 눈 덮인 산중에서 생존자들이 추위와 허기를 견디며 필사
적으로 버틴 것은 구조대가 오리라는 일말의 희망 때문이었는데 결
국 그 희망조차 완전히 날아가 버린 것이었다. 생존자들은 한동안
모두 절망에 빠져 삶과 죽음의 기로에서 망설였으나, 구조 포기의
소식은 오히려 생존자들을 자극하는 계기가 되었다. 모두들 절망에
빠져 있을 때, 한 사람이 일어나 기쁜 소식을 전하겠노라 말했다.

이왕 죽을 바에는 앉아서 죽음을 기다리기보다 산을 내려가다가 죽자는 것이었다. 희망을 생존자들 스스로 만들어 보자는 설득이었다. 생존자들은 결국 산을 내려가자는 사람의 말을 따랐다. 죽음을 각오한 처절한 행군 끝에 그들은 추락한 지 72일 만에 극적으로 세상으로 돌아왔다. '하늘은 스스로 돕는 자를 돕는다'는 말 그대로 생존자들이 스스로 만든 희망으로 자신들의 소중한 생명을 구한 것이다.

희망이란 무엇인가?

이 실화는 극단적인 절망 속에서도 사람이 살아날 수 있었던 것은 결국 희망 때문이었다는 사실을 일깨워 준다. 조난자들이 추위와 굶주림 속에서 용케 10주씩이나 견뎌 낼 수 있었던 것은 구조대가 오리라는 희망 때문이었다. 그러나 구조되리라는 희망마저 사라졌을 때 그들은 깊은 절망에서 벗어나질 못했다. 죽느냐, 사느냐 하는 생사의 갈림길에서 사람들은 대개 두 부류로 나뉜다. 이제 꼼짝없이 죽을 수밖에 없다고 절망하여 죽음을 맞이하는 사람과, 호랑이에게 물려가도 정신만 차리면 살 수 있다는 일말의 희망을 잃지 않고 무슨 일이든 시도하는 사람이 있다. 절망에 빠진 사람은 생의 의욕을 잃고 자포자기의 심정으로 심리적 공황상태에 빠져 아무것도 하지 않고 차라리 속 편하게 죽는 것이 낫다고 말한다. 그러나 희망의 끈을 놓지 않는 사람은 여기서 얼어 죽느니 기력이 다하기 전에 살 길을 찾아 산을 내려가야 한다는 새로운 희망을 찾는다.

인간은 희망을 먹고 사는 동물이다. 생명이 있는 곳에 반드시 희망이 있고 희망이 있는 곳에는 살 길이 있기 마련이다. 희망이란 무엇인가? 희망은 가능성에 대한 믿음이다. 지금보다는 나을 것이라는 신념이다. 이러한 신념이 있을 때 사람은 현재의 고통과 절망을 견디고 참는다. 아무리 혹독한 현실과 가혹한 죽음의 장벽이 도사리고 있다 하더라도 그 속에서 실오라기 같은 희망의 가능성을 본 사람에게는 분명 위기를 벗어날 수 있다는 신념이 있기에 고통을 감수하고 용기를 얻을 수 있는 것이다. 그래서 희망은 어둠을 밝히는 등불이며 용기를 북돋아 주는 마음의 보약이다. 약한 자에게는 활력을 주고, 가난한 자에게는 꿈을 주며, 불행한 자에게는 위안을, 병든 자에게는 생명의 빛이 된다. 희망이 있는 한 우리는 어떤 역경도 이겨낼 수 있고, 아무리 모진 시련이라도 인내하여 마침내 새로운 세상에 이르게 도와 준다.

 ## 어떻게 희망을 찾을 것인가?

희망은 가끔 우리를 속이고 배신한다. 이루어지리라는 기대가 여지 없이 무너지고 깨지는 수가 있다. 그러나 우리는 마음을 가다듬고 새로운 희망을 가지고 다시 전진해야 한다. 우리의 살길을 열어

주는 것은 절망이 아니라 희망이기 때문이다. 인생에 있어 희망을 잃어버리는 것처럼 무서운 것은 없다. 희망을 잃은 자는 의욕을 잃고 한 걸음 미래로 나서는 발걸음조차도 힘겹다. 그러나 희망이 있다면 세상의 온갖 고난과 어려움이 닥쳐도 이를 극복해 나갈 수 있다. 19세기 영국의 유명한 정치가 디즈레일리는 '희망은 현자의 결론이지만 절망은 어리석은 자의 결론이다' 라는 유명한 말을 남겼다. 그는 유태인이었고 신분도 미천했다. 인생의 밑바닥에서 빈손으로 시작해 칠전팔기 끝에 영국 수상의 자리까지 오른 인물이다. 그는 세 차례나 재무장관으로 등용될 정도로 유능한 정치가였지만 잇따른 불운으로 국회의원 선거에 어섯 번이나 낙선하여 한때는 재기불능의 나락까지 전락했었다. 그러나 그는 결코 희망을 버리지 않았다. 절망이 닥칠 때마다 새로운 희망을 다짐하며 오뚝이처럼 다시 일어나 마침내 정상에 올랐다. 세상의 온갖 고난과 역경이 있더라도 이것을 극복하는 것은 진정 희망이 있기 때문이다. 우리는 언제나 밝은 희망을 가지고 살아야 한다. 희망이 있는 곳에는 언제나 기쁨이 솟고 용기가 나를 이끈다. 희망은 곧 삶을 윤택하게 발전시키는 힘이다. '내일 지상의 종말이 오더라도 나는 오늘 한 그루의 사과나무를 심겠다' 는 스피노자의 말처럼 우리는 희망을 가지고 기쁜 마음으로 행복한 인생을 살아야 한다.

인 내

> 당장의 이득과 기분을 위해 충동적으로 행동하면 잠깐의 만족감은 있을
> 지 모르지만 먼 장래를 보면 잃는 것이 더 많다. 그래서 현명
> 한 사람은 인내한다.

참아야 하느니라

세조 때에 홍계관이라는 유명한 점술가가 있었다. 그는 점술뿐만 아니라 관상도 잘 보아서 온 고을에 명성이 자자한 사람이었다. 한 가난하고 젊은 선비가 답답한 마음에 그에게 점을 보러 갔다. 점술가는 그를 보더니 대뜸 말했다.

"당신은 귀한 벼슬을 할 운명을 타고 났소. 지금 어렵고 답답하더라도 조금만 기다려 보시오."

"감사합니다. 어르신."

자신의 현재 처지와 어울리지 않는 점괘였지만 어쨌든 귀한 벼슬을 한다는 말에 젊은이는 기분이 좋아져 가벼운 마음으로 문을 나서려 했다.

"그런데, 젊은이⋯⋯."

문을 나서려던 젊은이는 점술가의 석연찮은 말꼬리에 의아한 표정으로 돌아다보았다.

"⋯⋯자네 팔자에 살인의 점괘가 함께 들어 있네."

"그게 무슨 말씀이십니까? 제가 살인을 하다니요. 하하하⋯⋯, 저도 학문을 하는 사람입니다. 당치도 않은 말씀이십니다."

"난들 알겠나. 하지만 자네는 분명 살인을 저지를 운명도 함께 가지고 있다네."

가볍게 지나치려던 젊은이는 점술가의 심각한 표정과 말에서 심상찮은 기운을 느꼈다.

"그렇다면 어르신, 어떻게 하면 살인을 면할 수 있겠습니까?"

"사람이 어찌 제 운명을 마음대로 주무를 수가 있겠는가? 딱히 방법이 없는 것도 아니지만⋯⋯."

"그것이 무엇입니까? 젊은 목숨 하나 살린다고 여기시어 부디 가르쳐 주십시오."

"그렇다면 집으로 돌아가서 집안 곳곳 자네 눈길이 닿는 곳이면 어디나 '참을 인(忍)' 자를 써서 붙여 놓게."

젊은이는 집으로 돌아와 점술가의 말대로 곳곳에 인(忍) 자를 써 붙여 놓았다. 세월이 흘러 그는 점괘대로 높은 벼슬도 하고 결혼도 하여 가정을 이루었다. 어느 날, 그가 출타했다가 밤늦은 시간에 집에 돌아와 보니 방에 불이 꺼져 있는데 처마에 낯선 신이 아내의 신과 나란히 놓여 있었다. 그는 순간 분노가 솟구쳤다.

'아니, 이것이 외간 남자를 내 집에 끌어들여?'

그는 눈이 뒤집혔다. 바로 부엌으로 가 식칼을 손에 쥐었다. 부엌의 벽에 붙은 '참을 인' 자가 보였다. '참아야지' 라고 생각했지만 참을 일이 따로 있지, 이건 도저히 참을 수 없는 일이라고 생각했다. 그는 식칼을 들고 방안으로 들어갔다. 또다시 방안에 써 놓은 '참을 인' 자가 보였다. 잠시 멈칫하던 그는 아내 옆에 누워 있는 사람을 보자 다시금 치밀어 오르는 분노를 억제할 수 없어 칼을 높이 쳐들었다. 천장에 써 놓은 '참을 인' 자가 보였다. 그가 마음의 갈등을 일으키는 동안 그의 아내가 인기척에 놀라 잠에서 깼다. 어스레한 어둠 속에서 자세히 살펴보니 아내와 누워 있는 사람은 외간 남자가 아니라 바로 처제였다. 분노에 휩싸여 앞뒤 생각을 안 했다면 분명 살인을 저지를 운명이었지만 '참을 인' 자가 살인을 막아낸 것이다.

인내란 무엇인가?

　세상에 어렵다는 일이 참 많긴 하지만 참는 일만큼 어려운 일도 없다. 치밀어 오르는 분노, 견디기 힘든 고통, 참을 수 없는 모욕 등 사람의 감정으로는 억제하기 힘든 어려운 일을 당했을 때, 이것을 참는 것은 여간 어려운 일이 아니다. 인간은 극도로 화가 나면 이성이 마비되어 자제력을 잃게 된다. 속이 뒤집히고 앞뒤를 생각하지 않는다. 격정의 노예가 되어 흥분으로 이성을 잃고 물불 가리지 않는 충동적 행동을 저지른다. 이런 파괴적인 행동을 낳은 원인은 사람의 생리적인 결핍과 본능적인 박탈감에서 유래한다. 말하자면, 배고픈 상태에서 먹을 것을 뺏고 뺏기고, 아프면 울고, 도전히면 응징하는 것과 같이 자극에 대한 동물적 1차반응의 결과이다. 하지만 우리는 사람이다. 사람은 이성을 가지고 있기에 미래를 위해 지금의 충동적 본능을 슬기롭게 억제할 수가 있다. 그것이 인내다.

　당장의 이득과 기분을 위해 충동적으로 행동하면 잠깐의 만족감은 있을지 모르지만 먼 장래를 보면 잃는 것이 더 많다. 그래서 현명한 사람은 인내한다. 영국의 여류작가인 제인 오스틴은 '네 마음 밭에 인내의 나무를 심어라. 그 뿌리는 쓰지만 열매는 달다'고 말했다. 인내한다는 것은 어렵고 힘든 일이지만 인내의 결과는 좋은 보상을 받는다는 말이다. 하지만 사람도 본능이 앞서기 마련이라 참는다는 것이 결코 쉬운 일은 아니다. 고통을 참으면 평화를 가져오고 분노를 참으면 살인을 면할 수 있으며 모욕을 참으면 큰 뜻을 이룰 수 있다. 그래서 옛 사람들은 백인(百忍)의 덕을 강조했다. 백 번 참고 견디면 세상의 어려움이 풀리고 평온한 삶을 누린다는 말이다. 그렇다면 인내는 어떤 결과를 가져오는가?

첫째, 인내는 **닥쳐올 불행의 화근을 막아** 준다. 가난을 이기지 못해 도둑질을 하고, 분한 마음을 참지 못하면 살인을 하며, 불행을 참지 못하면 자살을 한다. 이런 일들은 인내심만 강하다면 얼마든지 사전에 예방할 수가 있다. 조금만 참고 견디면 아무 탈 없이 무사히 넘길 수 있는 일들이지만 순간의 격한 감정을 억제하지 못해 돌이킬 수 없는 불행을 가져온다. 우리는 앞뒤를 생각하는 지혜와 참고 견디는 인내력으로 불행한 재앙을 미리 막아야 한다.

둘째, 인내는 **화목과 평화를 가져다** 준다. 자기 마음에 일어난 격한 감정을 억제하지 못하고 그대로 표출하면 상대방에게 불쾌감을 주거나 기분을 상하게 하여 마침내는 싸움으로 번진다. 이렇게 되면 서로 등지고 다투어 결국 파국으로 몰고 가 사는 것이 불안해 평온한 삶을 유지할 수가 없게 된다. 서로 조금씩 양보하고 참고 견딘다면 서로 사랑하며 평화로운 상태를 유지할 수 있다.

셋째, 인내는 **승리의 영광을 가져다** 준다. 세상을 살아가다 보면 수많은 어려움이 앞을 가로막는다. 이 난관을 뚫고 앞으로 나아가려면 무엇보다 인내심이 있어야 한다. 인내심에서 중도에 포기하거나 단념하지 않고 꾸준히 앞으로 나갈 수 있는 지구력이 나오며 목적한 바를 끝까지 추구할 수 있는 집념이 생긴다.

인내의 나무에서 평화의 꽃이 피고 성공의 열매가 열린다. 세상은 참는 자에게 결국 승리와 영광을 안겨 준다.

'참을 인(忍)' 자의 의미심장한 뜻을 다시 새겨 보자. '참을 인(忍)'은 '칼 도(刀)' 아래에 '마음 심(心)'이 합쳐진 글자이다. 심장 위에 칼이 놓여 있는 형상이다. 서슬이 퍼런 칼이 심장 위에 놓였으니 화가 난다고 벌떡 일어서거나 괴롭다고 몸을 좌우로 마구 놀릴 수도 없다. 그저 죽은 듯이 그대로 견디어 내는 수밖에 없다. 그것이 '참을 인(忍)'의 글 뜻이다. 결국 참는다는 것은 우리 마음에 칼을 갖다 대는 것이며 칼날로 우리의 마음을 다스리는 것이다.

 ## 어떻게 인내할 것인가?

우리는 참는 마음, 참는 공부, 참는 생활을 통해 인내력을 향상시키는 데 힘써야 한다. 인내력을 만드는 것은 끈기와 강인한 의지이다. 이것 없이는 어려움을 극복할 수가 없다. 우리는 무엇을 어떻게 인내해야 하는가?

첫째, **고통(苦痛)을 참아야 한다.** 신체의 고통이건 마음의 고통이건 괴로움을 참는다는 것이 말처럼 쉬운 것은 아니다. 어지간한 결심과 강인한 의지가 없다면 참고 견딘다는 것은 실로 어려운 일이다. 공자의 제자 중에 심성이 착하고 인내심이 강하여 스승의 사랑과 신뢰를 받았던 자권이라는 인물이 있었다. 그는 어려서 일찍 어머니가 돌아가셨기에 계모 슬하에서 학대와 멸시를 받으며 어린 시절을 보냈다. 어느 날, 어린 자권이 아버지를 따라 말을 타고 먼 곳으로 가는 길이었다. 때마침 겨울철이라 눈보라가 치는 매우 추운 날이었다. 아버지는 동행을 하는 자권이 자꾸 오들오들 떠는 것을 보고 못마땅하여 꾸짖었다.

"사내 녀석이 이만한 추위도 못 이기고 벌벌 떨고 있구나. 그래 가지고서야 어찌 큰 인물이 될 수 있겠느냐?"

자권은 아무 대꾸도 하지 않고 말을 몰았다. 꾸짖은 후에도 계속 떨기만 하는 자권을 눈여겨보던 아버지는 자권이 입고 있는 옷을 만져 보았다. 자권의 옷은 홑껍데기 옷이었다. 아버지는 이렇게 추운 날에 홑옷을 입혀 밖으로 내보낸 계모의 행실에 화가 치밀었다.

"말을 돌려라. 지금 당장 집으로 돌아가 네 새 어머니와 헤어지겠다!"

그러나 자권은 얼른 아버지의 말고삐를 붙들며 조용히 말했다.

"아버지, 어머니와 헤어지면 당장 세 동생이 또 다른 계모 밑에서 떨며 울게 되지 않겠어요? 세 동생이 가엾게 울게 되느니 저 혼자 참고 견디겠어요. 그러니 제발 오늘 일은 모른 척해 주세요."

아버지는 괴로운 신음소리를 냈다. 아버지는 기특하고 착하기만

한 자권의 등을 어루만지며 가던 길을 재촉했다. 그 후, 아버지는 그날 일을 계모에게 낱낱이 들려주었다. 계모는 얼굴을 붉히고 고개를 숙였다. 계모는 그 후로 자신이 낳은 세 아이보다 자권을 더 아끼는 어진 어머니가 되었다. 이 일화는 '한결 같이 부지런하면 천하에 어려운 것이 없고 백 번 참으면 집안에 큰 화목이 있다〔一勤天下無難事, 百忍堂中有泰和〕'는 고사를 떠올리게 한다. 인내는 가정의 평화와 더불어 사람 사는 사회 모두를 평화롭게 하는 근본이다.

둘째, 모욕(侮辱)을 참아야 한다. 사람을 깔보고 업신여기는 일만큼 자존심을 상하게 하는 일은 없다. 누구나 수모를 당하면 모멸감을 느껴 감정이 격해지고, 그 감정을 억제하지 못하면 화를 당하는 경우가 허다하다. 일찍이 서양에서는 모욕을 당했을 경우 결투로 목숨을 걸고 명예를 지키려고 했다. 그만큼 자존심을 상하게 하는 모욕은 참기 어려운 것이다. 여기 수없이 수모를 당하면서도 일부러 미치광이 행세를 하며 때를 기다리기 위해 인내한 사람이 있다. 굶주린 개의 꼴을 하고 있다고 하여 '상갓집 개'라는 별명까지 들을 정도의 수모를 견뎌 낸 인물이 바로 그 유명한 흥선대원군 이하응(李昰應)이다. 고종(高宗)이 임금이 되기 전, 그의 친아버지인 이하응은 당시 세도가였던 안동 김씨로부터 온갖 수모를 당하면서도 김씨 문전을 부지런히 드나들었다. 순조·헌종·철종 3대에 걸쳐 세도를 누리던 안동 김씨 일파는 후사가 없는 철종의 대를 이을 다음 임금 때문에 왕손들에 대해 극히 경계를 할 때여서 이하응은 그들의 감시를 피하기 위한 보신책으로 불량배들과 어울려 파락호(破落戶)로 행세하며 위장을 해야 했다. 그래야만 살아남을 수 있었기 때문이었다. 그가 왕족의 신분이면서도 온갖 업신여김을 받아 가며 김씨 가문을 기웃거리며 드나든 것은 거기에서 말석이라도 자리를 얻어 앉아 있어야 정국(政局)의 돌아가는 낌새를 알 수 있었기 때문이었다. 그는 아무 자리에나 마구 끼어들었고 주책없이 먹어대니 안동 김씨들이 핀잔을 주는 것은 말할 것도 없고 때로는 문전박대를 당하는 수모도 겪어야 했다. 그러나 이하응의 가슴 속에는 웅지(雄志)가 도사리고 있었다. 그는 이미 새 왕을 지목하는 전권을 쥐고 있는 대왕대비 조씨에게 철종의 다음 임금으로 그의 둘째 아들을 임명할 것을 은밀히 약조를 받고 있던 터였다.

갑작스런 철종의 승하로 왕통을 잇게 된 그의 둘째 아들이 등극하자 온갖 모멸을 감수하며 때를 기다린 그는 안동 김씨의 세도를 물리치고 마침내 조선 팔도를 호령하게 된 것이다. 놀라운 집념이요, 끈질긴 인내력이 아닐 수 없다. 누구에게나 역경은 있다. 인내하고 자중해야 하는 시기에 그것을 참지 못하고 고비를 넘기지 못하면 큰일을 도모하지 못하는 법이다.

노 력

우리가 에디슨의 피땀 어린 집념과 더불어 가슴에 새겨야 할 것은 바로 실패를 좌절의 구실이 아닌 성공의 과정으로 보는 특별한 사고방식이다.

 이상한 토머스

어린 토머스는 무엇이든 예사로 넘기는 일이 없었다. 항상 의문이 그의 눈에 붙어 다녔고 입에는 질문이 준비되어 있었다. 하루는 그의 아버지가 경영하는 목공소에 들러 땀을 뻘뻘 흘리며 작업에 열중하고 있는 한 직공을 붙들고 말을 걸었다.

"아저씨, 그 널빤지는 불에 타나요?"

"그럼, 아주 잘 타지."

"그럼 불은 왜 타나요?"

"오, 아주 좋은 질문이로구나. 너도 이제 다섯 살이 되었으니 세상의 이치에 대해 알 때가 되었지. 불이 타는 것은 나무에 불을 붙였기 때문이란다."

"그러면 나무는 왜 타는 걸까요?"

"음……, 그것은 말이다. 나무는 타도록 만들어졌기 때문이지."

"아저씨, 그럼 누가 타도록 만들었나요?"

"그야 물론 하늘에 계신 하나님이시지."

"하나님이요? 그분은 왜 하늘에 계세요? 그리고 그분은 누가 만들었어요?

"그건 말이다……, 아저씨가 지금은 좀 바쁘단다. 나중에 얘기해 주마."

"물은 왜 불에 타지 않나요? 나무는 왜 이렇게 단단하지요? 왜 그럴까요? 참 이상하지 않나요?"

토머스의 질문이 끝없이 이어지자 직공은 그만 말문이 막혔다. 아무리 호기심 많은 나이라도 이 아이는 너무하지 않은가? 직공은 동료에게 나지막이 속삭였다.

"이봐, 이 녀석 머리가 어떻게 된 거 아냐? 다른 아이들은 이렇지 않잖아."

공장을 나선 토머스는 곧장 집으로 돌아왔다. 토머스의 머리 속은 '불'로 꽉 차 있었다. 불은 왜 타는가? 불은 어떤 일을 하는가? 앉으나 서나 불 생각만 하던 토머스는 마침내 그 의문을 풀기 위해 창고에 불을 질렀다. 창고는 순식간에 타버렸다. 집에 불이 옮겨 붙지 않은 것이 천만 다행이었다.

1931년 10월 18일 84세로 별세한 토머스 앨바 에디슨(Thomas Alva Edition : 1847~1931)의 어린 시절 이야기다. 그의 장례식날 미국 대통령이었던 후버는 전 국민에게 1분 간 전기를 끄고 그의 발명에 감사하며 애도하는 시간을 가지도록 했다. 평생 동안 1,300여 종의 특허를 낸 발명의 마술사 에디슨, 그가 발명한 비범한 발명품들처럼 예사롭지 않은 어린 시절을 보냈다. 토머스 에디슨은 1847년 2월 2일 미국 오하이오 주의 밀란에서 목재상 겸 곡물상을 하는 집안의 아들로 태어났다. 토머스는 여덟 살 때 초등학교에 입학했다. 아무나 붙잡고 꼬치꼬치 캐묻는 버릇은 주변사람을 몹시 난처하게 만들었다. 그는 아무 시간에나 느닷없이 '선생님, 바람은 어떻게 생겨요?', '닭은 다리가 두 개뿐인데 소는 왜 다리가 네 개인가요?', '별 있는 곳까지 올라가려면 얼마나 걸려요?' 하는 식으로 질문을 하는가 하면 수학시간에 '1 더하기 1은 왜 2가 되나요? 1 더하기 1은 1이 될 수도 있어요?' 등등 보편적인 아이들이 가지는 질문에서 벗어나는 엉뚱한 질문에 결국 선생님도 두 손을 번쩍 들고 말았다. 이런 일이 3개월쯤 지나자 어느 날 담임선생님이 반 친구들이 있는 곳에서 참지 못하고 소리쳤다.

"네 머리는 완전히 빈 깡통이구나!"

어린 토머스는 큰 충격을 받고 교실을 뛰쳐나와 '다시는 학교에 가지 않을 것'이라며 어머니에게 눈물을 흘리며 말했다. 그 날부터 두 번 다시 그는 학교에 발을 들이지 않았다. 결국 입학한 지 3개월 만에 저능아라는 딱지만 붙이고 자퇴하고 말았다. 이 3개월이 그가 받은 공교육의 전부였다.

주위사람들을 귀찮게 하고 학교까지 그만두게 만든 토머스의 남다른 호기심과 질문의 버릇은 훗날 그가 인류 역사상 가장 위대한 발명가가 될 조짐이었다. 어린 토머스의 넘치는 호기심과 질문을 참을성 있게 대답해 주고 발명의 싹을 키워준 사람은 다름 아닌 어머니였다. 젊었을 때 잠시 교사 생활을 했던 그녀는 토머스의 성격과 재능을 잘 알고 있었기에 나름대로의 교육방법을 적용했다. 그녀는 토머스의 마음을 이해하여 자유롭게 공부하도록 해주었다. 느긋하게 시간을 들여서 읽기, 쓰기, 수학 등을 가르쳤다. 아들에게 조심스럽게 참을성을 길러 주며 공부를 가르친 결과 토머스는 열 살이 되던 해에 양친의 허락을 받아 지하실에 실험실을 만들었다. 이렇게 발명가로서의 첫 발을 들였다.

노력이란 어떤 것인가?

  그는 열두 살 때 이미 전신기의 연구에 몰두했는데 연구에 필요한 자금을 마련하기 위해 돈을 벌어야만 했다. 당시 아버지는 가족을 데리고 미시간 주의 포트 휴런으로 이주한 후에 불황을 겪게 되어 사업이 거의 거덜나 있었기 때문이었다. 그는 열세 살부터 열차 안에서 과일과 과자를 팔기도 하고 낡은 인쇄기를 들여다 화차 안에서 시간표와 간단한 뉴스를 곁들여 신문을 발행하거나 전신국 직원으로 일하며 돈을 벌었다. 고단한 삶을 살면서도 꾸준히 연구를 거듭하여 그는 스물두 살 때에 최초의 발명품인 투표기록기를 만들었다. 그 후 삭고하기 전까지 1,300여 종의 발명특허로 발명왕이라는 명예를 얻었다. 그러나 그는 발명왕이라는 자신의 명예보다 위대한 발명품으로 인류에 기여한 업적이 더 크다. 그는 탄소 마이크로폰을 고안하여 알렉산더 그레이엄 벨이 발명한 전화기를 실용화하였고 납관 축음기의 발명, 백열전등을 발명하였다. 1881년 파리에서 개최된 제1회 국제 전신기구 전람회에서는 증기터빈을 이용한 발전기를 출품하여 이듬해에는 뉴욕에서 세계 최초의 공영발전소에 채택되었다. 에디슨의 발명은 영화에도 이어져 초기 영사기와 촬영기를 발명하였고 건축 분야에서는 콘크리트 공법을 개발하였다. 그는 놀랍게도 첫 발명 이후 죽을 때까지 60여 년 동안 한 해 평균 20여 종의 발명을 한 셈이었다. 어떤 사람들은 에디슨이 천재

이기 때문에 마술 부리듯 쉽게 발명을 했으리라 생각하기 쉽다. 하지만 그의 전기(傳記)에 따르면 그가 전구를 발명하기 위해 1,237번의 실패를 겪었다고 한다. 보통 사람들은 몇 번 해보고 안 되면 금방 포기하는 것이 상식인데 수많은 실패를 겪으면서도 결코 자신의 뜻을 굽히지 않고 끝내 완성한 그의 노력이 그저 놀라울 따름이다. 더욱 놀라운 것은 그 자신이 실패를 인정하지 않았다는 것이다.

"나는 1,237번의 실패를 겪은 것이 아니라 1,237번의 방법으로는 완성할 수 없었다는 것을 깨달은 것이다."

사실 그는 어떤 의문을 갖고 실험에 착수하면 침식을 잊고 그 일에 매달려 끝끝내 완성해야만 직성이 풀리는 끈질긴 집념과 인내력을 지니고 있었다. 그렇기 때문에 온갖 어려움에도 불구하고 마침내 발명왕의 칭호를 얻을 수 있었던 것이다. 훗날 아인슈타인 박사는 에디슨을 가리켜 '발명의 천재'라고 칭송했지만 에디슨 자신은 '천재는 1%의 영감(靈感)과 99%의 노력으로 만들어진다'라고 했다. 우리가 에디슨의 피땀 어린 집념과 더불어 가슴에 새겨야 할 것은 바로 실패를 좌절의 구실이 아닌 성공의 과정으로 보는 특별한 사고방식이다.

 어떻게 노력할 것인가?

인간을 위인으로 만드는 피나는 노력은 확실하고 쓸모 있는 목표를 설정할 때 가능하다. 목표가 없는 삶은 눈을 감고 가시밭길을 가는 것과 같다. 삶의 이런저런 이유들로 사소한 일에도 상처받기 쉽고 당장 직면한 고민거리를 해결하기에 바쁘다면 아무리 노력해도 앞으로 나아갈 수가 없다. 하지만 명확한 목표를 설정한다면 우선 해결해야 할 사소한 문젯거리들을 과감히 처리를 할 수 있거나 약간의 고통은 기꺼이 감수하며 목표를 향해 나아갈 수 있다. 그렇다면 어떤 노력이 필요한가?

첫째, 체계적인 노력이 필요하다. 노력을 중도에 포기하지 않게 하기 위해서는 큰 목표를 정하고 그 목표를 이룰 수 있도록 작은 목표를 가셔야 한다. 이렇게 할 때 노력도 빛을 발하는 것이다. 인생의 원대한 목표는 분명 사람들에게 자신감과 추진력을 갖추게 한다. 그러나 당장의 현실을 고려하지 않고 너무 멀리 있는 목표를 세우면 현실과 너무나 동떨어진 이질감 때문에 며칠 지나지 않아서 쉽게 포기하고 만다. '작심삼일'이라는 말도 잘 살펴보면 현재 자신의 상태를 생각하지 않고 멀리 있는 빛나는 별을 따려고 하는 것이라는 걸 알 수 있다. 그러니 큰 목표를 세우되, 큰 목표를 달성하기 위해 건너야 할 작은 목표를 만들고 차근차근 노력하면 작은 노력의 성과에 차츰 자신감을 얻고 계획적인 삶을 살게 되어 마침내 큰 목표에 성큼 다가가 있는 자신을 발견하게 될 것이다.

둘째, 정정당당한 노력이 필요하다. 노력이 헛된 것이 되지 않게 하기 위해서는 목표를 세울 때 궁극적으로 자신의 인격을 완성시키기 위한 도덕성이 갖추어진 목표를 잡아야 한다. 물론 돈을 많이 벌거나 큰 명성을 얻는 목표도 좋지만, 단지 맹목적으로 그러한 목표를 이루기에만 급급한다면 자칫 자신의 목표 때문에 남을 해치거나 자신의 심성조차도 피폐하게 만들어 결국 목표를 이루더라도 허울뿐인 목표 달성에 지나지 않는 결과를 가져올 수 있다. 도산 안창호 선생은 '목표가 그릇된 것이라면 언제든 실패할 것이고 목표가 옳은 것이라면 언제든 성공할 것이다'고 했다. 이 말은 감각적 욕망에 따른 목표는 비천하고 이기적인 목표라서 자연히 악한 것에 가까이 서 있게 되므로 다른 사람들의 반발을 촉발시켜 실패할 것이라는 말이다. 반면 자신과 모두를 위한 봉사와 나눔을 목적으로 하는 성공을 목표로 한다면 이는 자신과 다른 사람 모두를 위하는 빛나는 목표이기에 다른 사람들이 나서서 돕게 되므로 성공할 것이라는 말이다.

셋째, 인내와 집중의 노력이 필요하다. '꾀가 많은 사람은 좀 부족해도 끝없이 노력하는 사람의 노예가 된다(巧者拙之奴)'는 말이 있다. 명석하고 재주가 많은 사람은 여기저기 생각이 많고 하고 싶은 일이 많아 쉽게 포기하고 쉽게 시작한다. 이런 사람은 인내심이 부족하여 그러는 동안 뚜렷한 성과를 이루지도 못하고 쉽게 살아가려는 성향을 가지기 쉽다. 하지만 꾀가 부족하더라도 자신이

하고 있는 한 가지 일을 끈기 있게 추진하는 사람은 오랫동안 축적된 경험과 지식과 재산으로 결국 꾀가 많은 사람을 부리는 주인이 된다는 이야기다.

넷째, 깊이 있는 생각과 확고한 믿음의 노력이 필요하다. 사람들은 '한 우물을 파라'고 한다. 쓸데없이 여기저기 도전하여 시간낭비를 하지 말고 올곧게 한 가지 일을 해야 하는 것은 분명 인생의 변치 않는 교훈이다. 그러나 우물을 파기 전에 그곳이 확실히 시원한 샘물이 솟을 곳인지 신중하게 결정해야 한다. 여러 가지 변수와 장애물을 고려한 다음 목표에 대한 확고한 믿음이 생긴다면 그때 그 일에 집중해야 한다. 또한 믿음을 가지고 일을 추진할 때에는 자신이 가진 능력을 아낌없이 투자하는 노력이 필요하다. 세상에 공짜로 얻어지는 것은 없다. 무언가를 얻기 위해서는 분명 잃는 것도 있다. 자신의 것이 너무 아까워서 당연히 필요한 투자나 노력을 기울이지 않는다면 항상 그 자리에 머물 수밖에 없다. 무분별한 낭비도 위험하지만 당연한 투자와 노력에 인색하다면 그 또한 어리석은 일이다.

기 회

얻기는 어렵고 잃기는 쉬운 것이 때(時)이다. 때가 이르렀을 때 그것을
잃지 않는 것이 기회다.

 추사의 기회

우리나라의 명필(名筆)로 꼽히는 추사 김정희(秋史 金正喜 :
1786~1856)는 자신만의 독특한 서체(書體)로 유명하다. 추사의 글씨
는 예외 없이 높은 품격과 인간적인 정취가 흘러넘친다는 찬사를
받고 있다. 또 추사는 그림에도 일가견이 있었고 어릴 때부터 학문
에 눈을 떠 신동이라는 말을 들었다. 약관의 나이에 중국에 가서 내
로라하는 석학들과 학문적 논쟁을 벌이기도 했는데 모두들 입이 벌

어질 정도였다. 이처럼 천재라는 소리를 듣다 보니 자신도 모르게 교만해진 모양이었다. 결국 반대파의 미움을 받고 정치적인 실수까지 겹쳐 멀리 제주도로 귀양을 가게 되었다. 그는 제주도에서 십 년 가까이 귀양살이를 하고 다시 복권되어 벼슬자리에 오를 기회가 생겼으나 야망에 연연하지 않았다. 긴 유배의 시간이 그를 학문과 예술을 향한 반성과 깊이를 이루게 하였기 때문이었다. 지난날의 잘못에 대한 뼈저린 후회와 참회하는 마음이 위대한 학문과 예술의 길을 열어 준 것이다. 이와 같은 경지는 하루아침에 이루어지는 것이 아니다. 자신만의 세계를 향한 끝없는 도전과 허다한 실패 후에 비로소 자신의 붓을 마음대로 나룰 수 있는 경지가 열린 것이다. 추사가 제주노에 귀양을 가지 않고 순탄한 벼슬길을 택했더라면 그저 평범한 벼슬아치로 마감했을지도 모른다. 먹을 가는 시간이 충분했기에 추사체(秋史體)가 탄생한 것이다. 그는 역경을 기회로 바꾸고 잘 활용하였기에 새로운 예술의 경지를 개척했다.

기회란 무엇인가?

'천하에 범사(凡事)가 기한이 있고 모든 목적을 이룰 때가 있나니, 날 때가 있고 죽을 때가 있으며, 심을 때가 있으면 거둘 때가 있고……' 라는 말은 《구약성경》 전도서에 나오는 구절이다. 이 세상의 모든 일에는 모두 때가 있고 기회가 있다. 기회란 어떤 일이나 행동을 하기에 가장 좋거나 알맞은 시기를 이르는 말이다. 사람은 기회를 잘 포착해야 성공하고 행복한 삶을 살 수 있다. 그런데 기회라는 것은 새와 같아서 잠시 머무를 뿐 금세 날아가 버린다. 또 기회는 모든 사람에게 골고루 찾아가지만 붙들기는 힘들다. 어떤 사람은 기회가 찾아와도 모르고 지나치거나 기회란 것을 알지만 준비부족으로 그냥 흘려버리는 사람이 있다. 그런 의미에서 역경과 기회의 함수관계는 참으로 오묘하다. 성공한 사람과 실패한 사람, 위대한 사람과 평범한 사람의 차이란 역경을 어떻게 인지하고 대처하는가에 따라 결정된다. 역경은 성공하는 사람이나 실패하는 사람이나 누구나 다 겪기 마련이다.

추사는 9년 동안 제주도에 고립되어 유배생활을 해야만 했다. 참을 수 없는 울분과 고독에 몸부림치며 지내는 동안, 그는 모든 것을 포기하며 세상을 원망하고 자신을 원망하며 지낼 수도 있었을 것이다. 그러나 그는 이러한 역경을 자기발전의 계기로 삼았다. 지난날의 잘못을 참회하는 마음으로 예술과 학문에 몰두함으로써 역경을 기회로 만들었다. 그는 역대의 명필을 연구하고 그 장점만을 모아서 독특한 추사체를 만들었으며 예서(隷書), 행서(行書) 부문에서도 전무후무한 새로운 경지를 개척했다. 뿐만 아니라 그림과 시인으로서, 그리고 금석학자로서의 새로운 인생의 길을 열었다. 어려운 환경에 처하거나 위기를 만났을 때, 오히려 그것을 기회로 간주하고 새로운 활로를 여는 계기로 삼을 수 있는 사람에게는 분명 위기는 기회로 다가온다. 어쩌면 기회란 역경 속에서만 생겨나는 것인지도 모른다. 분명 고난의 토양 위에서 자라는 것이 기회다. 위기를 기회로 바꾸는 힘은 자신에게 달린 것이다. 고통스런 역경을 겪은 사람은 어떤 것이 기회인지를 안다. 우리는 그 기회의 때를 위해 부단히 준비하는 노력을 게을리하지 말아야 한다.

 ## 어떻게 기회를 잡을 것인가?

배송지(裵松之)는 《삼국지》의 주석에서 '얻기는 어렵고 잃기는 쉬운 것이 때(時)이다. 때가 이르렀을 때 그것을 잃지 않는 것이 기회다'라고 말했다. 기회에는 세 가지 특성이 있다. 우리는 이 특성을 잘 알고 포착하여 활용하는 지혜를 길러야 한다.

첫째, 기회는 반드시 오지만, 준비하고 기다리는 자에게만 찾아온다. 일이 잘 되지 않는 사람은 '기회가 없었다'라거나 '운이 좋지 않았다'고 말하고 싶어 한다. 그러나 사실은 기회가 있었지만 그것을 살릴 수가 없었던 것은 아닐까? 영국의 작가 리튼은 '기회는 모든 사람에게 찾아오지만, 이것을 활용하는 사람은 소수이다'라고 했다. 이 말은 기회가 오더라도 기회를 맞을 준비가 되어 있지 않았기 때문이다. 미국의 16대 대통령 링컨은 젊은 시절 '나는 공부하고 준비하리라. 그러면 기회는 반드시 찾아올 것이다'라는 신념으로 마침내 대통령이 되어 노예해방이라는 인류의 대업을 성취하여 역사에 빛나는 위인이 되었다. 기회는 준비하는 자에게 찾아가는 것이다. 장자(莊子)의 우화 중에 '수주대토(守株待兎)'라는 고사가 있다. 어떤 농부가 밭을 갈고 있을 때 토끼 한 마리가 숲에서 허둥지둥 도망쳐 나와 밭머리에 있는 나무에 머리를 부딪쳐 죽는 것을 보았다. 농부는 '힘들이지 않고 살찐 토끼를 한 마리 얻어 돈과 고기를 얻었으니 얼마나 손쉬운 일인가?' 하고 크게 기뻐하였다. 농부는 그날 이후부터 하루 종일 밭을 갈지는 않고 나무 밑을 내려다보며 토끼가 달려와 부딪쳐 죽기만을 기다렸다. 결국 농부의 밭은 황폐해지고 굶어 죽을 지경에까지 이르게 되었다. 우스갯소리 중에 이런 이야기도 있다. 어느 가난한 사람이 자신의 불행을 견디지 못하고 하느님께 한탄의 기도를 했다.

"하느님, 왜 제게 불행과 가난만을 주십니까요? 정말 원망스럽습니다."

하느님은 참다못해 그에게 이렇게 말해 주었다.

"이 답답한 사람아, 최소한 복권이라도 한 장 사야 내가 도와줄게 아닌가?"

둘째, 기회는 포착하기가 어렵다. 그래서 그 기회가 오면 기회가 사라지기 전에 붙잡아야 한다. 세상 사람들은 흔히 일생 동안 적어도 세 번의 좋은 기회가 반드시 온다고 말한다. 이것은 사람들에게 희망과 함께 기회가 드문 것임을 말하고 있다. 독일의 시인 실러는 '기회는 새와 같은 것이다. 날아가기 전에 붙들어야 한다'고 했다. 기회란 새를 붙드는 것처럼 잡기 어려운 것이다. 새는 가지에 앉아 있을 때 재빨리 붙들어야 한다. 새는 결코 오랜 시간을 나뭇가지에 앉아 기다리지도 않을 뿐만 아니라 다가가면 포르륵 날아가 버린다. 그러나 새는 항상 날아다닐 수는 없기에 반드시 나뭇가지에 내려앉는 때가 있다. 그때가 기회다. 기회는 사람을 기다리지 않는다. 기회는 살금살금 알지 못하는 사이에 다가오는 장난꾸러기 같다. 또한 기회는 수줍은 소녀 같아서 불운한 사람의 곁이나 패배한 사람의 어깨에 살그머니 찾아온다. 그러니 누구나 언제 찾아올지 알 수 없는 기회를 잡기 위해 항상 준비를 하고 기다려야 한다. 마침내 기회가 왔을 때, 그 기회를 잡으려면 실력을 길러야 한다. 프랑스의 사상가 라블레는 '기회는 앞머리에만 머리카락이 있고 뒤는 대머리이기에 만나자마자 앞머리를 움켜쥐어야 한다. 조금만 늦어도 뒷머리는 미끄럽기에 잡을 수가 없다'고 말했다. 순간의 기회를 붙잡을 수 있는 능력은 매일매일의 노력으로 얻어지는 것이다. 세상만사에 다 적기(適期)와 호기(好期)가 있다. 기회는 적게 찾아 오기에 소중한 것이다. 기회를 놓치는 자는 인생에서 아무것도 건질 수 없다. '때를 얻는 자는 번창하고, 때를 잃는 자는 멸망한다'는 열자(列子)의 말을 명심해야 한다.

셋째, 기회가 오지 않으면 만들어서라도 목적을 이뤄야 한다. 기회를 놓치지 않도록 항상 준비하고 기다리는 것은 매우 중요한 일이지만 기회가 찾아오기만을 기다릴 것이 아니라 적극적으로 나서서 기회를 만들려는 노력을 해야 한다. 영국의 저술가 새뮤얼 스마일스는 그의 자조론(自助論)에서 '만약 기회가 찾아오지 않는다면 스스로 기회를 만들어라'고 했다. 영국 철학자 프랜시스 베이컨도 '현명한 사람은 기회를 발견하는 것이 아니라 스스로 만들어 낸다'고 하여 적극적인 기회 창출에 대해 역설하고 있다. 당나라의 대 시인 백거이(白居易)는 5세 때부터 시를 짓는 법을 배워 소년의 나이에 벌써 사람들을 놀라게 할 만한 재능을 보여 주었다. 그러나 뛰어난 재능을 가지고 있음에도 알릴 길이 없자 그는 수도인 장안으로 향했다. 그는 당시로서는 귀한 악기였던 거문고를 사서 익힌 후 많은 사람이 모인 연회를 열어 거문고 연주를 하여 사람들의 이목을 모았다. 그리고 준비해 둔 자신의 시를 손님들에게 나누어 주며 이렇게 말했다.

"대장부가 세상을 살아가는데 어찌 거문고 타는 재주로 이름을 날릴 수 있겠습니까? 여러분을 초청한 것은 문단에서의 지음(知音 : 마음이 통하는 친한 벗)을 찾기 위한 것입니다."

사람들은 연주에 놀라고, 그의 기백에 놀랐으며, 그의 문학적 재능에 다시금 놀라지 않을 수 없었다. 그리하여 백거이의 명성은 하루아침에 장안에 널리 퍼지게 되었다. 아주 뛰어난 재능을 가지고 있더라도 가만히 있으면 사람들이 그 재능을 알아주지 않는다. 스스로 재능이 있음을 알면서 자신의 가치를 드러내는 일에 겸손할 필요는 없다. 기회를 준비하고 기다리는 것도 중요하지만 기회를 만드는 용기가 더 중요하다.

의 지

불굴의 의지를 위해서는 자신이 진정 원하는 일을 목표로 삼아야 하며, 자신이 진정 원하는 일을 할 때 비로소 인내와 극기와 의지가 생기는 것이다. 더불어 막연한 목표보다는 명확히 실현 가능한 목표일 때 불굴의 의지가 헛된 것이 되지 않는다.

스님이 된 엿장수

금강산 도인(道人)으로 통하는 석두 화상(石頭 和尙)이 금강산 신계사 조실스님으로 있을 때, 어느 날 나이가 지긋한 엿장수가 찾아왔다. 엿장수인 사내는 스님의 문하에서 공부를 하고자 찾아왔다며 제자로 허락해 줄 것을 간청했지만 스님은 아무나 되는 것이 아니라고 말했다. 끈질긴 엿장수가 절에 며칠 눌러 앉아 있는 통에 어쩔 수 없이 같이 지내던 석두 스님은 이 엿장수에게 남다른 면이 있음을 알아보고 조용히 그를 불렀다.

"자네 나이가 마흔이 가까웠지 아마?"

"예, 서른여덟입니다."

"그래, 그 나이에도 불구하고 기어이 중이 되고 싶단 말이지?"

"예."

사내의 대답이 떨어지자마자 석두 스님은 자리를 털고 일어났다.

"그럼 어디, 나하고 밖에 좀 나가 볼까?"

석두 화상은 서른여덟의 늦은 나이에 삭발 출가하겠다고 간청하는 엿장수를 이끌고 절 밖으로 나갔다. 이윽고 마을에 인접한 논두렁 한가운데에 이른 석두 스님은 발걸음을 멈추고 뒤따르던 사내를 향해 몸을 돌리더니 소매 춤에서 무언가를 꺼내 들었다.

"여기 이걸 보게. 내 손가락 끝에 쥐고 있는 이것이 무엇인지 보이는가?"

"예, 바늘입니다, 스님."

조그마한 바늘 하나를 꺼내 들고 무엇을 하려는지 사내는 도저히 종잡을 수가 없었다.

"자, 그러면 이제 눈을 감게. 자네가 눈을 감으면 내가 이 바늘을 논 한가운데 던질 것일세, 두 눈을 꼭 감아!"

사내는 영문을 모른 채 다그치는 석두 스님의 명에 얼굴을 하늘을 향한 채 두 눈을 꼭 감았다. 한참 있다 '에잇!' 하는 소리가 들리는 것으로 보아 스님이 바늘을 던진 모양이었다.

"자, 이제 눈을 뜨게. 그리고 자네는 내가 방금 던진 바늘을 찾아오게."

"예에? 이 넓은 논에서 그 바늘을 찾아오라고요?"

사내는 어이가 없었다. 두 눈을 뜬 사내는 멍하니 석두 스님의 얼굴만 쳐다보고 있었다.

"바늘을 찾아오면 내가 자네 소원대로 중을 만들어 주겠네."

무심하게 스님은 사라지고 사내는 더 이상 아무 말도 하지 못하고 논두렁에 멍하니 서 있었다. 벼가 한창 자라고 있는 무논에 바늘 하나 던져 놓고 그 바늘을 찾아오라니 사내는 기가 막혔다. 하지만 그는 바짓가랑이와 소매를 걷어붙이고 논으로 들어갔다. 그리고 여기저기 첨벙대며 샅샅이 논바닥을 뒤지기 시작했다. 기어이 석두 스님의 제자가 되겠다는 의지의 엿장수는 땀과 흙으로 얼룩진 채 아무 불평 없이 오로지 바늘 찾는 일에만 전력을 다했다. 사흘이 지난 깊은 밤, 신계사의 스님들이 모두 잠들고 석두 스님이 잠자리에 들 무렵 방문 밖에서 나지막한 목소리가 스님을 찾았다.

"스님, 스님 주무십니까?"

"누구시오?"

"접니다, 스님. 바늘을 찾아왔습니다."

"무, 무엇이……? 바늘을 찾아왔다고?"

문 밖에 서 있는 엿장수는 온 몸에 진흙칠을 한 꾀죄죄한 모습으로 웃고 서 있었다. 과연 흙으로 범벅이 된 사내의 손끝에 가느다란 바늘이 희미한 호롱불에 반사되어 반짝이고 있었다. 두 눈을 감겨놓고 널따란 논 가운데에 던져 놓은 바늘 하나. 그걸 찾아왔으니 스님도 더 이상 할 말은 없었다. 이렇게 엿장수는 출가의 뜻을 이루고 끊임없는 수행을 하여 명성이 자자한 스님이 되었으니 그가 바로 한국불교통합종단의 초대 종정으로 추대된 효봉 큰스님이다.

 ## 의지란 무엇인가?

사람이 하고자 하는 일을 가능케 하는 것은 의지(意志), 즉 목적의식의 힘이다. 의지란 말은 지칠 줄 모르는 불굴의 정신, 역경을 이겨내는 용기와 목적한 바를 꼭 달성하고야 말겠다는 집념의 뜻이 담겨 있다. 또한 어떤 경우에는 결단력을 뜻하는 말이기도 하고 인내력을 말하는 것이기도 하다. 하지만 이 모든 말의 핵심은 바로 자신의 생각을 관철시키는 정신력이다. 의지란 목적을 향한 집중력이자 성공을 위한 동력(動力)인 것이다. 아무리 머리가 명석하고 도덕적인 사람이라도 의지가 약하다면 큰일을 이루지는 못한다. 앞서 이야기에 등장하는 효봉 스님은 원래부터 엿장수가 아니었다. 그는 평남 양덕군에서 태어나 일본 와세다 대학 법학부를 나와 평양 복심법원(지금의 고등법원)에서 10여 년 동안이나 법관생활을 해 오던 이찬형 판사였다. '같은 사람이면서 몇 줄의 법조문으로 어찌 감히 사람의 목숨을 빼앗는 사형을 판결할 수 있단 말인가?' 라는 생각으로 스스로 괴로워하던 그는 마침내 법복을 벗고 수행의 길을 걷기로 마음먹은 것이다. 그러나 스님이 되는 것 또한 마음대로 되지는 않았다. 그래서 자신의 과거 행적을 지우기 위해 떠돌이 엿장수를 하다가 금강산의 석두 스님을 찾아 불굴의 의지로 스님이 될 수 있었다. 이처럼 의지는 강한 신념을 바탕으로 한 일관된 행동의 표출을 의미한다.

 어떤 의지를 가져야 하는가?

어떤 일에도 굴하지 않는 불굴의 의지는 인생의 완성을 위해 중요한 것이다. 하지만 조심해야 할 것은 자기에게 이로운 의지와 자기에게 해로운 의지를 구분하는 것이다. 프랑스의 철학자 베르그송은 사람에게 두 가지 의지가 있다고 했다. 하나는 오르려는 의지이고 다른 하나는 추락하는 의지라고 했다. 오르려는 의지는 순간의 욕망과 감각적 쾌락을 절제하려는 의지이고 추락하는 의지는 욕망과 감각에 따르려는 의지라고 했다. 그리고 어느 의지를 따르느냐는 전적으로 자신에게 달린 문제라고 했다. 감각에 따를 것인지 이성에 따를 것인지는 순수한 자신의 뜻에 의해 결정된다. 하지만 감

각에 따르는 의지와 이성에 따르는 의지는 분명 차이가 있다. 의지는 곧, 그 사람의 삶을 결정한다. 감각을 따르는 삶은 대부분 단기적이고 변화가 심하다. 이성에 따르는 삶은 장기적이고 올곧은 결과를 낳는다. 감각은 채워도 만족하기가 힘들어 끝없이 자신이 가진 것을 소비해야 한다. 하지만 이성에 따르는 삶은 비록 그 과정이 힘겹고 쓰더라도 티끌 모아 태산을 이루듯 날로 쌓여가는 성과에 뿌듯함을 느낄 수 있다. 선택은 당신의 몫이다.

굳은 의지를 위해서는 흔들리지 않는 명확한 목표가 있어야 한다. 이것저것 기웃거리며 목표가 수시로 변한다면 당연히 의지 또한 약해지기 마련이다. 사람들의 목표와 의지가 흔들린다는 것은 자신이 진정으로 원하지 않는다는 의미이다. 원치 않는 직장과 원치 않는 만남, 원치 않는 공부와 원치 않는 긴 여행은 그저 사람을 괴롭히는 감옥과 같은 것이다. 그런 환경에 처한 사람은 묵묵히 그 일을 수행하기 보다는 벗어나고 싶어 안달을 하게 된다. 결국 억지로 하는 일은 자기의 몸과 마음을 혹사시켜 불행한 결과를 초래할 수도 있다. 엿장수 출신의 효봉 스님도 원치 않는 일을 하다 보니 마음이 괴로워 출가를 결정한 것이다. 그 일이 나쁜 것이 아니라 자신이 그 일에 맞지 않았던 것이다. 그러니 불굴의 의지를 위해서는 자신이 진정 원하는 일을 목표로 삼아야 하며, 자신이 진정 원하는 일을 할 때 비로소 인내와 극기와 의지가 생기는 것이다. 더불어 막연한 목표보다는 명확히 실현 가능한 목표일 때 불굴의 의지가 헛된 것이 되지 않는다.

자신의 목표와 의지가 확고하다면 자신 있게 그 일을 추진할 수 있는 자신감이 필요하다. 아무리 굳은 의지와 목표가 있더라도 가슴 속에만 품고 있다면 아무런 소용이 없다. 어떤 대가를 감수하여, 심지어 자신의 목숨을 걸고라도 반드시 목표를 달성하고야 말겠다는 자신감이 있어야 한다. 그렇게 할 때에 무생물이던 목표에 생명을 부여하게 되는 것이다. 하지만 아무리 근사한 목표라도 인간은 욕망의 동물이기에 순간순간의 달콤한 유혹에 이끌리기도 한다.

그에 대해 프랑스의 의학자 에밀 꾸에(Emile Coue)에 의하면 자기의 마음을 지배하고 인격을 통제할 수 있는 수단으로 '자기 암시'를 제안했다. '하면 된다', '나는 점점 좋아지고 있다' 라는 긍정적 자기암시가 자신의 생각을 지배하고 의지와 행동을 지배하여 성취를 수월하게 한다는 것이다. 이렇듯 긍정적인 자기 암시를 통해 자칫 흔들릴 수 있는 의지를 바로잡아 원하는 목표를 이루도록 노력해야 할 것이다.

끈기

끈기는 일종이 마음 상태이다. 마음의 상태는 언제든 변할 수 있는 것이나. 분제는 끈기를 지속할 수 있는 여건이 조성되느냐, 아니냐에 따라 달라지는 것이다.

 보험사원의 끈기

어느 보험 회사의 젊은 외판사원이 우유판매 대리점을 방문했을 때의 일이다. '보험'이란 말이 떨어지기가 무섭게 주인은 딱 잘라 한마디로 거절했다.

"보험은 절대 가입하지 않을 생각이오. 죽은 다음에 돈을 아무리 많이 받아 봐야 내게 무슨 소용이 있겠소."

"조금만 시간을 내 주셔서 제 이야기를 잠깐 들어 주시면 고맙겠습니다만."

"난 바쁜 사람이오. 어슬렁거릴 시간 있으면 이 빈병 닦는 일이나 좀 거드시는 건 어떻소?"

농담 섞인 주인의 말에 그 젊은 사원은 바로 외투를 벗고 와이셔츠 소매를 걷어 올리며 빈병 닦는 일을 거들기 시작했다. 그때 그 광경을 바라보던 주인의 부인이 놀라며 큰소리로 말했다.

"그렇게까지 하지 않아도 좋아요. 저 양반은 보험이라면 아주 질색을 하니까 댁이 무슨 짓을 해도 보험에 드는 일은 없을 거예요. 그러니 시간 낭비하지 말고 얼른 돌아가세요."

젊은 보험사원은 빙긋 웃으며 계속 병 닦는 일을 거들었다. 그리고 그 다음날도 오더니 매일 찾아와 병 닦는 일을 거들었다. 우유판매 대리점 주인은 젊은 사원이 올 때마다 거듭 단호하게 거절했다.

"소용없는 짓이오. 일을 거들라고 한 것은 미안하지만, 이럴 시간에 다른 곳에 가서 계약을 한 건이라도 따내는 것이 현명할 거요."

젊은 보험사원은 한 달이 지났는데도 계속 왔다. 마침내 40여 일쯤 지났을 무렵 우유판매 대리점 주인도 그 싫어하던 보험을 들게 되었다. 젊은이의 끈기와 성실함에 감복한 것이다. 그는 많은 액수의 보험에 가입하였고 더불어 주변의 친구들에게까지 소개하게 되었다.

끈기란 무엇인가?

이 이야기는 '끈기 있는 자만이 일을 성취할 수 있다'는 교훈을 준다. 처음부터 딱 한마디로 잘라 완강하게 거절하던 대리점 주인이 마음을 바꿔 큰 액수의 보험을 들어 주고 적극적인 협조자가 된 이유가 무엇일까? 젊은 보험사원이 매일 병을 닦으러 오자 대리점 주인은 무척 당황했을 것이고 젊은 사원은 염치가 없어 겸연쩍고 어색했을 테지만 여러 날 함께 일하며 서로 이야기를 통해 이해하게 되었고 친하게 되어 자연스럽게 도움을 줄 마음이 생겨났을 것이다. 사람은 감동하는 동물이다. 성심성의껏 도와 주려는 사람을 매몰차게 거절하기는 쉽지 않았을 것이다. 또한 젊은 사원이 그일을 하게 된 계기와 보험이라는 특성에 대해 이해하면서 대리점 주인도 마음이 바뀐 것이다. 누군가 끈기는 사업을 받쳐 주는 일종의 재산이라고 말했다고 한다. 사실 끈기가 있어야 사업도 성공하고 무슨 일이든 이루어낼 수가 있다.

그렇다면 과연 끈기란 무엇인가? 한번 세운 목표를 달성할 때까지 참을성 있게 꾸준히 밀고 나가는 힘이다. 그리고 한번 결심한 일은 어떠한 어려움이 있어도 쉽게 단념하지 않고 끈질기게 참고 견디어 마침내 성취하는 끈덕진 기운을 말한다. 끈기는 곧 참고 견디는 인내력이고 지구력이며 끝까지 관철하려는 의지이다. 이와 같이 시종여일(始終如一)한 태도와 초지일관(初志一貫)의 자세로 뜻한 바를 성취해 나가는 것이 끈기의 힘이다.

 ## 어떻게 끈기를 기를 것인가?

우리 주변에는 끈기가 없다고 걱정하는 사람들이 많다. 무슨 일이든 끈질기지 못하고 사소한 장애나 난관에도 쉽사리 단념하고 포기하는 사람이 많다는 뜻이다. 끈기는 일을 성취하게 하는 뒷받침이 되는 힘이므로, 끈기가 없다면 앞날에 대해 어떤 희망도 걸 수 없는 것이 아닌가? 아닌 게 아니라 작심삼일(作心三日)의 끈기로는 어떤 성공도 기대할 수가 없다. 그렇다면 끈기 없는 사람은 구제불능인가? 결코 그렇지는 않다. 왜냐면 끈기란 얼마든지 자신의 의지로 함양할 수 있는 것이기 때문이다. 끈기는 일종의 마음 상태이다. 마음의 상태는 언제든 변할 수 있는 것이다. 문제는 끈기를 지속할 수 있는 여건이 조성되느냐, 아니냐에 따라 달라지는 것이다. 많은 사람들이 마음속에 품고 있는 자신의 뜻을 계속 추진하지 못하고 중단해 버리는 것은 그것을 지탱해 줄 확고한 동기가 없기 때문이다. 끈기는 목적한 바를 성취하게끔 의욕을 불러일으키는 동기가 유발될 때 비로소 발휘할 수 있다. 동기를 유발시킬 수 있는 조건에 대해 알아보자.

첫째, 적성에 맞는 일을 하면 끈기는 저절로 생긴다. 우리는 자기가 하고 싶은 일을 찾아서 해야 한다. 자기의 개성과 취미와 적성에 맞는 직업을 가져야만, 하는 일이 즐겁고 재미가 있어 싫증이 나지 않고 끈질기게 매달릴 수 있다. 하고 싶은 일을 한다는 것이 바로 동기 유발이다. 자기가 즐거워하는 일은 마치 놀이와 같아서 일하면서 절로 신이 나니 자연히 끈기가 생긴다.

둘째, 목적의식이 명확하면 그것을 성취하겠다는 강한 욕망이 생긴다. 욕망은 때로 도가 지나치면 자신과 주변사람을 망치는 악(惡)으로 작용하지만, 적절한 욕망조차도 없다면 항상 그 자리에 머물 수밖에 없는 것이다. 만약 내가 속한 분야에서 최고가 되겠다는 욕심이 있다면 그 성취를 위해 남들보다 더 많은 노력을 기울이기 마련이다. 그 욕심이 강하면 강할수록 끈질기게 추진하는 원동력이 생기는 것이다.

셋째, 끈기를 기르려면 몸과 마음이 건강해야 한다. 허약하고 병든 몸으로는 끈기를 가질 수 없다. 매일 규칙적인 식사와 적당한 운동을 통해 신체의 순환기능을 원활하게 유지할 필요가 있고, 쾌락의 유혹에 빠지지 않는 건전한 마음을 가질 때 성취하고자 하는 목표가 뚜렷해지며 밀고 나갈 수 있는 끈기가 길러지는 것이다. '건강한 신체에서 건강한 정신이 나온다'는 말이 있다. 건강한 몸과 건강한 정신은 서로 독립된 것이 아니라 불가분의 상관관계를 가지고 있다. 몸이 허약하고 병들었는데 생산적이고 창의적인 정신이 나오기는 힘들다. 반면 정신이 피폐함에도 자신의 몸을 건강하게 유지한다는 것도 힘든 일이다. 그러니 우선 튼튼한 육체를 만들어 에너지를 모은 다음, 성취하고자 하는 일에 그 에너지를 투입하여 오랫동안 지치지 않고 추진해 나갈 수 있는 초석을 이뤄야 할 것이다.

운명

사람이 운명에 기대거나 운명을 탓한다는 것은 자신감이 없다는 증거이다. 자신감(自信感)이란, 말 그대로 사기가 자기를 믿는 것이다. 자기의 능력과 가치를 믿는 것이다.

새옹지마(塞翁之馬)

옛날에 중국 북방의 조그만 마을에 새옹이라는 노인이 살고 있었다. 이 노인이 살던 마을은 이웃 오랑캐 나라와 국경지대라 걸핏하면 싸움이 벌어지곤 하는 곳이었다. 어느 날 새옹이 기르던 암말 한 필이 국경을 넘어 오랑캐 나라로 도망을 가 버리고 말았다. 노인이 쫓아갔으나 말을 잡을 수는 없었다. 새옹은 말이 도망친 오랑캐 땅을 바라보다 이내 돌아섰다. 이것을 보고 있던 이웃사람이 찾아와 위로의 말을 전했다.

"참 안되셨습니다. 이 고을에서 제일 좋은 말이었는데……, 참 아깝습니다만 오랑캐 땅으로 도망을 갔으니 어쩌겠습니까."

새옹이 낙심할 것을 염려하여 이웃이 위로를 전했지만 새옹은 빙긋 웃음을 띠며 전혀 실망하는 기색을 보이지 않았다.

"꼭 그런 것만은 아니겠지요."

이런 일이 있은 후 몇 달이 지났다. 그런데 어느 날, 오랑캐의 땅으로 도망을 갔던 암말이 건장한 수말 한 마리를 데리고 새옹의 집으로 돌아왔다. 이웃 사람이 그 소문을 듣고 새옹에게 달려와 축하의 말을 전했다.

"이게 무슨 일입니까, 영감님. 영영 잃어버린 줄 알았던 말이 돌아오고, 게다가 건강한 말 한 필이 더 생겼으니 이보다 더 좋은 경사가 있겠습니까?"

그런데 새옹은 이웃의 축하에 기뻐하지는 않고 말을 잃었을 때처럼 무덤덤하게 말했다.

"꼭 그런 것만은 아니겠지요."

이웃은 그런 새옹의 반응에 고개를 갸웃거리며 집으로 돌아갔다. 얼마 지나지 않아 새옹의 아들이 새로 들어온 건장한 말을 타고 놀다가 그만 낙마하여 다리가 부러지고 말았다. 새옹의 아들은 다행히 목숨은 건졌지만 다친 다리를 영영 쓸 수 없어 절름발이가 되고 말았다. 이웃이 새옹에게 다시 위로의 말을 전했다.

"아드님이 크게 다쳐 참 안되셨습니다."

새옹은 이번에도 덤덤하게 말했다.

"꼭 그런 것만은 아니겠지요."

이웃사람은 새옹의 기이한 대답에 매번 의구심을 품으며 다시 집으로 돌아갔다. 과연 일 년쯤 지난 어느 날 오랑캐의 무리가 새옹이 살던 나라를 침략하여 전쟁을 치르게 되었다. 그래서 나라에서는 젊은이들을 전쟁에 참가시키게 되었다. 마을의 모든 젊은이들이 눈물을 흩뿌리며 돌아오지 못할지도 모르는 전쟁터를 향해 나가게 되었지만 새옹의 아들은 절름발이 신세라 징발에서 제외되어 마을에 남을 수 있게 되었다. 이웃사람은 내심 새옹의 선견지명에 감복하며 말했다.

"영감님, 정말 세상일이란 뭐라 단정하기가 어렵군요. 무슨 일이 복이 되고, 무슨 일이 화가 되는지 도무지 알 수가 없는 것이군요."

새옹은 조용히 미소를 지으며 말했다.

"화가 복이 되는 수도 있고 반면에 복이 화가 되는 수도 있는 법이지요. 그러니 사람은 재앙을 슬퍼할 이유도, 복을 기뻐할 이유도 없는 것이지요."

 ## 운명이란 무엇인가?

《회남자(淮南子)》의 '인간훈(人間訓)' 편에 나오는 이야기이다. 흔히 '인간사 새옹지마' 라는 말은 사람이 세상을 살며 길흉화복은 이처럼 쉽게 뒤집어질 수도 있는 것이니 경솔히 판단하여 행동하지 말라는 교훈을 주는 이야기이다. 당장의 처지가 불행하다고 하여 낙담할 필요도, 복을 누린다고 경거망동할 필요도 없다. 사람이 세상을 살며 맞는 길흉화복은 삶의 기본적인 리듬이라고 할 수 있다. 좋은 일도 있고 나쁜 일도 있는 법이다. 그러니 우리는 경솔한 판단과 행동을 자제할 필요가 있다. 만약 지금이 행복한 때라면 기쁨에 겨워 즐거워하기보다는 언제 닥칠지 모르는 불행에 대비할 필요가 있는 것이고, 불행하다고 지금의 신세를 한탄하기 보다는 언제 찾아올지 모르는 행운을 위해 참고 견디는 슬기가 필요하다. 그렇다고 매일매일을 신중하게 사는 것 또한 재미없는 인생이다. 다만 마음을 너그럽게 가지고 어떤 운명이 닥치더라도 기꺼운 마음으로 받아들일 수 있는 호연지기(浩然之氣)를 길러야 한다.

우리는 자칫 운명론에 빠지기 쉽다. 인간의 길흉화복과 흥망성쇠가 이미 정해진 절대적인 힘에 의해 결정되어 있다고 믿는 것이 운명론이다. 옛 기록을 통해 보면 국가의 중요한 의사결정을 할 때에도 거북의 등껍질에 점을 묻는 글을 적은 다음 이것을 불에 태워 껍질이 갈라지는 형상을 보고 길흉을 판단했다. 요즘이라고 다르지

않다. 수많은 사람들이 점술가를 통해 자신의 운명에 대해 묻고 액
(厄)을 방지하거나 발전과 성공을 위해 부적을 써서 몸에 지니고 집
에 붙여 두기도 한다. 이렇게 하여 화를 당하지 않고 발전과 성공을
이룰 수 있다면 누가 그렇게 하지 않겠는가? 운명이란 다만 새옹의
교훈처럼 직면한 현실의 행복과 불행에 너무 집착하지 말고 다가올
미래에 대한 대비를 해야 한다는 고마운 충고처럼 받아들여야 한
다. 운명이란 '그럴 수도 있는 것'이지 '꼭 그런 것'이 아니다. 신
문에 난 오늘의 운세에 화를 당할 것이라고 적혀 있다고 일도 안 하
고 방 안에 꼼짝도 하지 않고 틀어박혀 있을 것인가? 이는 조심할
필요가 있다는 경고로 받아들여야 한다.

어떻게 운명에 대처할 것인가?

　운명이란 일종의 성향과 같은 것이다. 축축한 습지에서 사는 식
물은 햇살이 따갑게 비치는 메마른 토양에서는 살기 어렵다. 반면
건조한 토양에서 자라는 선인장을 습지에 심는다면 이내 죽고 말
것이다. 사람에게도 자기의 성향과 기질이 잘 발휘되는 장소와 일
이 있다. 돌아다니기 좋아하고 사교적인 기질을 가진 사람이 사무
실에 하루 종일 홀로 앉아 서류와 씨름을 해야 한다면 그와 같은 지
옥도 없을 것이다. 날마다 피곤하고 권태가 파도처럼 밀려오며 하
는 일마다 뜻대로 되지 않는다. 이런 사람은 고액의 부적을 온몸에

수백 장 붙이고 다녀도 소용이 없다. 잘하지 못하는 일을 하며 잘할 수 있게 해달라고 하느님께 애원을 해도 안 된다. 만일 과감하게 자신에게 맞는 일을 찾아 그 일을 한다면 제발 일을 하지 말라고 말려도 즐겁게 일을 하고 자연히 성공가도를 달리게 될 것이다. 이것을 적성이라고 한다. 그러니 사람은 자신의 운명을 탓하기 이전에 자신이 좋아하는 일과 장소를 꼼꼼히 따져서 자신의 능력을 최대한 발휘할 수 있는 선택을 하는 것이 무엇보다 중요한 것이다. 그것이 운명에 올바르게 대처하는 일이다. 남들 다 간다는 대학에도 가야 하고 돈을 많이 번다는 몇몇 직업을 따라 달콤한 열매만을 기대하고 무심하게 따라다닌다면 남는 것은 불행과 후회밖에 없다. 자신에게 맞지 않는 옷을 입은 것처럼 불편할 테니 말이다. 아이를 기를 때도 돈과 명예에 따라 교육을 시키지 말고, 아이가 진정으로 원하고 재능을 보이는 쪽으로 용기를 주고 지원을 하는 것이 좋다. 어릴 때부터 남들 다 한다는 영어, 피아노부터 가르치고 볼 것이 아니라 기초 교육과 더불어 여행이나 운동, 독서를 통해 다양한 경험을 체험하도록 유도하여 면밀하게 아이의 재능을 이끌어 내는 것이 부모의 참된 역할이다.

그리고 사람이 운명에 기대거나 운명을 탓한다는 것은 자신감이 없다는 증거이다. 자신감(自信感)이란 말 그대로 자기가 자기를 믿는 것이다. 자기의 능력과 가치를 믿는 것이다. 자기 확신이 없는 사람은 무슨 일을 해도 '실수하면 어떡하지?' 라는 걱정부터 한다. 그리고 자신 없이 일을 하다 보니 실수를 하게 되고 실수를 하면 '그것 봐, 내가 그렇지 뭐' 라고 자신을 탓하거나 '도대체 왜 이런 일만 내게 맡기는 거야?' 하고 남을 탓하게 된다. 마음에 확신이 없다 보니 매사에 불안하여 팔자와 운명과 조상 탓을 하며 자괴감에 빠진다. 그리고 부족한 돈을 마련해 부적을 만든다. 아무리 간절한 기도를 해도 대답은 없다. 그렇다고 없는 자신감이 '자신감을 가져야 해!' 라고 마음을 고쳐먹는다고 하루아침에 '뚝' 떨어지지도 않는다. 분명 '자신 있는 것' 과 '자신 있는 척' 은 다른 것이다. 또한 무엇이든 '믿는 것' 과 '믿는 척' 노 다른 것이다. 물론 외형상 유사한 과정을 가지지만 결국 '척' 에 지나지 않는 행동은 물과 기름처럼 언젠가 분명한 차이를 낳는다. 가장 좋은 방법은 자신이 가장 잘할 수 있는 일을 하는 것이다. 하지만 그것이 힘들다면 당장의 고난은 나를 더 크게 만들기 위한 수업이라고 기꺼이 받아들이는 것이 좋다. 눈앞에 직면한 작은 일부터 차근차근 불평 없이 성취해 나가면 자연히 작은 자신감이 생긴다. 작은 자신감이 조금씩 쌓이면 나만의 특별한 비결이 생겨 '내가 이 분야만큼은 다른 사람보다 잘한다' 는 성취와 큰 자신감이 저절로 생긴다. 그렇게 하면, 비록 남들보다 몇 걸음 늦게 성공에 도착할지라도 목표를 이룰 수 있는 것이며 그 성취는 고난과 역경을 이겨낸 것이기에 더욱 값질 것이다.

자신의 운명을 탓하고 불평하기 전에 직면한 고난과 화해를 시도해 보라. 가벼운 눈웃음으로 한 걸음 고난에 다가앉아 적극적인 열린 마음으로 대화를 시도해 보라. 그리고 마침내 이루게 될 거대한 성취의 달콤한 입맞춤을 끝없이 상기하라. 그 열매는 세상 무엇보다도 더 달콤할 것이다.

독서를 한다는 것은 수천 년 동안 고이 간직하여 전해 주는 지혜의 선물을 풀어 보는 것이다. 독서를 하지 않는 것은 마치 상속받을 엄청난 재산을 포기하는 것과 같다.

시간을 바꾼 책

독일의 철학자 칸트는 쾨니히스베르크 마을을 몹시 사랑하여 한평생 그 마을에서 멀리 떠난 적이 없었다. 그는 매일 아침, 마을을 산책하는 습관이 있었는데 언제나 엄격히 시간을 지켰기 때문에 그 마을 사람들은 그가 나타나면 시계바늘을 맞출 정도였다고 한다. 이런 칸트의 아침 습관을 깨뜨린 것이 바로 루소의 《에밀》이라는 책이었다. 칸트는 이 프랑스 철학자의 자유분방한 사고방식을 좋아

했다. 그는 《에밀》을 읽고 너무 감동한 나머지 아침 산책시간을 바꾸게 되어 마을 사람들을 한 동안 어리둥절하게 만들었다. 《에밀》은 '교육에 관하여'라는 부제가 표현하는 대로 에밀이라는 아이의 성장을 좇은 형식으로 전개되는 교육론이다. 그러나 단지 교육론뿐만 아니라 '자연으로 돌아가라'는 인간미 넘치는 교훈이 풍부한 철학서이기도 하다.

이 같은 루소의 사상은 사람이 사회화되면서 이기심과 허영심을 가지게 되어 타락하는 것이기 때문에, 다른 사람의 입장을 자신에게 비추어 보는 '연민의 정'이 넘치는 사람을 진정한 자연인으로 보았다. 그래서 아이에 대한 진정한 교육은 학교가 아니라 어머니라고 보았다. 칸트는 이와 같은 루소의 '자연인'의 말에 깊이 공감했다. '루소에 의해 나는 인간을 존경하는 법을 배웠다'고 술회할 만큼 칸트는 이 책에 의해 종래의 생각을 바꿔 인간중심의 실천철학으로 전환하게 된 것이다.

독서란 무엇인가?

사람은 책을 만들고 책은 사람을 만든다. 책처럼 위대하고 값있는 것은 없다. 한 권의 책이 한 인간의 운명을 변화시키고 한 사람의 생의 방향을 전환시킨다. 칸트는 《에밀》을 읽고 '자연으로 돌아가라'는 루소의 사상을 반영하여 학문의 방향을 전환했다. 또 니

체는 쇼펜하우어의 《의지와 표상으로서의 세계》라는 책을 읽은 후, 그때까지 매달렸던 언어학을 포기하고 실존철학의 길로 접어들었다. 이렇듯 적절하게 선택된 양서(良書)는 한 인간의 운명을 바꾸기도 하고 사회개혁의 원동력으로 작용하기도 한다. 또한 한 권의 책은 인류 역사의 방향을 바꾸게 하는 힘이 있기에, 책 속에는 영원불멸의 빛이 있고 무한한 힘이 있는 것이다. 책은 앞 세대 사람들의 지혜를 기록한 것이다. 그러니 우리는 책을 읽음으로써, 그 지식을 바탕으로 더 큰 삶의 지평을 열 수 있는 계기를 만들어야 한다. 그렇다면 우리는 독서를 통해 무엇을 얻을 수 있는가?

첫째, 독서는 인생의 이정표다. 복잡한 길에 직면했을 때, 참 곤혹스러운 것은 누구나 마찬가지다. 이때 가장 좋은 길을 가르쳐주는 이정표를 발견한다면 이처럼 후련한 일도 없다. 철학자 데카르트는 '양서를 읽는다는 것은 과거의 가장 위대한 인물과 대화를 나누는 것과 같다' 라고 말했다. 바로 혼란한 길에 부딪쳤을 때 우리는 위대한 인물과의 대화를 통해 바르고 현명한 길을 선택할 수 있다. 잘못된 길을 가르쳐 주면 어떻게 할까 걱정할 필요는 없다. 불행과 악행으로 안내하는 책은 기록될 수 없다. 악덕을 가르칠 수는 없기 때문이다. 위대한 성현들의 지혜는 널리 공감을 얻어 마침내 오래도록 보존하여 가르치기 위해 책으로 기록되는 것이다. 존경해마지 않는 위대한 성현을 닮아 위대한 길을 가고 싶다면 독서를 하면 된다. 《성경》을 읽으면 하나님과 예수 그리스도를 만날 수 있고, 《논어》를 읽으면 공자를 만날 수 있다. 《파우스트》를 읽으면 괴테를 만날 수 있고 《목민심서》를 읽으면 정약용을 읽을 수 있다. 우리는 위대한 성현들과의 대화를 통해 참된 인간의 도리와 지혜라는 목적지에 도착할 수 있다. 독서를 하는 동안 온갖 인간사의 교훈과 만물의 이치를 깨달을 수 있다. 독서를 한다는 것은 수천 년 동안 고이 간직하여 전해 주는 지혜의 선물을 풀어 보는 것이다. 독서를 하지 않는 것은 마치 상속받을 엄청난 재산을 포기하는 것과 같다.

둘째, 독서는 보물찾기다. 현대인들은 집 주변의 산책길을 따라 잠시의 사색도 즐길 수 없을 만큼 여유가 없는 것이 사실이다. 자신이 맡은 일을 처리하는 데에도 하루가 부족할 지경이다. 자칫 먹고 살기에 급급해 권태롭고 무료한 일상의 반복만 하다가 아쉬운 인생을 마감할 수도 있다. 이 넓고 다양한 세상 속에 짧은 삶을 살다 가면서 학교와 집, 직장과 집만 오가며 일생을 보낸다는 것은 얼마나 재미없는 일인가? 세상의 놀라운 비밀들을 직접 체험한다는 것은 진정한 인생의 즐거움이다. 여유가 없다고 한탄만 하고 있을 것인가? 당장 세상의 온갖 비밀과 하나하나 눈을 맞추며 인사를 나누고 세상이 속삭이는 비밀에 즐겁게 귀를 기울여야 할 것이다. 하지만 시간은 짧고 현실은 고단하다. 천만 다행스럽게도, 인류는 수천 년을 살면서 흥미진진하고 심오한 비밀을 고스란히 기록으로 남겨 놓았다. 그 기록은 서점이나 근처 도서관에 가면 아주 쉽게 알아 볼 수 있다. 보물을 찾아 먼 바다와 깊은 동굴 속을 헤맬 필요가 없다. 책 속에 무궁무진한 보물이 숨겨져 있다.

셋째, 독서는 정신의 영양제다. 사람은 편식하지 않고 음식을 골고루 먹어야 건강한 삶을 유지할 수 있다. 마찬가지로 정신 또한 편향되고 얕은 생각에서 벗어나 깊고 다양한 생각을 가질 때 건강한 정신이 유지된다. 사람은 자기 생각이 최고라는 오만에 빠지기 쉽다. 애석하지만 그 최고라는 생각조차도 사실은 누군가에게 배운 것이다. 태어나서 어머니에게 배우고 학교를 다니며 배우며 자연을 통해 배우고 인생의 선배나 독서를 통해 배워서 모인 생각이 바로 자신의 생각이다. 자신의 생각만이 옳고 최고라는 사람이야말로 진짜 어리석은 사람이다. 말하자면 '생각 결핍증'이다. 이런 사람에게 적절한 처방은 바로 '독서'라는 영양제다. 오만과 독선에서 벗어나 사람을 사람답게 만드는 것이 독서라는 영양제이다.

넷째, 독서는 성공의 지름길이다. 인간에게 기록은 본능이다. 사람은 누구나 자신의 생각과 경험을 기록하고 싶은 욕구를 가진다. 엄밀하게 말하자면 기록한다는 것은 가르치기 위한 것이다. 따라서 세상의 기록은 다종다양, 무궁무진하다. 만약 성공하고 싶다면 다양한 기록을 꼭꼭 씹어 삼켜 자신의 것으로 소화 시키면 된다. 업무를 좀더 능률적이고 독창적으로 개선하고 싶다거나, 습관적으로 지나치는 일을 뒤집어 생각하고 성공의 핵심을 알고 싶다면 책을 읽으면 된다. 성공하고 싶은 사람은 단지 '의욕'이라는 숟가락만 들고 잘 차려진 밥상에 앉아 맛있게 먹기만 하면 된다. 그렇게 해서 성공을 이루었다면 자신의 경험과 비밀을 잘 섞어 기록하여 한 상 멋지게 차려 놓으면 분명 훗날 사람들이 경의를 표하며 감사한 마음으로 풍성한 식탁을 맛볼 것이다.

어떻게 독서를 할 것인가?

독서를 할 때에는 세 가지 기술이 필요하다. 첫째는 '언제 읽느냐'는 시기를 정하는 것이고, 둘째는 '어떤 책을 읽느냐'는 종류를 정하는 것이며, 셋째는 '어떻게 읽느냐'는 방법을 정하는 기술이다.

첫째, 책은 언제 읽어야 하는가? '세 살부터 여든까지'라는 평생교육을 강조하는 요즘, 독서는 전 생애를 걸쳐 필요한 것이지만 그 중에서도 가장 중요한 시기가 있다. 그것이 바로 10대이다. 이때가 가장 감수성이 강하고 학습능률도 좋아서 오래도록 기억하는 시기이기 때문이다. 10대 때 읽은 황순원의 《소나기》의 내용이 오래도록 잊혀지지 않지만 나이 들어 읽은 책은 쉽게 잊어버린다. 그 이유는 10대의 시기가 빠르고 광범위하게 인생의 기초정보를 수용하도록 작용하기 때문이며, 나이가 들게 되면 정보를 처리하는 두뇌의 작용이 몇몇 특정한 주제에 집중되어 장기기억보다는 단기기억에 치중되는 경향이 있기 때문이다. 즉 10대 때 형성된 큰 정보의 틀 안에서 나머지 인생의 방향이 결정된다고 보아야 할 것이다. 이토 록 중요한 10대에 다양한 지식과 경험을 쌓아야 하는 것은 당연한 귀결임에도 불구하고 우리의 10대는 입시에 매달려 경쟁으로 내몰 리다보니, 결국 이들이 성장해서도 인생의 참된 가치와 보람을 찾 기보다는 치열한 경쟁에 열중하게 되어 세상이 각박해지는 것이다. 경쟁이 나쁜 것은 아니지만 경쟁 자체에 매달리는 것은 자신에게도 남에게도 해로운 것이다. 따라서 경쟁보다는 포용을, 주장보다는 이해를 배우는 넉넉한 10대의 교육과 독서 속에서 우리의 미래를 찾아야 할 필요가 있다.

둘째, 어떤 책을 읽어야 하는가? 인터넷의 발달과 더불어 '정보 의 홍수'라고 할 만큼 엄청난 정보가 매일 쏟아진다. 하지만 인터 넷의 정보는 대다수가 순간적인 정보만을 제공하다 보니 깊이가 얕 고 때론 정보의 가치조차 불분명할 때가 많다. 자칫 정보의 바다에 빠져 익사할 지경에까지 이른 것이다. 책도 마찬가지다. 사회의 발 달과 기술의 진보로 밀물처럼 밀려 나왔다가 썰물처럼 사라진다. 이런 시기에 좋은 책을 만나는 것은 매우 어려운 일이다. 그러면 어 떤 책이 좋은 책인가? 어떤 이는, 책이란 정신적 성장을 도와 주고

심금을 울리며 감동을 주어야 하고, 오래도록 간직할 수 있는 책이 좋은 책이라고 했다. 일반적으로 좋은 책이란 고전이라고 부르는 책과 같이 긴 시간 동안 사람들의 호평을 받은 책을 말한다. 그 이외에 저명한 인사들이 추천하는 좋은 책의 기준은 다음과 같다.

- 정신자세를 계발할 수 있는 고전이나 교양서적
- 역사적 위인들의 업적이나 생활태도를 본받을 만한 전기(傳記)
- 시대 상황이나 당시 인물들의 행동과 심리를 이해할 수 있는 명작소설
- 각자 종사하는 일에 관련된 전문서적
- 급변하는 시대에 발맞추는 정보와 시야를 갖춘 정보매체

셋째, 어떻게 책을 읽어야 하는가? 미국의 작가 존 토드는 책 읽는 방법에 대해 다음과 같이 조언한다.

❶ 먼저 저자와 출판사를 살피고 서문을 읽어본 후 목차를 훑어본다. 읽고 싶은 주제가 목차에 있으면 그것을 우선 시험 삼아 읽어 보고 그 결과가 매우 훌륭하고 가치 있다면 처음부터 읽어 나갈 것이고, 그렇지 않고 기대에 미치지 못하면 더 이상 읽어볼 가치가 없다.

❷ 읽어가는 과정에서 중요하다고 생각하는 부분은 연필로 밑줄을 긋거나 몇 가지 부호를 만들어 공백에 표시하며 읽어 나간다. 이렇게 하면 읽는 것과 동시에 생각하고, 판단하고, 식별하고, 선별할

수 있다. 자기 나름의 사고방식이 필요하고 그것이 뇌리에 새겨지므로 언젠가는 도움이 된다. 읽은 것을 자기의 것으로 만들기 위해서는 무엇보다도 읽으면서 생각하고 읽고나서도 생각하는 정독(精讀)의 습관을 길러야 한다.

❸ 자기가 읽고 있는 주제에 대하여 친구와 이야기를 나누는 일도 대단히 중요하다. 자신이 읽은 책의 내용을 다른 사람과 토론함으로써 확실하게 자신의 것으로 만들 수 있기 때문이다. 그러므로 뜻이 같은 친구들이 몇 명쯤 모여서 모임을 만들 수 있다면 더욱 좋다.

❹ 읽고 난 책의 내용에 대해서 돌이켜 생각해 보는 일에 상당한 시간을 투자해야만 한다. 독서를 하고 생각하지 않는 것은 식사를 했지만 소화를 시키지 못하는 것과 같다. 가장 뛰어난 학자들은 독서하는 데 보내는 시간의 25%를 그런 성찰에 할당해야 한다고 생각하고 있다. 조용히 사색하며 성찰한 것을 독후감으로 적어 남겨두면 나중에 크게 도움이 될 것이다.

❺ 독서를 하는 동안에는 머리가 비상하게 활발히 움직이기 때문에 새로운 대담한 생각이나 적어 둘 만한 가치 있는 생각이 많이 떠오른다. 게다가 기억해 두어야 할 중요한 내용이 있을 때에는 그 자리에서 바로 적어 두지 못하면 금방 잊혀진다. 그래서 항상 옆에 펜을 마련해 두고 각 항목별로 나누어 적으면 나중에 보물처럼 중요

한 참고자료가 될 것이다.

예로부터 걸출한 인물은 누구나 주의 깊게 독서하는 습관을 가지고 있었다. 이런 습관 없이 뛰어난 인물이 된다는 것은 불가능하다. 베이컨은 '독서는 충실한 인간을 만들고, 대화는 임기응변에 능한 인간을 만들며, 집필은 치밀한 인간을 만든다'고 했다. 독서를 하지 않으면서 베이컨이 말하는 '충실한 인간'이 되기를 바라는 것은 좋은 음식을 섭취하지 않으면서 활력 넘치는 삶을 유지하고 싶다는 생각과 같은 것이다.

개 성

어떤 사람은 사랑을 베푸는 데 100점짜리 기술을 가지고 있고, 어떤 사람은 남들이 깨닫지 못한 놀라운 생각을 만들어 내는 데 100점짜리 기술을 가지고 있다. 이것이 개성이다.

 바보 알베르트

초등학교 1학년 알베르트에게 선생님이 질문을 했다. 하지만 알베르트는 얼른 대답하지 못하고 우물쭈물했다.

"알베르트, 어서 대답해 봐요. 내가 물은 것은 아주 쉬운 문제니까, 대답할 수 있을 거야."

선생님은 재촉을 하며 알베르트의 대답을 기다렸다.

"알베르트, 어서 대답해 보라니까."

선생님의 음성이 살짝 높아지며 알베르트의 대답을 재촉했지만, 알베르트는 여전히 대답을 하지 못하고 손을 비비고 서 있었다. 마침내 답답함을 이기지 못한 선생님이 버럭 화를 내며 소리를 질렀다.

"에잇, 바보 같은 녀석! 복도에 나가서 손들고 서 있어!"

20세기 최고의 과학자이자 고금을 통해 가장 뛰어난 사상가로 꼽히는 알베르트 아인슈타인의 어린시절 이야기이다. 이렇듯 그는 어린시절을 아둔하고 수줍은 지진아처럼 지냈다. 성장하며 겨우 말문이 열렸으나 어눌하기 그지없었다. 게다가 또래의 아이들과는 달리 지독하게 과묵한 탓에 '답답한 녀석'이라는 별명까지 붙었다. 때문에 학교 선생님들은 그를 문제 학생으로 간주했으며 부모조차도 백치가 아닌가 걱정할 정도였다. 어느 날 알베르트가 상점에서 물건을 샀다. 자신이 계산해 보기에는 거스름돈이 아무래도 모자라는 것 같아 주인에게 돈을 도로 내밀었다. 주인이 고개를 갸웃거리며 다시 한번 셈을 해 보았으나 계산은 틀리지 않았다. 그래서 다시 알베르트에게 거스름돈을 돌려주며 말했다.

"곤란한 아이군, 너는 도무지 셈을 할 줄 모르는구나!"

훗날 수학의 천재라고 불렸던 알베르트지만 어린 시절에는 이렇게 간단한 산수도 제대로 하지 못하는 이상한 아이였다. 그러니 주위 사람들이 어린 알베르트에게서 아무런 재능을 찾을 수 없었던 것은 당연한 것이었다. 김나지움(중등교육기관)에 다닐 때, 어떤 선생님이 이 딱한 알베르트를 앞에 두고 빈정거리며 이렇게 말했다.

"네가 우리한테 '안녕' 하고 작별인사를 한다면 정말 고맙겠다만……."

"하지만 저는 아무런 나쁜 짓도 하지 않았습니다."

알베르트가 항의하자 선생님은 얼굴빛을 바꾸며 말했다.

"그야 뭐, 너를 퇴학시킬 뚜렷한 이유는 없겠지. 하지만 퇴학시키지 못할 이유도 없다. 수업 중에 바보처럼 멍하니 앉아 있는 네 수업태도가 전체 학생의 규율을 어지럽히고 학급의 평판을 얼마나 떨어뜨리는지 알고나 있느냐?"

알베르트는 이런 멸시까지 받을 정도로 어울리지 않는 학생이었다.

알베르트 아인슈타인(Albert Einstein : 1879~1955)은 독일의 남쪽 도나우 강 기슭에 있는 울름이라는 작은 마을에서 유태인의 장남으로 태어났다. 그의 초등학교 생활기록부에는 '무엇을 하건 성공할 가능성이 매우 희박함' 이라고 적혀 있을 정도였다. 알베르트가 학교생활에 적응하지 못하고 성적이 매우 뒤떨어진 이유는 당시 교육 방법이 지나치게 주입식인데다가 학교의 규율이 군대와 흡사할 정도로 딱딱했으니 적응을 하지 못했다. 아무리 좋은 음식도 자기가 싫으면 먹지 못하는 법이다. 마음은 콩밭에 가 있는데 흥미도 없는 과목을 강제로 배워야 한다는 것은 고문에 가까운 것이다. 그런 사정을 잘 이해한 것은 그의 어머니였다. 알베르트에게는 다른 아이들이 가지지 않은 남다른 집중력과 상상력이 숨겨져 있음을 알고 늘 알베르트를 격려하고 따뜻하게 위로하며 앞길을 열어 주는 데 주력했다. 저능아에 처치곤란의 문제아로 취급되었던 아들에게서 남과 다른 개성을 찾아내고 이를 육성·발전시킨 어머니의 교육이 바로 전무후무한 천재를 만든 힘이었다.

개성이란 어떤 것인가?

흔히 우리나라의 어머니들은 '네 동생을 봐라. 국어도 100점, 수학도 100인데, 넌 누구 닮아서 이 모양이냐?' 라고 야단을 치는 경우가 있다. 물론 교육이 경쟁구도로 되어 있다 보니 순위에 따른 결과에 집착하는 것은 당연할지도 모른다. 하지만 다양한 능력과 시각을 가지고 있는 사람은 모양과 크기가 같은 100점짜리 제품을 만들어 내는 기계와는 다르다. 어떤 사람은 사랑을 베푸는 데 100점짜리 기술을 가지고 있고, 어떤 사람은 남들이 깨닫지 못한 놀라운 생각을 만들어 내는 데 100점짜리 기술을 가지고 있다. 이것이 개성이다. 이런 기술들은 국어와 산수를 잘하는 것과는 관계가 거의 없다. 국어, 영어, 수학을 잘해야 우수한 사람이고, 공상을 잘하거나 자연관찰을 잘한다고 해서 열등한 사람이라 생각하는 것은 위험한 판단법이다. 세상 사람들이 모두 똑같은 분야에 놀라운 재능을 요구하다 보니 결국 경쟁 위주의 교육풍토가 자리잡는 것이다.

이 사람들은 모두 동등하게 중요한 위치에서 사회발전에 기여할 힘을 지니고 있다. 바로 개성을 존중하고 마음껏 발휘할 수 있는 기반이 조성될 때, 사회는 더 크게 발전할 수 있는 것이다. 유태인의 격언 중에 '형제의 머리를 비교하면 양쪽을 다 죽이지만, 형제의 개성을 비교하면 양쪽을 다 살릴 수 있다'는 말이 있다. 아인슈타인의 어머니도 이런 유태인의 사고방식을 타고났기에 아들을 위대한 과학자로 거듭날 수 있도록 기른 것이다.

아인슈타인은 우여곡절 끝에 고통스런 독일의 김나지움을 떠나, 믿을 수 없을 만큼 자유로운 분위기의 스위스 김나지움으로 옮겨와 물 만난 물고기처럼 자신의 능력을 발휘하기 시작했다. 그의 천재성은 단번에 두각을 나타내어 유럽에서 손꼽히는 스위스 연방공과대학에 무시험으로 입학하게 되었다. 그는 그 대학에서 33세 때 정교수가 되었고 42세에 노벨 물리학상을 받게 되는 쾌거를 이루었다. 독일에서 누구도 손쓸 수 없이 쓸모 없던 학생이었던 아인슈타인은 자신의 재능을 펼칠 수 있는 분위기가 조성되자 십여 년 만에 세계 최고의 천재로 둔갑한 것이다. 만약, 아인슈타인이 독일에서 소심한 저능아 취급을 받으며 성장했다면 지금 우리가 알고 있는 천재는 없었을 것이며, 아마 구제불능의 사고뭉치로 성장했을지도 모른다.

우리가 명심해야 할 것이 있다. 재능은 위대하고 특별한 사람만의 것은 아니다. 누구나 특별한 재능 한 가지쯤은 가지고 태어난다. 하지만 개성을 무시하는 획일적인 교육과 자신감을 꺾는 환경이 천재를 둔재로 만드는 것이다.

어떻게 개성을 계발할 것인가?

개성은 각자가 타고나는 성질이다. 개성을 그저 독특한 개인의 성격으로만 생각하여 학습이나 일과 전혀 관계 없는 것으로 간주한다면 아주 비능률적인 결과를 초래하게 된다. 김치찌개를 만드는 방법은 동일하다. 하지만 다른 찌개도 김치찌개를 만드는 방법으로 만든다면 아주 이상한 결과를 낳는 것과 같다. 처리하는 방법이 낯설어도 자신에게 맞는 방법이라면 남들보다 더 빠르고 효과적으로 처리할 수 있다. 음악을 들으며 공부와 일을 해야 잘 된다는 사람이 있다. 반면 주위가 조금이라도 산만하면 아무것도 할 수 없는 사람이 있다. 이처럼 개성은 사소하게 보이지만, 그 결과는 아주 큰 차이를 낳는다. 그러면 각자의 개성은 어떻게 발견하고 계발해야 하는가?

개성은 개인이 가진 기호(嗜好)의 집합체이다. 사람은 누구나 좋아하는 것과 싫어하는 것이 있다. 좋아하는 것을 못하게 하거나 싫어하는 것을 강요하면 병이 생긴다. 사람은 자신이 좋아하는 것을 좇아가기 마련이다. 개성을 존중한다는 것은 자기가 좋아하는 일을 하도록 두는 것이다. 그러나 좋아하는 것이라고 해서 무조건 재능으로 이어지는 것은 아니다. 재능이라는 것은 남들과 다른 특별한 능력이다. 음악을 좋아한다고 해서 사람들이 모두 음악가가 되는 것은 아닌 것과 같다.

결국 위인을 낳은 훌륭한 개성의 계발을 위해서 우선해야 할 것은 좋아하는 일을 할 수 있도록 환경을 조성하는 것이고, 그 다음으로 피나는 노력을 통해 재능을 계발하는 것이다. 재능이란 물론 태어나면서부터 천재라고 불릴 만큼 남다른 능력을 부여받을 수도 있다. 하지만 남다른 재능을 타고난다 해도 재능만 믿고 노력하지 않는다면 이내 그 재능은 멀어지고 그저 취미 정도로 남고 말 것이다. 반면, 자신이 진정 좋아하는 일이고 그 일을 위해 어떠한 희생도 감수할 각오가 되어 있으며, 날마다 노력을 게을리 하지 않는다면 분명 위대한 사람으로 성장하게 될 것이다.

> '물고기 한 마리를 주면 그것으로 하루를 먹고 살 수가 있지만 물고기
> 잡는 법을 가르치면 평생 먹고 살 수 있다'는 말이 있다. 이
> 말은 지식과 지혜의 차이를 상징적으로 표현하고 있다.

솔로몬의 판결

유태의 왕 솔로몬 앞에 어느 날, 두 여자가 찾아와 공정한 판결을
부탁했다. 먼저 한 여인이 울며 호소했다.

"왕이시여, 이 여인과 나는 한 집에 살고 있습니다. 최근에 우리
는 모두 아들을 낳았습니다. 제가 아들을 낳고 3일 후에 이 여인이
아들을 낳았지요. 그런데 우리 둘만 남은 어느 밤에 이 여인이 잠을
자다가 자기 아들을 깔아뭉개서 죽이고 말았습니다. 그러자 이 여

인은 밤중에 그 사실을 깨닫고 내가 잠을 자는 사이에 내 곁에 누운 나의 아이를 자신의 죽은 아들과 바꿔 버렸습니다. 새벽에 아이에게 젖을 물리려고 보니 아이가 죽어 있었습니다. 너무도 놀란 저는 어찌할 바를 모르고 당황하다가 날이 밝고 나서 죽은 아이가 내 아이가 아니라는 사실을 깨달았습니다. 그런데도 이 여인은 죽은 아이가 자신의 아이가 아니라고 우기고 있지 뭡니까.”

그때 다른 여인이 나섰다.

“그것은 거짓말이다! 분명 산 아이가 내 아이이고 죽은 아이는 네 아이다.”

“당신을 닮은 아이가 어찌 내 아이일 수가 있는가? 죽은 아이는 틀림없이 당신의 아이다.”

왕의 면전에서 두 여인은 두려움도 체면도 없이 심하게 말다툼을 벌였다. 두 여인의 말싸움을 조용히 지켜보던 솔로몬 왕이 이윽고 말문을 열었다.

“분명한 것은 이대로 두면 싸움이 끝나지 않는다는 것이겠구나. 서로 산 아이가 자신의 아이라고 말하며 죽은 아이를 다른 사람의 아이라고 주장하니, 아무도 본 사람이 없는 이 싸움을 어떻게 끝낼 수 있겠느냐.”

솔로몬은 신하에게 명하여 칼을 가져오라고 했다.

“산 아이를 둘로 갈라서 공평하게 반씩 나눠 갖도록 해라.”

그러자 당황한 두 여인이 갈등하는 사이에 신하는 칼을 가지고 살아 있는 아이를 둘로 나누기 위해 나섰다. 그때, 한 여인이 황급히 신하의 앞을 가로막으며 말했다.

"안 됩니다. 제발 그 아이를 죽이지 마시고 차라리 저 여인에게 주십시오."

여인은 울며 왕에게 호소했다. 한편 가만히 있던 여인은 분이 풀리지 않은 듯 이렇게 말했다.

"좋습니다. 어차피 저 여인의 아이인지, 제 아이인지 판결하실 수 없다면 차라리 둘로 나누는 것이 옳습니다."

이런 두 여인의 반응을 살피던 솔로몬 왕은 그때서야 진정한 판결을 내렸다.

"그 아이를 죽이지 말라. 그리고 아이를 살려 달라고 애원하는 저 여인에게 아이를 주어라. 저 여인이 아이의 진짜 어머니다."

자신이 낳은 아이의 죽음을 볼 수 없었던 여인은 다른 여인에게 주어서라도 아이를 살리려 했지만, 욕심에 사로잡혔던 여인은 아이의 생명조차 무시하는 지경에 이르러 결국 감옥으로 향했다.

 ## 지혜란 무엇인가?

지혜란 위기와 복잡한 일들에 대처하여 슬기롭게 판단하는 정신 능력을 말하는 것이다. 세상의 이치를 깨달아 어떤 일에도 막힘이 없는 자의 슬기를 지혜라고 말하는 것이다. 지혜의 보고라고 일컬어지는 유태의《탈무드》에는 다음과 같은 이야기가 나온다.

어떤 이가 랍비에게 물었다.

"사람에게는 입이 하나 있고 귀가 둘이 있습니다. 왜 그런 것인가요?"

랍비는 대답했다.

"그것은 자신이 말하는 것보다 두 배로 남의 말을 들으라는 이유이다."

얼핏 보기에는 우문우답이지만 인간사를 빗대어 잘 생각해 보면 이보디 더 현명한 대답은 없다.

"만일 머리가 둘 있는 아이가 태어났다면 그 아이는 둘입니까, 하나입니까?"

"뜨거운 물을 머리에 부어 양쪽 모두 비명을 지른다면 한 아이이고, 한쪽만 소리를 지른다면 두 사람이다."

지혜는 때로 이처럼 익살스러운 재치로 세상을 풍자하기도 한다. 철두철미한 논리와 합리를 앞세운 각박한 일상에서 반쯤 풀린 듯한 익살은 또한 삶을 풍요롭게 하는 지혜의 일종이다.

지혜는 많은 것을 아는 지식과는 다른 것이다. 솔로몬 왕이 살아 있는 아이를 둘로 공평하게 나누어 주라는 것은 단편적인 지식의 대답이다. 하지만 울며 애원하는 여인에게 아이를 주라고 말한 것은 폭넓은 경험과 세상의 작용을 이해한 지혜의 결과이다. 유태의 격언에 '물고기 한 마리를 주면 그것으로 하루를 먹고 살 수가 있지만 물고기 잡는 법을 가르치면 평생 먹고 살 수 있다'는 말이 있다. 이 말은 지식과 지혜의 차이를 상징적으로 표현하고 있다. 어려운 상황에서는 이렇게 해야 한다는 직접적인 결과를 요구하는 것이 지식이다. 하지만 당장은 지식의 귀결에 따르지 않더라도 마침내 원만한 해결을 가져오는 판단을 따르는 것이 지혜다. 이처럼 지혜는 융통성을 가지고 때론 우매함으로 가장하기도 하고, 때론 익살꾼처럼 너스레를 떨기도 하는 것이다.

어떻게 지혜를 기를 것인가?

그리스의 철학자 헤라클레이토스는 '지혜란 사물의 본성을 잘 이해하고, 진실을 말하고, 행하는 것이다'라고 말했다. 이 말은 지혜의 출발점으로 우선 폭넓은 지식과 경험을 강조하고 있다. 지식과 지혜는 불가분의 관계를 가진 것이다. 알지도, 경험하지도 않은 일을 판단하는 것은 어리석은 행동이다. 우리는 지혜로운 사람의 모습으로 으레 백발이 성성한 노인을 자주 연상한다. 우리는 이미 오랜 경험과 지식이 축적되어야 지혜를 이룰 수 있다는 것을 스스로 깨닫고 있는 것이다. 참된 지혜를 갖추기 위해서는 먼저 사물을 관찰하고 경험하여 무엇이 진실한 것인가를 알아야 한다. 그 지식을 바탕으로 우리가 보는 것의 뒤에 숨겨진 참된 이치를 깨달아야 한다. 그렇게 얻은 참된 이치가 자신과 하나가 되어 습관처럼 행해질 때 비로소 지혜가 갖추어지는 것이다. 이런 관점에서 본다면 어릴 때부터 폭 넓은 사고를 깨우치는 유태인 어머니의 교육방식을 흘려 들을 수 없다. 유태인 어머니들의 하루 일과 중에는 잠자리에 든 아이에게 책을 읽어 주는 것이 의무처럼 되어 있다. 하루 일과가 아무리 바쁘고 피곤해도 '베드 사이드 스토리(Bed side story)'를 들려주는 일은 반드시 수행해야 한다. 이 이야기들의 대부분은 유태민족 4천 년의 역사와 지혜, 생활규범을 기록한 《구약성서》와 《탈무드》의 이야기다. 유태인의 어린이들은 모세가 홍해를 지팡이로 갈라 유태인들이 극적으로 이집트에서 탈출한 이야기와 돌멩이 하나로 골리앗을 때려 눕힌 다윗의 이야기의 흥미진진한 이야기를 들으며 자신들의 역사와 조상의 지혜를 배운다. 또한 랍비의 현명하고도 재미있는 일화를 통해 여유와 지혜로운 삶의 태도를 어릴 때부터 자연스럽게 몸에 익힌다. 유태인들이 세계각지에서 두각을 드러내며 막강한 영향력을 행사할 수 있는 힘도 바로 어릴 때부터 학교와 가정의 경계를 구분하지 않는 교육의 힘이다.

우리나라 또한 교육에 있어서 둘째라면 서러워할 나라이긴 하지만, 애석하게도 우리나라의 교육은 단편적인 지식의 전달에 그치는 한계를 가지고 있다. 그래서 학습능력과 두뇌는 우수할지 모르지만 세계적으로 인정받는 위대한 철학자와 지혜를 갖춘 인물이 부족한 것이다. 공자는 '배우고 때로 익히니 또한 즐겁지 아니한가'라고 말했다. 참된 배움은 바로 배운 바를 몸에 익히는 것이다. 그리고 몸에 익힌 배움을 행할 때 지혜의 경지에 이를 수 있는 것이다.

スス

사람의 마음이 품은 사랑과 정성의 진정성은 아무리 어리다고 해도 그 본실을 꿰뚫어 보는 법이다. 스승이 진실한 마음으로 사랑과 정성을 쏟는다면 비록 스승으로서의 자질이 모자란다 하더라도 제자는 감동으로 믿고 따른다.

선생님 우리 선생님

이스라엘의 초등학교에서는 소풍처럼 야외학습을 하는 경우에 학부모가 선생님의 보조 역할을 하게끔 되어 있다. 그래서 어느 가정이나 부부 동반으로 아이와 함께 행사에 참석한다. 부모 중에는 이름 꽤나 알려진 대학교수, 의사, 박사 등 사회 명사들도 끼어 있기 마련이다. 한 행사에 이스라엘 정부의 초청으로 한국인 대학교

수 부부도 참석하게 되었다. 그들은 이스라엘 현지인이자 같은 대학에 다니는 생물학 교수의 가족과 어울리게 되었다. 그 생물학 교수는 딸의 손을 꼭 잡고 아이보다 더 즐겁게 소풍을 즐겼다. 그러던 중, 그의 딸아이가 아빠의 손을 이끌고 한 식물 앞으로 다가가서 물었다.

"아빠, 이 꽃 참 예쁘지요?"

"그렇구나, 정말 너만큼이나 예쁘구나. 그런데 이 꽃의 이름이 뭔지 아니?"

"몰라요. 무슨 꽃이에요, 아빠?"

"글쎄다……."

생물학을 전공하는 교수가 그 꽃을 모를 리가 없었다. 하지만 그 교수는 이렇게 얘기했다.

"아빠도 무슨 꽃인지 모르겠구나. 그래, 선생님은 알고 계실 거야. 선생님은 모르는 게 없으시거든. 그러니 저기 선생님께 가서 여쭤 보고 오렴."

아이는 꽃을 한 송이 꺾어서 선생님에게로 달려갔다. 그 광경을 보고 있던 한국인 교수는 이해할 수가 없었다. 명색이 생물학 교수가 꽃 이름 하나 알지 못해서 선생님에게 딸아이를 보내다니! 이 사람 순 사이비 교수 아닌가 하는 의구심으로 슬쩍 떠 보았다.

"정말 모르십니까?"

유태인 생물학 교수는 웃으며 말했다.

"모르긴요."

"그런데 아이한테는 왜 모른다고 말하신 거죠?"

"다 그럴 만한 이유가 있답니다."

그때 선생님에게 꽃을 들고 갔던 아이가 뽀로통한 표정으로 힘없이 돌아와 아빠에게 말했다.

"아빠, 선생님도 모르시겠대요."

"그래? 오늘은 소풍날이라 선생님이 정신이 없어서 그러신가 보다. 그럼 가지고 있다가 내일 선생님께 다시 여쭤 보도록 해라."

"피, 아빠는, 지금 모르시는데 내일이라고 알 수 있으시겠어요?"

"그럼, 너도 알고 있는 것을 곧잘 잊어버리고 그러잖니."

아이는 못마땅한 표정으로 고개를 갸웃거리며 꽃을 빈 도시락에 담았다. 그걸 지켜보던 한국인 교수는 '애야, 그건 수선화라는 꽃이란다'라고 당장 말해 주고 싶었지만 유태인 교수의 이해하기 힘든 행동에는 다 이유가 있을 것이라는 생각에 침묵을 지켰다. 마침내 아이가 다른 곳으로 간 사이에 그 얘기를 꺼냈다.

"도대체 그 이유가 무엇인지 한번 들어 봅시다."

"아이는 내일 아침이면 선생님으로부터 그 꽃 이름을 알게 될 겁니다. 그러면 아이는 아빠도 모르는 것을 선생님은 알고 계시는구나. 역시 우리 선생님이 최고야. 이렇게 생각하지 않겠습니까? 결국 아이는 자연히 선생님을 존경하고 신뢰하게 되는 것이지요."

"만약 선생님이 내일도 모른다고 하면 어쩌겠습니까? 그럼 오히려 아이는 실망하지 않겠습니까?"

"다 방법이 있지요."

다음 날 그 생물학 교수는 아이가 등교하기 전에 미리 선생님에게 아이가 물었던 꽃의 이름과 특징 등을 적은 편지를 전했다고 한다.

스승이란 어떤 사람인가?

아이들에게 지식을 전달하고 올바른 사람으로 이끄는 역할을 담당하는 사람이 스승이다. 아이들이 스승을 믿고 존경할 수 있어야 자신이 배우는 것에 대한 확신을 가지고 장차 자신의 역할을 충실히 담당할 수 있는 것이다. 그런데 스승을 단순한 지식의 전달자로만 간주할 뿐만 아니라 그조차도 믿을 수 없어 아이에게 보충교육을 위해 과외까지 시키는 부모는 아이에게 이미 불신을 교육시키고 있는 것이다. 그 아이는 결국 부모도 존경하지 않게 된다.

스승이란 어린이나 청소년들의 가슴에 길이 남을 삶의 지표를 주고 쓸모 있는 사람이 되도록 가르치는 사람이다. 제자는 스승을 존경하고 권위를 느끼기에 믿고 따르는 것이다. 만약 스승에게서 권위가 없어진다면 스승은 책장에 꽂힌 여러 책들 중의 하나와 다를 바 없다. 스승과 제자의 관계는 지식 전달 이상의 의미를 가지고 있다. 아이는 학교에서 가정과 마찬가지로 스승을 통해 세상의 이치를 배우고, 스승을 거울 삼아 인간의 도리와 인격을 배운다. 그래서 우리나라에서는 예로부터 군사부일체(君師父一體)라고 하여 스승을 임금과 부모와 격이 같은 사람으로서 존경할 것을 강조했다. 제자는 스승을 존경으로 받들어야 한다. 마른 땅에 물이 잘 스미고 하얀 백지에 글이 잘 써지는 이치와 같이 배우는 사람은 스승의 가르침을 순수하게 받아들여야 한다. 만약 스승의 권위를 무시하고 배움을 단순히 계약이나 지식전달 관계 정도로 생각하여 스승을 얕본다면 제자는 훗날 배운 지식을 바탕으로 자신의 이익만을 위해 다른 사람을 무시하고 믿지 않는 사람으로 성장할 것이다.

옛날 어느 정승이, 아버지의 권세만 믿고 스승을 우습게 여기고 공부를 게을리 하는 아들을 보며 몹시 걱정을 했다. 어떻게 아들의 잘못을 고칠 수 있을까 곰곰이 생각하던 정승은 아들의 스승에게 다음 날 정오에 방문을 해 주십사 편지를 보냈다. 다음 날 아침부터 정승은 귀한 손님이 오신다고 부산을 떨었다. 정승의 아들은 어느 높으신 분이 오시기에 아버지가 이토록 허둥거리시는지 궁금했다. 아들은 두려운 마음으로 단정한 차림으로 공손하게 아버지와 손님을 기다렸다. 이윽고 손님이 오셨다는 전갈이 전해지자 정승은 버선발로 뛰어나가 손님을 정중하게 안으로 맞았다. 잔뜩 긴장하고 있던 아들은 손님을 보고 그만 깜짝 놀랐다. 바로 자신을 가르치는 스승이 아닌가? 아들은 몹시 당황했다. 아버지 위로 높은 어른은 임금님밖에 없는 줄 알았는데, 정승인 아버지가 자신도 우습게 보는 스승 앞에서 쩔쩔매며 맞절을 올리고 예의를 갖추는 것이었다. 아버지가 몸소 아들의 스승에게 머리를 조아림으로써 스승의 권위를 높인 결과, 이를 지켜본 아들은 다음부터 스승을 함부로 대할 수 없었다. 만약 정승까지 스승을 얕보는 태도를 보였다면 아들 역시 아버지를 방패 삼아 계속 방자한 행동을 했음은 불 보듯 뻔한 일이다. 옛 정승의 이야기에서 알 수 있듯이 스승이란 꼭 학교에서 가르치는 사람만이 스승이 아니다. 스승이란 어린 사람을 바르게 가르치려는 어른이라면 모두가 훌륭한 스승이 되는 것이다. 스승의 권위를 떨어뜨리는 것은 곧 부모의 권위를 떨어뜨리는 것이다.

참된 스승이란 어떤 사람인가?

선생님과 부모, 책임 있는 어른의 행동은 모두 어린이와 청소년의 본보기다. 어른의 행동을 아랫사람들이 따라 배운다는 생각으로 어른은 책임 있는 모습과 모범이 되는 행동을 솔선수범해야 한다. 어린이와 청소년이 버릇이 없다거나 스승의 권위를 인정하지 않는다는 얘기가 나오는 것은 바로 어른의 책임이다. 어디를 가거나 서로 배려하고 양보하며 예의바른 행동을 하는 어른들만 있다면 절대 아이들이 삐뚤어지지 않는다. 어른들 모두가 교육자의 입장에서 책임이 크지만, 그래도 제일 먼저 스승으로서의 본보기를 보여야 하는 사람은 일선 교육담당자와 부모다. 그렇다면 어떻게 존경받는 참된 스승이 될 것인가?

첫째, 권위가 서는 스승이 되어야 존경받을 수 있다. 가르치는 사람의 위치는 권위가 없다면 존재할 수 없다. 엄하게 꾸짖어야 하는 자리에서 제자가 스승을 업신여긴다면 꾸짖음이 통할 리 만무하다. 제자가 스승을 존경하고 겸손한 마음으로 따르게 하려면 우선 권위가 세워져야 한다. 권위는 곧 위엄을 말한다. 권위란 강요하고 억압한다고 만들어지는 것이 아니다. 인격적 성숙과 실력이 갖추어지지 못한 스승은 결코 존경받지 못한다. 스승은 모름지기 인격도야에 힘써 가르치는 사람으로서의 자질을 함양하고 끝없는 공부와 연구를 통해 실력을 쌓아 스승으로서의 권위를 스스로 세워야만 제자들이 비로소 마음 깊은 곳에서 존경심이 생기고 믿고 따르는 것이다.

둘째, 사랑과 정성을 쏟는 스승이 되어야 존경받을 수 있다. 스승으로서의 생명은 무엇보다 제자를 사랑하고 정성껏 가르치는 마음에 있다. 스승의 사랑과 정성은 교육의 출발점인 동시에 종착점이다. 사람의 마음이 품은 사랑과 정성의 진정성은 아무리 어리다고 해도 그 본질을 꿰뚫어 보는 법이다. 스승이 진실한 마음으로 사랑과 정성을 쏟는다면 비록 스승으로서의 자질이 모자란다 하더라도 제자는 감동으로 믿고 따른다. 그러므로 교육이라는 것은 혼과 혼의 대화이자 정성과 정성의 대화라고 할 수 있다. 선생님이 아버지의 마음으로 제자의 성취를 기뻐하고 아버지가 선생님의 마음으로 회초리를 들 때 아이들은 올바른 성인으로 자라는 것이다.

셋째, 정신을 깨우쳐 주는 스승이 되어야 존경받을 수 있다. 스승의 역할은 단순히 지식을 전달하는 것을 넘어서 인간의 마음 속 깊이 잠들어 있는 혼을 깨우고 재능을 찾아내 그것을 최대한 표출할 수 있도록 도와 주는 역할을 담당해야 한다. 타고르는 '교사의 중요한 사명은 모든 의미를 밝혀 주는 데에 있는 것이 아니라 정신의 문을 두드려 주는 것이다'라고 말했다. 정신의 문을 두드려 잠자고 있는 제자의 마음을 눈뜨게 하는 것이다. 양심의 눈을 뜨게 하고, 자아의 눈을 뜨게 하고, 천분(天分)에 눈뜨게 하고, 위대한 사명에 눈을 뜨게 하는 것이다. 제자의 자각을 촉발시켜 각성의 세계를 깨닫게 하는 것이 진정한 스승의 사명이라는 뜻이다. 그 중에서도 가장 중요한 스승의 임무는 제자의 천분(天分)을 각성하게 하고 발전할 수 있도록 북돋워 주는 일이다. 천분이란 타고난 재주나 소질, 분복(分福)을 말한다. 먼 훗날 제자가 지금의 위치에 있도록 만들어 준 것은 오직 스승의 은혜였다는 말을 들어야 진정 존경받는 스승이라 할 수 있다.

칭찬을 아끼지 말자. 백 번의 꾸지람보다 한마디의 칭찬이 사람의 마음
을 움직이고 변화시킨다. 우리는 남의 장점을 찾아 칭찬해 주
고 격려하는 데 인색해서는 안 된다.

로젠탈 효과

미국 하버드 대학에서 사회심리학을 전공하는 로버트 로젠탈
(Robert Rosenthal) 교수와 20년 동안 초등학교 교장을 역임한 레노
어 제이콥슨(Lenore Jacobson)이, 1968년 샌프란시스코의 한 초등
학교에서 전교생을 대상으로 지능검사를 했다. 그리고 그 검사 결
과와 상관 없이 한 반에서 20% 정도의 학생을 무작위로 뽑아 담임
선생님에게 이렇게 말하며 결과지를 전달했다.

"이 학생들은 지적 능력이나 학업성취 가능성이 높은 학생들입니다."

그리고 8개월 후 이전과 같은 지능검사를 시행했다. 그런데 그 결과는 놀라웠다. 명단에 오른 학생들에 대한 검사 결과가 아주 높게 나왔을 뿐만 아니라 학교성적도 눈에 띄게 향상된 것이었다. 이러한 결과를 가져온 요인에는 담임선생님들이 명단에 속한 학생들에 대한 기대치가 높았기에 선생님은 이 아이들에게 더 많은 관심과 격려를 쏟았기 때문이었다. 교육심리학에서는 이를 '로젠탈 효과(Rosenthal Effect)'라고 부르게 되었다.

이와 관련하여 심리학에는 '피그말리온 효과(Pygmalion Effect)'라는 것이 있다. 피그말리온은 그리스 신화에 등장하는 조각가이다. 그는 자신이 만든 조각상의 아름다움에 빠져 그 조각상을 사랑하고 만다. 이를 안타깝게 여긴 여신 아프로디테는 그 조각상에 생명을 불어넣어 피그말리온과 그녀를 결혼하게 만들었다. 이처럼 타인의 기대나 관심으로 인하여 능률이 오르거나 결과가 좋아지는 현상을 말한다.

칭찬이란 무엇인가?

인간은 누구나 다른 사람으로부터 칭찬을 받고 싶어 한다. 자기의 장점이나 잘한 일에 대해서 인정해 주고 칭찬해 주는 것처럼 기쁜 일은 없다. 칭찬을 받으면 기분이 좋고 흐뭇한 만족감을 느껴 사는 것이 즐거워진다. 남녀노소를 막론하고 칭찬을 싫어하는 사람은 한 사람도 없다. 또 칭찬을 받으면 자신감이 생겨 더 잘하려고 노력하게 된다. 이렇듯 칭찬은 삶의 활력소가 되고 자기발전의 촉진제가 된다. 칭찬이란 상대방의 잘난 점을 인정해 주고 격려해 주는 것이다.

어느 화가는 중 2 때 낙제하여 크게 좌절하고 있을 때, 미술시간에 '네게 이런 훌륭한 소질이 있는 줄 미처 몰랐구나. 아주 멋진 그림이다. 그림공부에 전념한다면 화가로 대성할 수 있겠구나' 라는 선생님의 한마디 칭찬에 힘을 얻어 열심히 노력한 결과 대학교수 겸 화가가 되었다고 한다. 어느 여자 아나운서는 고 1 때, 국어 선생님이 책을 낭독하는 것을 듣고 '너는 아나운서가 되면 좋겠다' 는 칭찬에 자신감이 생겨 자신의 인생을 앵커우먼으로 키우는 데 성공했다. 어느 작가는 초등학교 때 글짓기 대회에서 으뜸상을 받자 담임선생님이 '이 글을 초등학생이 쓴 글이라고는 도저히 믿기지 않을 만큼 뛰어난 글 솜씨를 가졌구나. 장차 훌륭한 작가가 될 소질이 충분하다' 고 한 칭찬에 힘입어 마침내 유명한 소설가가 되었다.

칭찬은 자신감의 원천이다. 칭찬을 받으면 힘이 생기고 의욕이 솟구치며 용기가 생기고 긍지를 느낀다. 부모는 자녀를 꾸지람보다 애정 어린 칭찬으로 키워야 한다. 스승은 학생의 장점을 발견하여 이를 칭찬과 격려를 통해 장려하여 훌륭한 사회인으로 성장시켜야 하며 지도자는 부하를 칭찬하여 사기를 높여 의욕을 고취시켜야 한다. 칭찬은 누구나 원하는 것이다. 특히 어린이에게 칭찬을 하는 것은 어떤 사람으로 성장하느냐가 달린 중요한 문제이다. 장 자크 루소는 그의 교육소설《에밀》에서 '한 포기의 풀이 성장하려면 따스한 햇볕이 필요하듯, 한 인간이 건전하게 성장하려면 칭찬이라는 햇볕이 필요하다'고 말했다. 칭찬받는 것은 큰 힘으로 작용한다. 칭찬을 아끼지 말자. 백 번의 꾸지람보다 한마디의 칭찬이 사람의 마음을 움직이고 변화시킨다. 우리는 남의 장점을 찾아 칭찬해 주고 격려하는 데 인색해서는 안 된다.

어떻게 칭찬할 것인가?

칭찬은 사람에게 보약과 같이 작용하기도 하지만 잘못하면 독이 되는 수도 있다. 많은 사람들이 무조건 칭찬을 좋은 것으로 여기고 있지만, 사실 어떤 칭찬은 역효과를 내 나쁜 결과를 초래하기도 한다. 칭찬도 약처럼 적절한 곳에 적절한 양으로 사용할 때 효과가 극대화된다. 어떻게 해야 바른 칭찬을 할 수 있는가?

첫째, 칭찬은 진심에서 우러난 것이어야 한다. 그래야 칭찬을 듣는 상대방도 그 진심을 간파하고 감동하여 기쁘게 받아들인다. 진심이 담기지 않은 칭찬은 상대방이 공감할 수 없으므로 지나친 아첨이나 어색한 빈정거림으로 들릴 수도 있다. 있는 그대로의 칭찬을 하여 상대방이 공감할 수 있어야 상대방도 칭찬을 감사한 마음으로 받아들여 서로 신뢰가 형성되는 것이다.

둘째, 칭찬은 구체적이어야 한다. 칭찬을 할 때에는 무슨 일 때문에 칭찬을 하는 것이고 무엇을 잘했기 때문에 칭찬하는 것인지를 확실히 해야 한다. 예를 들어, 아이가 아버지의 구두를 깨끗하게 닦아 놓았다면 '참 애썼구나. 얼마나 깨끗이 닦았는지 아주 새 신처럼 보이는구나. 고맙다'라고 칭찬을 해야 마땅하다. 그렇지 않고 '참 착하구나. 여기 용돈 받아라' 하고 말한다면 아이는 어떤 것이 옳은 행동인지 배우기보다는 보상에 열을 올릴 것이다. 진정 아이를 옳고 그름을 잘 판단하는 사려 깊은 사람으로 성장시키려면 칭찬은 구체적일수록 좋다. 꾸지람을 할 때도 마찬가지다. '너는 이러이러한 행동이 어떻게 잘못된 것이니 혼이 나야 마땅하다'라고 꾸짖어야지, 우선 화부터 벌컥 내고 본다면 아이는 자신의 행동을 고치기보다는 들키지만 않으면 무슨 행동을 해도 상관없다고 생각할 것이다.

셋째, 칭찬은 다른 사람에게 하는 것이다. 사람은 누구나 자존심을 가지고 있다. 그래서 자신의 행동은 옳게 보려 하고 다른 사람의 행동은 비판적으로 보려는 경향이 있다. 누구나 다 아는 사실이지만 스스로가 자신을 칭찬하는 '잘난 척'은 환영받지 못한다. 나의 존재가치가 이만큼 높다고 말하고 싶겠지만 그것은 열심히 결과를 이루고도 다른 사람의 비난을 면치 못하는 결과를 가져오게 된다.

주변 사람들은 누가 어떤 노력을 하고 칭찬받을 만한 행동을 했는지 다 알고 있다. 굳이 자신이 나서서 밝히지 않아도 칭찬받을 만한 행동이라면 자신의 위상은 다른 사람들에게 이미 결정이 나 있는 것이다. 그것을 자신이 앞장서서 밝히려 든다면 스스로 자신의 위상을 깎아 먹는 경솔하고 어리석은 행동이다. 물론 요즘처럼 능력 위주의 사회에서 자신의 자랑은 사회생활을 잘하는 적절한 기술이기도 하다. 하지만 간과하지 말아야 할 것은 자신에 대한 칭찬은 객관적인 사실에 근거해야 하고 겸손한 태도로 말할 때 상대방도 그것을 인정한다는 것이다.

넷째, 칭찬을 잘해야 칭찬받는다. 다른 사람의 잘한 행동에 칭찬을 아끼거나, 심지어 비판적인 시각으로 본다는 것은 자신이 칭찬받지 못하는 사람이라는 반증이다. 칭찬이란 다른 사람의 장점을 발견하고 독려하는 행동이다. 습관적으로 비난거리를 찾으려 한다면 상대방도 반사적으로 비난거리를 먼저 끄집어낸다. 하지만 평소에 다른 사람의 장점을 보려고 노력한다면 상대방도 이에 호응하여 나의 장점을 발견하려고 노력할 것이다. 또한 다른 사람의 장점을 찾으려 하다 보면 자연스럽게 '나의 장점은 무엇인가?'를 생각하고 장점을 만들고자 노력을 기울이게 되어 결과적으로 칭찬을 부르는 사람으로 탈바꿈하는 것이다.

창의력

사람은 본능적으로 달걀이 깨지고 흘러내리는 깃을 싫어한다. 이런 생각이 고정관념을 형성한다. 하지만 둥근 껍질 속에 액체가 가득 찬 달걀을 세우는 것이 아니라, 얇고 단단하며 잘 깨지는 성질을 가진 둥근 물체를 고정시킨다고 생각하면 문제는 간단하다.

콜럼버스의 달걀

콜럼버스가 신대륙을 발견하고 자신의 고국으로 돌아왔을 때, 사람들은 누구나 그를 개선장군처럼 환영해 주었다. 그러나 이러한 인기를 시기하고 질투하는 무리는 어디나 있기 마련이다. 그의 위업을 축하하는 성대한 환영회 석상에서 빈정거리기 좋아하는 사람들이 콜럼버스를 보고 이렇게 말했다.

"신대륙을 발견하는 것쯤은 별것도 아닌데 왜 사람들이 야단인지 모르겠소. 단지 배를 서쪽으로 몰고 가다가 우연히 마주친 데 불과하지 않소? 배 한 척만 있다면 그런 땅 따위를 발견하지 못할 사람이 어디 있겠소?"

콜럼버스는 잠자코 듣다가 마침내 일어서서 말했다.

"당신 말이 옳소. 나도 이번 발견을 그렇게 자랑거리로 삼고 있지는 않소. 다만 나는 누구도 생각하지 않았던 일을 했을 뿐이오."

그는 이렇게 말하고 마침 식탁에 놓여 있던 달걀 몇 개를 들고 그들 앞으로 걸어가 말했다.

"이 달걀을 탁자에 바로 세울 수 있는 사람이 있다면 나와 보시오."

얼핏 생각하기에 쉽게 세울 수 있다고 생각한 몇몇 사람이 달걀을 세워 보겠다고 나섰다. 하지만 달걀의 뾰족하고 둥근 모서리가 탁자에 바로 세워질 리가 없었다.

"밑이 둥글고 뾰족한데 어떻게 이걸 세울 수 있단 말이오? 나 원참."

모두가 포기하고 말도 안 되는 장난이라고 불평을 늘어놓을 때 콜럼버스가 나섰다.

"그다지 어려울 것도 없소. 잘 보시오."

그는 달걀의 밑을 톡톡 치더니 곧바로 탁자 위에 달걀을 새워 놓았다. 그러자 이내 야유와 비웃음이 쏟아졌다.

"그런 식이라면 못할 사람이 누가 있겠소? 진작 달걀을 깨뜨려도 된다고 말을 했어야지."

"물론 이렇게 하면 누구든 달걀을 세울 수 있소. 그러나 당신들은 이렇게 해 볼 생각도 없이 안 된다고 말하지 않았소. 신대륙의 발견도 마찬가지요. 결과적으로 쉬운 발견에 지나지 않는 일이지만, 신대륙의 존재를 생각하고, 믿고, 실천에 옮기는 것이 중요한 것이오."

이 말에 그를 시기하고 빈정거리던 사람들은 창피를 면하기 위해 서둘러 자리를 피했다.

 ## 창의력이란 무엇인가?

밑이 둥근 달걀을 세울 수 없다는 것은 모든 사람들이 갖고 있는 선입관이다. 이 선입관으로 인해서 한번 '불가능하다', '어렵다' 고 생각하면 처음부터 체념해 버리고 다시는 머리를 쓰려는 생각조차도 하지 않는다. 창조적 성취는 이러한 고정관념을 깨는 데서 시작한다. 우리는 콜럼버스의 생각을 빌어 고정관념에서 벗어나는 방법을 배울 수 있다. '달걀을 세운다' 가 아니라 '물체를 고정시킨다' 로 바꾸어 생각하는 것이다. 사람은 본능적으로 달걀이 깨지고 흘러내리는 것을 싫어한다. 이런 생각이 고정관념을 형성한다. 하지만 둥근 껍질 속에 액체가 가득 찬 달걀을 세우는 것이 아니라, 얇고 단단하며 잘 깨지는 성질을 가진 둥근 물체를 고정시킨다고 생각하면 문제는 간단하다. 콜럼버스는 문제의 원리를 파고 들어가 기발한 아이디어로 자신을 시기하는 무리를 굴복시킨 것이다. 이런 것이 창의력이다. 창의력이란 새로운 방법이나 의견을 생각해 내는 능력을 말한다. 대다수의 사람들은 자신에게 창의력이 별로 없다고 생각한다. 그러나 창의력은 누구에게나 있는 능력이다. 다만 창의력을 충분히 발휘하려고 노력하는 사람이 드물다는 것일 뿐이다.

세상 사람들이 모두 깜짝 놀랄 만한 획기적인 방법을 찾아내는 것만이 창의력은 아니다. 우리가 속한 일상에서 좀더 효율적인 방법을 찾아내려는 것도 훌륭한 창의력의 표현이다. 어떤 것에도 의문을 가지지 않고 깊이 생각하지 않으며 생활하는 사람의 창의력은 영영 잠에서 깨어나지 못한다. 그러나 평소에도 늘 새롭게 생각하고 바꿔 나가려는 훈련을 한다면 창의력은 끊임없이 신장되어 어느새 앞서가는 사람으로 변해 있을 것이다. 창의력을 발휘하는 사람들의 특징은 다음과 같다.

첫째, 강한 문제의식을 가지고 있다. 문제의식이란 그 문제에 관하여 '무엇인가 하지 않으면 안 된다' 는 생각이 언제나 마음속에서 끊임없이 일어나는 것을 말한다. '이것은 불편하니 개선이 필요하다' 거나 '이 문제를 꼭 해결하고 싶다' 라는 생각을 품는 사람은 스스로의 필요에 의해 연구를 시작한다.

둘째, **융통성이 많다.** 융통성이 없는 성격이나 정형화된 사고방식의 습관에 배어 있는 사람은 새로운 아이디어를 생각하지 못한다. '이것이 아니면 안 된다' 라는 식의 고정관념에 사로잡혀 있는 사람도 마찬가지다. 융통성이란 사고의 폭이 넓고 유연한 것을 말한다. 이 융통성으로 인해 발상의 전환과 문제해결의 실마리를 잡을 수 있는 것이다.

셋째, **생각에 생각을 거듭한다.** 문제해결의 힌트를 얻는 비결이란 갑작스럽게 떠오르는 놀라운 생각에서 비롯되는 것이 아니다. 설사, 갑작스럽게 떠오르더라도 그것은 오랜 고민과 연구의 결과이다. 한두 번 생각으로 그친다면 사람들은 이내 잊어버리기 마련이다. 수없이 생각에 생각을 거듭하다 보면 어느 날 번갯불처럼 번뜩 아이디어가 떠오른다. 이처럼 창의력은 끊임없이 생각하는 사람의 몫이다.

어떻게 창의력을 기를 것인가?

이처럼 창의력은 당연한 것을 당연하게 생각하고 참고 견디려는 생각에서 벗어나려는 의지에서 비롯된다. 그러나 의지만으로는 창의력을 개발하기 힘들다. 많은 지식을 습득하고 그 지식을 현실, 또는 전혀 다른 분야와 적절히 접목시키려는 두뇌훈련을 지속할 때

가능한 것이다. 사람의 두뇌는 계발하는 쪽으로 발달하게 되어 있다. 일본 도쿄대학의 도키미 도시히코 교수는 두뇌란 쓸수록 발달하는 특징을 가지고 있어서 쓰면 쓸수록 발달할 뿐만 아니라 장수에도 좋다고 말한다. 기억력을 많이 활용하면 기억중추가 발달하고 창의력을 많이 활용하면 창의력을 관장하는 중추가 발달한다. 반가운 이야기는 물리적인 방법과 생활습관으로도 두뇌를 발달시킬 수 있다는 것이다. 두뇌를 움직이는 물질을 발견하여 세계적으로 정평이 난 대뇌생물학자인 일본 게이오 대학의 하야시 다카시 교수는 그의 저서《머리가 좋아지는 책》에서 두뇌의 건강을 도모해서 머리를 좋아지게 하는 방법으로 다음의 네 가지를 말한다.

첫째, 수면을 많이 취해야 한다. 두뇌활동이 활발해지도록 작용하는 물질인 감마 아미노낙산은 사람이 자고 있는 동안에 뇌 속에서 생성되는 것으로, 잠을 푹 자고 났을 때 정신이 또렷해지는 것이 바로 감마 아미노낙산의 작용이라는 것이다. 청소년기의 학생들이 잠을 아끼며 공부를 하는 것은 오히려 좋지 않은 결과를 초래할 수 있다. 잠을 푹 자고 적절한 시간 동안 공부를 하는 것이 학습한 내용을 오래도록 기억중추에 저장할 수 있는 비결이다.

둘째, 두뇌활동에 필요한 영양소를 충분히 섭취해야 한다. 계란, 육류, 우유, 해조식물, 그리고 현미와 잡곡 등을 평소에 골고루 먹으면 그 속에 두뇌활동을 활발하게 하는 영양분인 글루타민산이나

인의 성분을 가진 단백질, 지방, 비타민 B1, B6, B12를 섭취하는 것으로 머리가 좋아진다.

셋째, 집중하여 두뇌를 쓴 뒤에는 다른 방향으로 활동을 시켜야 한다. 오랜 시간 공부를 하고 머리를 식힌다고 멍하니 아무 생각 없이 앉아 있거나 눕지 말고 음악을 듣거나 독서를 하는 등의 다른 방법으로 두뇌를 '산책' 시켜 주는 것이 좋다.

넷째, 부질없는 걱정은 가급적 피해야 한다. 두뇌활동에 장애가 될 만한 지나친 걱정은 되도록 피하는 것이 좋다. 공연한 근심걱정은 집중력을 떨어뜨린다.

창의적 생각을 요구하는 첨단산업에서는 두뇌계발 프로그램을 회사의 사원들에게 접목시키려는 노력을 기울이기도 한다. 그 대표적인 업체가 미국의 컴퓨터 제조사인 IBM이다. 이 회사는 사원들에게 '생각하라(Think)'는 철학을 요구하고 있다. IBM사는 사원들에게 두뇌를 훈련시키기 위해 다음과 같은 다섯 가지 방법을 제시하고 있다.

첫째, 생각할 재료(정보)를 읽어라.

둘째, 생각할 재료에 귀 기울여라.

셋째, 막연한 생각을 수정하고 정리하기 위해 토론을 해라.

넷째, 상대방이나 대상의 상황을 관찰하라.

다섯째, 읽고 듣고 토론하고 관찰한 내용을 생각하라.

이와 같이 읽고, 듣고, 토론하고, 관찰하며 생각하는 훈련을 평소에 끊임없이 지속하면 자연히 두뇌는 활발하게 작용을 하고 사고와 판단, 창의력과 응용력이 발달한다. 흔히 생각은 많이 했는데도 좋은 생각이 떠오르지 않았다는 것은 생각을 뒷받침할 자료가 없었다는 이야기이다. 그러므로 생각하려는 문제와 관련된 정보를 읽거나 듣고 관찰한 내용을 기록하는 등의 많은 자료를 구체적으로 만들어 놓아야 한다. 그리고 뚜렷한 문제의식을 가지고 끊임없이 생각을 한다면 그간 축적되고 연결된 정보로부터 좋은 아이디어가 떠오르게 되는 것이다. 창의적 생각을 위한 문제해결의 열쇠는 깊이 생각하는 데서 찾아야 한다. 문제의식이야말로 큰 열매를 맺는 창의력의 씨앗이다.

집중력

'정신일도 금석가투(精神一到 金石可透)'란 말이 있다. 정신을 한 곳에 집중하면 능히 쇠나 돌도 뚫을 수 있다는 말이다. 이것은 인간의 정신력이 한 목표에 집중되면 이루어지지 않는 일이 없다는 성현들의 가르침이다.

 달인의 대결

아주 오랜 옛날, 감승(甘蠅)이라는 활의 명수가 있었다. 그가 활을 겨눌 때마다 짐승은 어김없이 쓰러지고 날아가는 새도 떨어질 정도였다. 그에게는 비위(飛衛)라는 이름을 가진 제자가 있었는데, 그 또한 스승에 결코 뒤지지 않는 활 솜씨를 가지고 있었다. 어느 날, 비위에게 기창(紀昌)이라는 사나이가 찾아와 제자가 되기를 청했다.

비위는 그에게 다음과 같이 말했다.

"활을 배우고 싶다면 우선 어떤 일이 있어도 눈을 깜빡이지 않는 수양이 필요하다. 그 수련이 끝나면 다시 찾아오라."

기창은 집으로 돌아가자 그의 아내가 짜고 있는 베틀 아래에 누워 디딤판이 오르내리는 것을 노려보며 수련을 했다. 마침내 2년 후에는 날카로운 송곳이 눈썹 끝에 떨어져도 눈을 깜빡이지 않게 되었다. 그는 비위를 찾아갔다. 비위는 다시 그에게 말했다.

"아직 멀었다. 이제는 티끌같이 작은 물체가 크게 보이고, 멀리 있는 흐릿한 물체가 명확히 보일 때까지 수련을 해라. 그것이 끝나면 다시 찾아오라."

기창은 말 꼬리 한 올에 눈곱만한 벌레를 달아 창가에 매달아 놓고 멀리 떨어져 바라보는 수련을 했다. 열흘이 지나자 점차 크게 보이기 시작하더니, 3년이 지날 때 즈음엔 수레바퀴만한 크기로 보였다. 그가 활을 들어 말 꼬리털에 매달린 벌레를 쏘았을 때 털은 끊어지지 않고 벌레의 심장만 정확히 꿰뚫을 정도가 되었다. 기창은 비위에게 이 사실을 전했다. 그러자 비위는 가슴을 두드리며 마치 자신의 일처럼 기뻐했다.

"기어이 해내고야 말았구나! 하하하!"

기창은 비위의 궁술을 터득하는 경지에 이르렀다. 하지만 기창은 최고가 되고 싶은 욕심이 있었다. 그런데 최고가 되기 위해 꺾어야 할 사람은 바로 스승 비위밖에 없었다. 그래서 스승을 제거하고 싶은 욕망에 사로잡힌 제자는 스승을 넓은 들판으로 유인해 내는 데 성공했다. 들판에서 마주친 스승과 제자는 활을 들어 서로를 쏘았다. 하지만 두 사람의 화살은 중간지점에서 정확히 부딪쳐 땅에 떨어졌다. 계속된 팽팽한 대결에서 화살이 먼저 떨어진 쪽은 스승 비위였다. 제자에게는 마지막 화살 한 개가 남아 있었다. 그는 마지막 활시위를 당겼다. 스승은 가까스로 가시나무의 끝으로 제자의 화살을 막아냈다. 이렇게 되자 두 사람은 활을 내던지고 울면서 서로에게 절을 했다. 그리고 부자의 연을 맺어 활을 꺾은 다음, 누구에게도 활 쏘는 비술을 전하지 않았다고 한다.

 집중력이란 무엇인가?

이런 영화 같은 달인의 기술이 가능할까? 옛글에 '정신일도 금석가투(精神一到 金石可透)'란 말이 있다. 정신을 한 곳에 집중하면 능히 쇠나 돌도 뚫을 수 있다는 말이다. 이것은 인간의 정신력이 한 목표에 집중되면 이루어지지 않는 일이 없다는 성현들의 가르침이다. 고도로 집중된 정신력은 불가능을 가능으로 만드는 놀라운 힘이 있다. 이 세상의 위대한 업적은 모두 정신 집중력의 산물이자 정신통일에서 얻어진 결과다. 우리의 사고와 의지와 신념이 한 목표, 한 방향에 집중될 때 무서운 힘이 생긴다. 비범한 업적, 놀라운 발명, 획기적인 연구, 초인적인 능력 등은 모두 정신이 한 곳으로 모여 이루어진 산물이라고 할 수 있다. 천재들의 가장 큰 특징이 바로 이 집중력이 남다르다는 점이다. 그렇다고 보통 사람들에게 집중력이 모자라거나 없는 것은 아니다. 사람이라면 모두 비슷한 정도의 집중력을 가지고 있다. 다만 그 힘을 어떻게 발휘하느냐에 따라 천재가 되거나 평범한 사람으로 나뉘는 것이다. 집중력은 순발력을 낳고 순간적인 폭발력을 가지고 있어 평소에는 불가능하던 일도 가능하게 하는 결과를 가져온다. 일상의 햇볕은 따스하거나 더운 정도지만 볼록렌즈로 빛을 한곳에 모으면 불을 일으키는 것과 같다.

인간의 정신력도 이와 같다. 평소에는 별 다른 것이 없지만 일단 집중력이라는 에너지로 한곳에 그 힘이 모이면 천재의 업적과 위인의 결단을 만들어 낸다. 우리 일상에서 체험하듯 어릴 때 비슷한 수준의 능력을 보이던 사람들이 10년, 20년이 지나면 어느 샌가 개인의 능력이 크게 벌어지는 것을 볼 수 있다. 그것은 서로의 두뇌가 좋고 나빠서 그런 것이 아니라, 사람들에게 기본적으로 갖추어진 집중력을 어떻게 활용했느냐에 따라 나뉘는 결과다. 집중력을 갖추지 못한 사람은 없다. 어떤 사람이라도 적절한 조건이 갖추어지면 누구나 자신도 모르는 사이에 고도의 집중력이 발휘되는 것이다. 중요한 것은 우리가 가진 집중력을 최대한 발휘할 수 있는 방법을 터득하기만 하면 무엇을 하건 자기가 원하는 것을 얻을 수 있다는 점이다.

 ## 어떻게 집중력을 기를 것인가?

'책을 읽었는데 내용이 기억나지 않는다', '수차례 계산을 거듭해도 매번 다른 답이 나온다', '할 일은 많은데 무엇부터 손을 대야하는지 엄두가 나지 않는다' 라고 말하는 것은 모두 정신 집중이 되지 않아 생기는 현상이다. 일반적으로 집중력이 사라지는 조건은 어떠한 일을 할 때, 관계 없는 다른 생각에 사로잡혀 정신이 분산되는 것이다. 그럼 집중을 방해하는 요인과 집중력을 기르는 방법을 알아보자.

첫째, 주위 환경이 산만한 경우 집중력이 떨어진다. 우리 일상에서 흔히 체험하는 일이지만 주위의 환경으로 인해 마음이 산만하고 들떠 있는 경우가 그런 것이다. 실내 온도가 너무 높거나 낮은 경우 귀찮아지거나 움츠리게 되어 집중력이 떨어진다. 조명이 너무 밝거나 어둡다거나, 소음이 심하거나 지나치게 조용한 경우도 심리를 분산시키는 요인이 된다. 따라서 집중할 수 있도록 주위의 환경을 최대한 맞추거나 맞추어진 환경을 찾아가는 것이 바람직하다.

둘째, 중단행동으로 인한 긴장의 잔류로 집중이 떨어진다. 어떤 일을 하다가 중도에 그만두고 다른 일을 하면, 바로 전에 했던 미해결의 일들이 머릿속에 계속 남아 정신이 분산되는 상태를 초래한다. 이로 인해 사람은 마음속에서 일어나는 초조와 미련, 그리고 불안한 잡념이 뒤엉켜 당장의 일도 못하고 마는 것이다. 예를 들어, 숙제를 하다가 심부름을 가거나, 그림을 그리다 밥을 먹는 경우, 친구와 다투고 화해하지 못한 상태로 집에 돌아가는 일 따위들이 그렇다. 그러므로 중요한 일을 할 때에는 반드시 마무리를 짓는 습관이 필요하다.

셋째, 동기가 약한 경우 집중력이 떨어진다. 공부를 하고 싶지 않은데 계속 공부에 매달려야 하는 상황이나 하기 싫은 일을 어쩔 수 없이 수행하는 경우가 그렇다. 학교에 다니니까 그냥 입시공부를 한다는 수험생의 경우 매사에 의욕과 진취적 생각은 들지 않고 짜증과 권태만 지속된다. 이런 경우에 자신이 장래에 어떤 일을 하고 싶은가를 먼저 생각하여 기꺼이 공부를 할 수 있도록 동기를 부여해야 한다. 자신의 노력에 대한 보상을 바라는 것은 사람의 본능이다. 보상이 불분명한 노력은 집중력과 능률을 저하시킬 뿐이다.

넷째, 장시간 지속되는 경우 집중력이 떨어진다. 자신의 의욕과 목표가 확실하더라도 너무 오랜 시간에 걸쳐 수행하다 보면 집중력과 흥미가 떨어진다. 흥미도 주기를 갖는다. 놀이를 좋아하는 사람도 쉬지 않고 계속하다 보면 어느새 지쳐 거들떠보지 않게 된다. 이런 경우 잠시 휴식을 갖는 것도 좋은 방법이다. 대부분의 사람들은 두 시간 정도 정신을 집중하면 자연히 진력이 나서 몸이 나른하고 주위가 산만해진다. 이럴 때 휴식과 기분 전환의 시간을 갖는 것이 좋다. 휴식이라고 아무런 일도 일어나지 않는 것은 아니다. 휴식이란 일종의 수리를 위한 시간이다. 짧은 시간의 휴식에도 인체는 재빠르게 몸을 수리하여 회복하는 힘을 가지고 있다. 싫증이 나거나 피곤하다면 잠깐이라도 휴식을 가져야 한다. 만약 쉴 정도의 시간이 없다면 기분 전환을 위해 가벼운 운동을 곁들이는 것도 좋다. 먼저 온 몸의 긴장을 풀고 심호흡을 10회 정도 반복하면 긴장해 있던 몸으로 원활히 산소가 공급되어 머리를 맑게 하고 집중력을 높여 준다.

《자기의 계발작전》의 저자 심양호는 집중력을 향상시키기 위한 훈련법을 다음과 같이 제시하고 있다.

첫째, 조건 반사를 이용하라. 소음이라는 자극이 있어도 그것을 귀담아 듣지 않으려고 의식적으로 반응을 조건화하는 것이다. 이를 위해 먼저 자기가 좋아하는 책, 이를테면 추리소설처럼 깊이 빠질 수 있는 재미있는 책을 소음 속에서 읽는 훈련을 1주일 정도 지속해 본다. 그러면 어느 틈엔가 주위의 소음에도 개의치 않고 책을 읽는 자신을 발견하게 될 것이다. 이런 조건에 익숙해지면 그때 본격적으로 소음 속에서 공부를 하거나 자신이 맡은 일을 수행하는 것이다. 그러면 이미 소음에 익숙해져 마음으로 차단하는 법을 익혔기 때문에 정신을 집중할 수 있게 된다는 것이다.

둘째, 이야기를 듣고 그것을 요약해 보라. 라디오나 텔레비전 뉴스를 듣고 그것을 요약한다. 또 다른 사람의 강연이나 연설을 들은 다음 그 요지를 요약하거나 말로 표현해 본다. 이런 훈련을 계속하면 집중력이 향상됨과 동시에 남의 이야기를 경청하여 조리 있게 정리하는 습관을 형성하여 일석이조의 효과를 거둘 수 있다.

셋째, 산책을 하며 보고 느낀 것을 기록하라. 산책을 하면서 보고 느낀 것을 집에 돌아와 하나하나 기록해 본다. 산책을 통해 느낀 색감과 냄새, 소리 등 오감을 통해 입수한 정보의 기억을 되살림으로써 집중력과 관찰력을 증진할 수 있는 능력이 향상된다.

믿음은 인간 존립의 기본이자 사회번영이 원동력이다. 인긴과 인간 사이에 믿음이란 것이 없다면 사회생활을 할 수 없을 뿐만 아니라 사회라는 공동체조차 형성할 수 없다.

 신문왕의 약속

미국의 신문왕 존스는 일단 약속을 하면 그 약속은 무슨 일이 있어도 반드시 지키는 신용 있는 사람이었다. 그는 젊은 시절, 신문사를 설립하는 것이 꿈이었다. 그는 꿈을 이루기까지 한번도 은행과의 거래에서 약속을 어긴 일이 없었다. 어떤 때에는 필요하지도 않으면서 은행의 돈을 빌려다가 이자를 꼬박꼬박 갚아 나가는 존스를 보고 친구들은 어리석은 사람이라고 비웃었다. 그럴 때마다 존스는 웃으며 이렇게 말했다.

"큰 사업을 하려면 큰 돈이 있어야 하네. 그런데 내 수중에는 돈이라곤 없네. 돈 없는 내가 사업을 하려면 은행에서 융자를 받을 수밖에 없지 않은가? 은행과 신용을 쌓으려면 필요가 없어도 돈거래를 해야 하는 법이네. 그러면 먼 훗날, 내가 사업을 하기 위해 은행에 융자를 요청하면 은행은 기꺼이 돈을 빌려줄 걸세. 그러면 나는 내 꿈인 신문사를 경영할 수 있게 되는 거지."

친구들은 그의 말을 귓전으로 흘려들었다. 하지만 존스는 은행에서 200달러를 빌렸다가 되갚고, 300달러를 빌렸다가 다시 갚는 식으로 점차 금액을 늘려 약속한 날짜에 갚는 일을 지속했다. 이렇게 몇 년 동안 은행과 거래를 하여 신용을 쌓은 존스는 마침내 신문사를 세우기로 작정했다. 존스는 은행의 책임자를 찾아가 상담을 요청했다.

"내 소원은 이 미네아폴리스에 가장 크고 훌륭한 신문사를 세우는 것입니다. 내게 그만한 돈을 융자해 줄 수 있겠습니까?"

대출 담당자는 두말없이 흔쾌히 승낙했다.

"존스 씨처럼 신용이 확실한 분이라면 우리 은행은 기꺼이 자금을 대출해 드려야지요. 신문사를 세울 수 있는 필요자금을 충분히 대출해 드리겠습니다. 안심하시고 잘 운용해 보시기 바랍니다."

"고맙습니다."

이렇게 존스는 신용만으로 수만 달러의 거액을 은행에서 대출하여 자신의 꿈이던 미네아폴리스 시에서 가장 크고 훌륭한 신문사를 세울 수 있었다.

 신용이란 무엇인가?

사람은 누구도 혼자 살아갈 수 없다. 사람이 지구상에 군림할 수 있는 것도 공동체를 이루어 서로 힘을 모아 위기에 공동으로 대처했기에 지금의 번영을 누릴 수 있는 것이다. 힘을 모으고 뜻을 모으기 위해서는 믿음이 기초가 되어야 한다. 믿음은 인간 존립의 기본이자 사회번영의 원동력이다. 인간과 인간 사이에 믿음이란 것이 없다면 사회생활을 할 수 없을 뿐만 아니라 사회라는 공동체를 형성할 수도 없다. 도덕이나 법률 같은 사회규범도 성립될 수 없기에 질서는 순식간에 붕괴된다. 일찍이 공자는 무신불립(無信不立)을 강조했다. 믿음이 없으면 설 자리가 없다는 뜻이다. 한번 믿을 수 없는 사람으로 낙인이 찍히면 그 사람에게는 친구도 없고 돈도 빌릴 수 없으며 다른 사람의 도움도 요청할 수 없는 처지에 빠져 철저하게 외면당하고 버림받는 것이다. 그러므로 세상에 불신만큼 두렵고 불행한 것은 없다. 신문왕 존스는 신용의 가치를 확실하게 통찰한 사람이었다. 장래를 위해 꾸준히 신용을 쌓아 마침내 자신의 꿈을 실현시킬 수 있었다. 믿음에는 사람을 움직이게 하는 힘이 있다.

어떻게 신용을 쌓을 것인가?

신용이 없으면 설 땅이 없다. 개인이 사회적 공신력을 잃어버리게 되면 살아갈 수가 없고, 나라가 국제적인 공신력을 상실하게 되면 부강과 번영을 기대할 수 없음은 물론 국가의 존립마저 위태롭다. 우리가 IMF구제금융 시대를 겪으며 뼈저리게 깨달은 사실이다. 우리는 믿을 수 있는 사람이 되어야 한다. 그러면 어떻게 해야 신용 있는 사람이 될 것인가?

첫째, 정직해야 한다. 신용의 바탕이 정직이다. 정직함에서 신뢰가 생기는 것이다. 사람이 상호 정직을 바탕으로 교류할 때 교류하고 협동하고 일을 맡길 수 있는 것이다. 프랑스의 루이 14세 때 재무장관을 지낸 콜베르가 소년시절 포목점 점원으로 일한 적이 있었다. 그는 어느 날 호텔에 숙박하고 있는 은행가에게 옷감을 배달하고 대금을 받아 가지고 포목점으로 돌아왔다. 그런데 옷감의 값을 잘못 받아 배가 넘는 금액을 받아 온 사실을 뒤늦게 깨닫고 다시 돌려주려 했다. 그 내막을 알게 된 포목점 주인이 돈을 돌려주지 못하게 방해를 했지만 콜베르는 끝내 주인을 물리치고 호텔로 찾아가 사과를 하고 더 받은 돈을 돌려주었다. 가게로 돌아왔을 때, 포목점 주인은 콜베르에게 융통성 없는 녀석이라고 화를 내며 그를 해고해 버렸다. 이튿날 은행가는 콜베르에게 감사의 뜻을 전하기 위해 포목점으로 찾아갔지만 자신 때문에 일자리를 잃었다는 사실을 알고는 수소문 끝에 콜베르를 찾아 자기 은행에서 일을 하도록 권유했다. 콜베르는 은행가를 따라 파리로 가서 은행원이 되었으며, 그의 정직성은 빛을 보게 되어 훗날 출세의 큰 발판이 되었다. 정직은 신용을 낳고 신용은 신임을 낳는다. 불신과 계산의 시대에 정직과 신용은 빛나는 보석이다.

둘째, 약속을 잘 지켜야 한다. 약속을 한다는 것은 자기가 한 말에 책임을 지는 것이다. 책임을 진다는 것은 사람 사이의 규칙을 준수하는 것이다. 작은 약속이건 큰 약속이건, 일단 약속은 반드시 지켜야 한다. 약속을 하는 상대에 따라 이럴 수도 있고 저럴 수도 있는 것은 아니다. 약속은 신성하고 엄숙한 것이다. 독일의 유명한 역사학자 랑케가 어느 날 산책을 나섰다가 길에서 우유배달을 하는 소년이 울고 있는 것을 보았다. 급하게 뛰어가다가 넘어지는 바람에 우유병이 모두 깨졌는데 그것을 변상한 돈이 없어 울고 있는 것이었다. 사정을 듣게 된 인정 많은 랑케는 소년에게 변상할 금액을 묻고는, 내일 이 시간에 여기에 오면 내가 마련해 줄 테니 울지 말고 기운을 내라고 위로했다. 그런데 이튿날 친구로부터 급한 전갈이 왔다. 랑케의 역사연구에 많은 돈을 희사할 사람이 생겼으니 그날 오후에 꼭 만나자는 것이었다. 학자로서 이보다 더 중요한 일은 없었다. 그 사람을 만나러 먼 길을 떠난다면 그 소년과의 약속을 지킬 수 없는 처지가 되어 버렸다. 하지만 그는 지금 지원을 뒤로 하고 소년과의 약속을 지키기 위해 거리로 나섰다. 약속은 성실과 인격의 척도다. 약속을 지키는 것을 보고 그 사람의 성실성과 인격을 판단할 수 있는 것이다.

셋째, 맡은 일은 책임지고 완수해야 한다. 맡은 일을 책임지는 태도를 보고 그 사람의 신용을 판단할 수 있다. 때문에 맡은 일은 어떤 어려움이 있더라도 최선을 다하여 완수해야 한다. 재미교포 워너 킴은 미국 로스앤젤레스 다운타운 근처에서 꽤 규모가 큰 트랜스미션을 전문으로 정비하는 공장을 경영하는 사람이다. 모든 교포가 다 그러했듯이 이민 초기에 마땅한 직업을 찾기란 쉬운 일이 아니었다. 한국에서 무슨 일을 했든 미국에서는 백지상태에서 다시 출발해야 하는 것이 이민자들이 겪어야 하는 과정이다. 대학에서 배운 전문지식을 살릴 길이 쉽지 않아 마땅한 직업을 찾아 전전하다 보면 이민 올 때 가지고 온 얼마간의 밑천마저 다 떨어지고 남는 것은 빈손뿐이다. 그도 어김없이 그 과정을 겪으며 정착한 직장이 지금의 정비공장이다. 그는 다행히 공업계 고교에서 자동차학과를 나온 덕분에 기초적인 지식은 있었으므로 열심히 기술을 익히기 시작했다. 밤을 새워 공부하며 세계 각국의 자동차 수리방법을 연구하고 기술을 익혀 나가자, 얼마 지나지 않아 다른 공장에서 못 고치는 것을 도맡아 고칠 수 있는 유능한 기술자가 되어 있었다. 게다가 그는 아주 성실했다. 누구보다 일찍 출근했고 다른 직원들이 다 퇴근한 후에도 마무리 작업까지 마치곤 했다. 미국은 근무시간에 대한 관습이 철저해서 퇴근시간만 되면 하던 일을 중도에 그만두고 퇴근하는 나라다. 조금만 더 손질하면 기다리는 손님에게 차를 넘겨줄 수 있는데 퇴근시간이 되면 내일로 미루고 퇴근하는 것이다. 그러나 그는 퇴근시간에 구애받지 않고 그날 일은 그날 끝내도록 노력했다. 이런 성실성 때문에 고객은 증가하고 수익도 자연히 늘어나게 되었다. 몇 년 동안 워너 킴을 지켜보던 미국인 사장은 마침내 그를 지배인으로 승진시키고 공장관리의 일체를 위임했다. 미국의 공장에서 백인을 제치고 동양인에게 관리책임을 맡기는 일은 흔치 않다. 그로부터 5년이 지나 워너 킴이 자립하고자 했을 때, 미국인 사장은 스스로 은퇴를 작정하고 시가의 3분의 2 가격으로 공장을 워너 킴에게 양도해 주었다.

워너 킴은 성실과 신용으로 사회 진출에 성공한 것이다. 출세의 길은 맡겨진 일에 최선을 다하여 완수하는 사람에게 열리는 법이다.

예 의

우리가 동방예의지국이라 불린 것은 서로가 서로를 높여 공경하는 사람 다움의 전통을 잘 간직한 나라가 우리가 살고 있는 이 땅이라 는 것이다.

 적장을 감동시킨 예절

임진왜란 당시 일본에 사야가라는 무사가 있었다. 어려서부터 무사수업과 더불어 글도 열심히 읽어 문무(文武)를 겸비한 사람이었다. 임진왜란이 일어나자 사야가는 왜장 가토 기요마사(加藤清正)의 좌선봉장이 되어 조선에 상륙했다. 군대를 이끌고 파죽지세로 한양을 향해 진격하던 도중 그는 기이한 체험을 하게 되었다. 그는 어떤 농부 일가족이 피난을 가는 광경을 보게 되었다. 바로 뒤에는 수천

명의 왜군이 조총과 칼을 들고 쫓아가는데도 그 농부는 늙은 어머니를 업고, 그의 아내는 보따리와 아이의 손을 잡은 채 조금도 서두르지 않고 산길을 올라가고 있었다. 부모가 늙고 병들면 산 속에 갖다 버리는 자기네 풍습에 익숙하던 사야가에게는 충격적인 장면이었다. 목숨이 절박한 상황에서 늙은 어머니와 아이를 위해 천천히 걸어가는 모습에 넋이 나갔다. 그는 부대의 행군을 일단 멈추게 하고 말 위에서 그 농부 일가족이 산 속으로 사라질 때까지 지켜보았다. 사야가는 그 광경으로부터 큰 감명을 받았다. 전쟁과 살육에 깊이 회의를 느끼고 어른을 공경하는 조선 백성의 착한 모습에 며칠 고민을 하던 그는 휘하의 군사 500여 명을 이끌고 경상 병마절도사 박진을 찾아가 귀순을 했다. 그 소식을 들은 선조(宣祖)는 그에게 김충선이라는 우리 이름과 함께 정2품 정헌대부의 벼슬까지 내렸다. 김충선은 그 후 대구에 정착하여 살게 되었고 지금까지 전국 각지에 그 자손이 흩어져 살고 있다.

당시 사야가의 신변에 무슨 일이 있었는지 자세한 기록은 전해지지 않는다. 하지만 《조선왕조실록》에는 분명 그가 우리나라 백성의 침착하고 예의바른 태도에 크게 감명하여 귀순한 것으로 전하고 있다. 일찍이 백제의 왕인(王仁) 박사가 천자문(千字文)과 사서삼경(四書三經)을 일본으로 가지고 건너가 일본인에게 처음으로 한자와 예를 가르친 사실을 학문을 했던 사야가가 몰랐을 리 없으니 그의 귀순은 우연한 것이 아니었던 것 같다. 세월은 흘러 그 일이 있은 지 400년이 지났다. 그 사이 일본은 발전을 거듭하여 경제대국으로 성장하고 예의바른 민족으로 세계에 이름을 날리고 있다. 그런데 막상 저들에게 예의를 가르쳤던 스승의 나라는 지금 어떤 모습을 하고 있는가? 끊임없는 전쟁과 내부의 당파싸움에 얼룩져 나라를 빼앗기는 치욕까지 당하고 국토마저 두 조각으로 갈라져 있다. 게다가 성장지향의 급속한 경제구조는 인심도 거칠게 만들어 동방예의지국이라는 명성이 무색할 정도이다. 하지만 파도가 밀려왔다가 물러나면 다시 밀려오는 것처럼 민족의 흥망성쇠는 그 근본이 남아 있는 한 다시 기회를 맞게 될 것이다.

예절이란 무엇인가?

우리나라는 예부터 동방예의지국이라 불릴 만큼 예의를 숭상하는 자랑스러운 전통을 갖고 있다. 유학의 발상지인 중국보다 더 탄탄한 명맥으로 현재까지 예를 기본 덕목으로 안정적인 사회구조를 유지하고 있다. 유학(儒學)에서는 사람이 '사람다운 것'을 '인(仁)'이라고 규정하고 사람다움을 잃어버리기에 인간사의 불행이 발생하는 것으로 보았다. 그리고 사람다움이 밖으로 표출되는 형태를 바로 '예'라고 했는데《예기》에 이르기를, '예란 스스로를 낮추어 다른 사람을 공경하는 것'이라고 말하고 있다.

이처럼 예절은 대인관계의 기본원리이다. 우리는 아는 사람을 만나면 서로 반가운 인사를 나눈다. 정다운 사람을 만나면 악수를 나누고, 보고 싶었던 사람을 만나면 포옹을 하고, 웃어른을 대하면 공손히 절을 올린다. 이와 같이 인간 사이의 사귐에 있어 서로 상대방을 공경하고 친밀함을 표하는 것 또한 예의이다. 예절을 인격적 덕목이 아닌 사회적 덕목으로 볼 때, 서로 공경하지 않고 무례한 행동을 한다면 불쾌감과 함께 불화와 불신의 씨앗이 된다. 서로의 사귐에 있어 예의를 잃어버리면 실례(失禮)가 되어 상대방을 불쾌하게 만들고, 예의가 부족하면 결례(缺禮)가 되어 상대방을 섭섭하게 하며, 예의가 없으면 무례(無禮)가 되어 외면을 받는다. 또한 예를 벗어나면 비례(非禮)가 되어 상대방을 분노케 한다.

우리는 예를 고리타분하고 답답한 옛 사람들의 덕목으로 치부하여 거추장스럽게 여길 것만은 아니다. 사실 예는 가장 합리적인 인간관계의 기술이다. 송대의 대문호 소동파(蘇東坡)는 예를 일컬어 '사람의 감정에 편안하게 받아들여지면서도 절도가 있는 행동은 대체로 예에 부합되는 것이다' 라고 했다. 나를 낮춤으로써 상대방의 긴장을 풀어 서로의 관계를 친밀하게 하며, 도를 벗어나는 행동을 스스로 절제함으로써 인격적 성숙을 드러내 신뢰감을 심어주게 되는 것이다.

어떻게 예의를 실천할 것인가?

공자는 제자들에게 '예의를 배우지 않으면 사회에서 입신할 수 없다'고 예의의 중요성을 강조했다. 옛날에도 그렇거늘 대인관계가 깊은 다원적 관계의 그물 속에서 얽혀 살아가는 현대인에게 대인관계의 기본이 되는 예절은 인사다. 인사성이 밝은 사람은 사회생활에 반쯤 성공한 사람이다. 인사성이 어두워 인사를 게을리하거나 아예 인사를 하지 않으면 상대방이 자신을 무시하는 것으로 받아들여 인간관계의 기초부터 흔들리는 것이다. 다정한 인사는 친밀감을 주어 호감을 갖게 하고 정중한 인사는 신뢰감을 보탠다. 또 깍듯한 인사는 존경심과 경외심을 드러내고 당당한 인사는 그 사람의 자신감을 엿볼 수 있게 한다. 사람은 이렇듯 인사를 통해 그 인격을 한눈에 알아볼 수 있다. 특히 첫 만남에서의 예의 바르고 인상적인 인사는 이후의 인간관계를 풀어 가는 실마리로 작용하는 만큼 각별한 신경을 써야 한다. 인사를 할 때에도 방법이 있다.

첫째, 먼저 인사해야 한다. 인사성이 밝은 사람은 어디서나 먼저 나서서 인사를 한다. 그런 사람들은 대체로 밝고 활발하며 붙임성이 있고, 부드럽고 상냥하여 친근감을 주며 상대방에게 호감을 준다. 또 어떤 만남이건 간에 밝고 활기차게 대화를 주도하고 남의 말을 잘 경청하며 자기 입장보다 타인의 입장을 헤아리는 지혜가 있어 주변에 항상 많은 사람이 모인다. 남보다 빨리 성공한 사람들은 하나 같이 인사성이 밝은 사람이라는 점에 특히 유념해야 할 것이다.

둘째, 마음을 실어 인사해야 한다. 우리 민족은 대체로 무뚝뚝한 편으로 서양 사람이나 일본 사람에 비해 감정표현에 둔한 편이다. 이런 인상 때문에 인간관계에 지장이 생기는 것은 큰 손실이다. 적절한 감정표현이 없거나 감정표현을 적절히 하지 못해 상대방의 오해를 사는 경우가 있다. 반가우면 반가운 표정으로, 고마우면 고마운 뜻이 전달되도록 감정을 드러내야 한다. 그래야 말과 행동의 뜻이 바르게 전달된다.

셋째, 교양과 함께 인사를 해야 한다. 단지 인사만 잘하고 끝나면 대인관계가 술술 풀리는 것이 아니다. 부드럽고 미소 띤 밝은 표정, 깨끗하고 단정한 복장, 너그러운 마음, 친밀한 대화, 겸손한 태도, 재치 있는 말투 등 전반적인 예절이 포함된 교양을 갖출 때 비로소 예절과 원만한 대인관계가 완성되는 것이다.

예
의

선 행

인생과 사회의 역사를 긴 안목으로 봐야 한다. 반드시 인과응보(因果應報)의 법칙이 있고 엄한 심판이 있다. 선의 씨앗을 꾸준히 심은 자는 언젠가 때가 이르러 영광의 열매를 거둘 것이다. 선행은 내 마음을 밝힐 뿐만 아니라 인정 넘치는 사회를 만든다.

 이름 없는 선행자들

일상생활에서 남에게 이로움을 주는 일을 찾아서 행한다는 것은 무엇보다 값지고 아름다운 일이다. 아무런 자랑도 없이 묵묵히 일상의 생활에서 남에게 도움을 주는 사람이야말로 최고의 미덕을 지닌 사람이 아닐 수 없다. 요즘 신문이나 방송을 접하다 보면 온통 세상이 죄로 가득 차 있는 것처럼 느껴질 때가 있지만, 세상 뒤쪽에는 말없이 조용히 선행을 하는 사람들이 악행을 저지르는 사람보다 훨씬 많다는 사실을 간과해서는 안 된다. 이 세상이 멸망하지 않고 이만큼 유지되고 있는 것은 그처럼 선한 사람들이 버티고 있기 때문이다. 여기 몇몇 언론보도를 통해 알려진 이름 없는 이웃 사랑을 되새겨 보자.

자신은 흙벽돌집에 살면서 박봉을 쪼개 6년 동안이나 소년소녀 가장 8명에게 생활비를 대주고 있는 환경미화원이 있는가 하면, 어려운 이웃에게 17년 동안이나 약품을 무료로 제공하고 있는 장애인 약사가 있다. 독실한 천주교 신자인 한 아주머니는 10여 년 동안 자비를 털어서 갈 곳 없는 거리의 부랑아와 문제아를 거두어 그들에게 새 삶의 희망을 안겨 주고 있다. 또 단칸 셋방에 사는 밥집 아주머니는 피땀 흘려 모은 총재산 500만 원을 어느 학교의 과학발전기금으로 써 달라며 선뜻 내놓았다. 역시 단칸 셋방에 사는 팔순 할머니는 푼푼이 모아 온 500만 원을 자신이 10여 년 동안 등·하굣길 교통안전봉사를 해 오던 초등학교에 장학금으로 기탁했다.

평생을 홀로 살다 세상을 떠난 칠순 할머니는 억척스레 모은 재산 300억 상당의 부동산을 그의 유언에 따라 불우이웃을 위해 사회복지기금으로 희사한 사례도 있다. 사시사철 검은 고무신에 검은 통바지 차림으로 일생동안 도시락을 팔아 한푼 두푼 모은 50억 원의 땀과 눈물을 대학에 기증한 할머니도 있다. 막노동 43년 끝에 고등학교를 설립하여 못 배운 한을 풀고 젊은이들에게 배움의 기회를 제공한 칠순 할아버지의 이야기는 언론의 귀퉁이에 자리하지만 어느 기사보다 더 환한 빛으로 세상을 비추며 선한 전통을 이어가고 있다.

가슴 뭉클한 진한 감동으로 전해 오는 이 착한 사람들의 미담은 세파에 찌든 메마른 가슴을 시원하게 풀어 주는 옹달샘처럼 자리하고 있다. 이런 사람들의 이야기가 세상 곳곳에 수줍게 빛나며 숨어 있기에 그나마 우리 사회가 유지되며 사람들의 희망과 가능성의 등대가 되는 것이다. 이런 사람들의 공통점은 모두 어렵게 자라고 살아온 사람들이라는 것이다. 그리고 지금도 그리 여유 있는 형편은 아닌 듯하다. 하지만 자기들보다 힘든 이웃을 돕기 위해 박봉을 쪼개고 평생 모은 알토란 같은 재산을 아낌없이 베풀기에 이들의 행동은 장하다 못해 거룩해 보이기까지 한다. 아마도 눈을 크게 뜨고 잘 돌아보면 이 사람들 말고도 남을 위해 헌신하지만 결코 자랑하지 않는 미담의 주인공들이 더 많이 있을 것이다. 그래서 세상은 살만한 것이다. 나는 누구의 희망이 될 수 있을 것인가? 되새겨 볼 문제이다.

선행이란 무엇인가?

맹자는 '측은지심이 없으면 사람이 아니다〔無惻隱之心 非人也〕'

라고 말했다. 측은지심은 연약한 사람을 돌봐 주고 고난에 빠진 사람을 구원해 주는 것으로써, 그것을 확대해석하면 널리 자비와 선을 베풀고 생명을 가진 것을 두루 사랑하는 것이라 했다. 그리고 측은지심은 인간의 본성에 기본적으로 들어 있는 것이며 하늘로부터 받은 양심 또한 거기에 있다고 했다. 그렇다면 측은지심은 어디서 나오는 것일까? 두말할 것도 없이 그것은 선의지(善意志)로부터 나온다. 선의지는 착하고자 하는 마음이다. 곧 착하게 사려는 의지이다.

사람은 누구나 세상에 태어난 때부터 선한 마음을 지니고 태어난다. 인간이 인간답게 살아갈 수 있는 것은 우리 마음속에 선의지가 있기 때문이다. 만약 우리 마음속에서 선의지를 없애 버리면 우리는 당장 짐승으로 전락하게 될 것이고 맹자의 말씀처럼 사람이라고 할 수 없게 된다. 인간을 인간답게 하는 근본은 양심이요, 선의지요, 도덕의식이다. 이것이 인간의 기둥이자 뿌리이다. 선의지가 인간을 바른 길로 이끌고 의로운 길로 인도한다. 우리는 모두 착한 마음을 가지고 착한 행동을 하고 착한 사람이 되어야 한다. 그리하여 만인이 다 착한 사람이 되어 착한 사회를 만들고 착한 세계를 건설해야 한다.

어떻게 선을 실천할 것인가?

선행이란 생각하는 것처럼 거창한 것이 아니다. 선행은 누구나 마음만 있으면 할 수 있는 일이다. 물질이 있으면 물질로 베풀고, 물질이 없으면 몸으로 행할 수 있는 것이 얼마든지 있다. 선행은 크고 작은 것이 문제가 되지 않는다. 지극히 작은 일이라도 남에게 도움을 주는 일은 모두가 훌륭한 선행이다. 거리에서 흩어진 휴지를 줍는 일, 집앞 길을 청소하는 일, 길을 친절히 안내하는 일, 노인이나 병약자에게 자리를 양보하는 일 같은 작은 봉사에서부터, 양로원이나 고아원 같은 복지시설에 가서 자원봉사자로 일을 도와 주거나 자선기관에 매 달 조금씩이라도 성금을 보내는 등, 생각해 보면 우리 생활주변에서 할 수 있는 선행은 얼마든지 찾아볼 수 있다.

이 작은 선행들이 우리의 마음을 한없이 기쁘게 하고 사회를 밝게 해주고 따뜻하게 해준다. 그럼 선행은 어떻게 해야 하는가? 선행을 함에 있어 몇 가지 유의해야 할 점이 있다.

첫째, 선을 보았으면 망설이지 말고 즉시 실천해야 한다.

옛날 제(齊)나라 환공(桓公)이 일찍이 자기가 멸망시킨 곽(郭)나라의 영내를 찾아갔을 때, 그 고장 노인에게 물었다.

"곽나라가 멸망한 원인이 어디 있는가?

그러자 노인이 대답했다.

"우리의 임금은 선을 좋아하고 악을 미워하는 분이었지요. 그래서 멸망한 것이옵니다."

이상하게 생각한 환공이 다시 물었다.

"그대의 말을 듣자니 곽나라의 왕은 현군(賢君)이 아닌가? 그런데 그것이 어찌 멸망의 원인이 되었다는 말인가?"

그러자 노인은 이렇게 대답했다고 한다.

"그게 아니오라, 저희 곽나라 임금은 선을 좋아하면서도 그것을 실행하고자 하지 않았고, 악을 미워하면서도 그것을 물리치려 하지 않았나이다. 그것이 멸망의 원인이지요."

머리로는 이해하고 입으로는 말을 하지만 실천이 따르지 않았다는 것이다. 참으로 우유부단한 임금이 아닐 수 없다. 선을 보고도 실천하지 않고, 악을 보고도 물리치지 않는다면 그것이 오히려 화근이 된다는 사실을 깨우쳐 주는 이야기다. 선을 보았으면 망설이지 말고 선의지가 명령하는 대로 따르도록 노력해야 한다. 선을 행하지 않았다고 나무랄 사람은 없지만 양심의 가책을 받게 될 것이고 마음이 편치 않을 것이다. 그러나 선행을 베풀면 그것으로 해서 언제나 마음이 기쁘고 흐뭇한 만족감으로 차 있게 된다.

둘째, 선을 행할 때에는 아무도 모르게 해야 한다.

선행은 될 수 있으면 드러내지 않는 것이 좋다. 예수께서는 오른손이 한 것을 왼손이 모르게 하라고 했다. 조그만 선행을 하고 남이 알아주기를 바라거나 남에게 자랑하기에 급급하다면 그것은 선행이 될 수 없다. 《채근담》에 이르기를 '선을 행하고 나서 남이 빨리 알아주기를 바라는 마음은, 그 선 속에 악의 뿌리가 있는 까닭이다' 라고 했다. 참된 선행은 남이 알아주든 말든 묵묵히 즐거운 마음으로 봉사하는 것이다. 칼라일은 '이름 모를 착한 사람이 해 놓은 일은 마치 땅 속에 숨어 흐르며 남 몰래 땅을 적시며 생물을 푸르게 해주는 수맥과도 같다'고 했듯, 진정한 선행은 아무도 모르게 할 때 더욱 값진 것이다.

셋째, 선을 행할 때에는 어떠한 보수도 바라서는 안 된다.

선을 행하고자 하는 사람은 순수한 마음으로 봉사해야 한다. 어떤 대가나 반대급부를 바란다면 그것은 진정한 의미의 선행이 될 수 없다. 로마의 철학자 세네카는 '다른 사람에게 선을 베푸는 사람은 무엇보다 자기 자신에게 가장 많은 선을 베푸는 사람이다' 라고 했다. 이 말 속에는 남을 위해 선을 행하는 것이지만 그 선행으로 하여 자기 자신의 마음을 풍요롭게 함으로써 결과적으로는 자기 자신이 그 보상을 받게 된다는 뜻이 깔려 있다. 선행은 자기가 바라지 않아도 그 보답이 따라온다.

우리는 예로부터 착한 일을 하면 행복이라는 보답이 따르고 악한 일을 하면 불행이라는 보답이 따라온다는 생각을 가지고 있다.《역경(易經)》에 이르기를 '선행을 쌓은 집에는 반드시 행복이 찾아온다. 그러나 불선을 쌓은 집에는 반드시 재앙이 몰려온다[積善之家 必有餘慶, 積不善之家 必有餘殃〕'고 했다.《명심보감(明心寶鑑)》에는 이런 말도 있다. '하루 착한 일을 행할지라도 복은 곧 닥치지 않더라도 화는 자연히 멀어질 것이요, 하루 악한 일을 행할지라도 화는 곧 닥치지 않더라도 복을 자연히 멀어지리라.'

착한 일을 했다고 당장 이익이 오는 것은 아니지만 은연중에 복을 받게 되고 악한 행동을 했다고 당장 손해가 올 것 같지는 않지만 결국에는 화를 당하게 된다는 말이다. '착한 끝은 있어도 악한 끝은 없다'고 했다. 선한 행동에는 좋은 보답이 따르고 악한 행동에는 나쁜 보답이 따르기 마련이다. 만약 아직 보답이 없다면 때가 일러 그 보답이 오지 않은 것이다. 그래서 《성경》은 '선을 행하되 낙심하지 말지니, 낙심하지 않으면 때가 이르매 열매를 거두리라'고 했다. 우리는 선을 행하다 보면 지치고 낙심하기 쉽다. 그러나 낙심하지 않고 꾸준히 선행을 베풀면 반드시 복이 돌아온다. 사람은 자기가 심은 바에 따라 거두기 마련이기 때문이다.

인생과 사회의 역사를 긴 안목으로 봐야 한다. 반드시 인과응보(因果應報)의 법칙이 있고 엄한 심판이 있다. 선의 씨앗을 꾸준히 심은 자는 언젠가 때가 이르러 영광의 열매를 거둘 것이다. 선행은 내 마음을 밝힐 뿐만 아니라 인정 넘치는 사회를 만든다. 우리 모두 측은지심을 바탕으로 이웃을 돕는 선행에 참여해 보자. 넓은 마음으로 세상을 감싸는 눈을 키워 보자. 선을 행하고도 대가를 바라지 않는 마음에 이르면 피하려 해도 복은 그대를 따를 것이다.

헌 신

> "가난이 없는 세상을 만들고 싶다면 여러분과 내가 세상의 가난을 함께 나누면 됩니다. 여러분들이 오늘 이 자리에서 가난을 함께 나누겠다고 결심만 한다면 한국에서 헐벗고 굶주리거나 길거리에서 죽어 가는 사람은 한 명도 없을 것이라고 믿습니다."

 마더 테레사

"모든 걸 버리고 날 따르라!"

1946년 9월 10일 저녁, 인도의 캘커타에서 히말라야 산자락인 다르질링으로 향하는 열차 속에서 한 여인이 '하늘의 음성'을 들었다. 여인은 결핵으로 피폐한 몸을 끌고 휴양 차 다르질링으로 향하고 있었다. 신께서 외치는 가르침이 그녀의 가슴을 울렸다.

"가난한 사람들 중에서도 가장 가난한 사람들 속으로 들어가거라."

테레사 수녀는 신의 부름에 따라 망설이지 않고 가장 낮고 가장 헐벗은 캘커타의 빈민가로 향했다. 스스로 가난한 사람들 중에서도 가장 가난한 사람이 되어 그녀는 가난한 땅에 사랑의 샘을 파기 시작했다. 그리고 더불어 베풀며 사랑의 샘물을 한 없이 길어 올렸다. 마침내 그녀의 샘물은 캘커타를 적시고 인도에 흘러넘쳤다. 절망의 구름이 짙게 드리운 에티오피아와 불신과 가난의 공기가 가득한 뉴욕, 밤낮 죽음의 사신이 서성이는 체르노빌의 대지를 사랑의 비로 적셨다. 그녀가 만든 「사랑의 선교회」는 전 세계로 생명의 뿌리를 뻗었다. 그리고 그녀의 이름 앞에는 항상 '빈자의 어머니', '살아 있는 성녀', '세기말의 천사' 라는 칭호가 따랐다.

세상 가장 낮은 곳을 위해 자신을 헌신한 테레사 수녀(Mother Teresa, 1910~1997)는 1910년 8월 26일 유고슬라비아 스코플레(현재의 알바니아)에서 태어났다. 그녀는 일곱 살 되던 해에 건축업자였던 아버지가 세상을 떠나게 되어 하루아침에 길거리로 나앉게 되었다. 가난한 삶을 전전하던 그녀는 '주님의 손을 잡고 주님만 따라가라' 는 어머니의 가르침을 가슴에 새기고 가톨릭교회로 들어갔다. 18세 되던 해에 사랑의 상징인 '리지외의 테레사(예수의 작은 꽃)' 란 세례명을 받고 아일랜드의 로레토 수녀원에 자리를 잡았다. 이듬해인

1929년, 세상의 가장 가난한 삶이 있다는 인도 캘커타의 다르질링 수도원으로 들어가 캘커타의 성 마리아 여고에서 약 20여 년 동안 교사와 교장으로 생활했다. 그러던 중, 1946년에 운명처럼 '열차 속의 계시'를 받았고 가난하게 죽어 가는 사람들을 위해 거리로 나선 것이 1948년이었다. 그때부터 그녀는 나환자의 고름을 닦는 간호사로, 갈 곳 없는 아이들의 어머니로, 거리를 떠도는 아이들의 선생님으로, 죽어가는 사람들을 거두는 간병인으로 일인다역을 하며 점점 사람들의 마음을 움직이기 시작했다. 그러는 동안 자신이 가르친 제자들이 함께 거들기 위해 모여들어 죽어가는 사람들의 집인 「나르말라다이」와 거리의 아이들을 위한 보금자리인 「쉬슈 브하반」을 만들었다. 그리고 마침내 1950년에 「사랑의 선교회」가 설립되었다.

아직도 여전히 버려진 아이들, 굶어 죽어가는 사람들, 나환자와 장애인과 매춘여성, 미혼모, 에이즈 환자 등 사회의 그늘에 살고 있는 사람들을 위해 구제활동을 하고 있는 이 단체는 현재 전 세계의 95개국에 4천여 명의 성직자들을 파견하여 이들을 돌보며 활동을 지속하고 있다. 소외받는 사람들을 위해 테레사 수녀가 손수 설립한 구호시설만도 인도에 168개소를 비롯하여 미국 뉴욕의 에이즈 말기환자를 위한 병원에 이르기까지 전 세계 517개소에 달하고 있다. 이 같은 헌신적인 삶이 높이 평가되어 1971년 교황의 평화상과

1979년 노벨평화상을 받았고 고국 알바니아로부터 최고명예훈장도 받게 되었다.

1997년 9월 5일 저녁, 비가 내리는 캘커타의 거리에 진한 사랑의 향기를 남긴 채 「예수의 작은 꽃」은 지고 말았다.

"나는 극진한 치료와 간호를 받을 자격이 없다. 나를 치료할 약이 있으면 가난한 사람들에게 주라."

마더 테레사는 죽는 순간까지 헐벗고 소외된 사람들을 걱정하며, 평생 동안 돌보아 온 수많은 고아, 나환자, 매춘여성들이 흘리는 슬픈 눈물의 배웅을 받으며 조용히 세상을 떠났다. 당시 교황 요한 바오로 2세는 테레사 수녀의 죽음을 애도하며 추모하는 강론에서 눈물을 흘리며 다음과 같이 말했다.

"테레사 수녀는 가난한 사람에게는 사랑의 표상이었습니다. 그녀의 용기는 우리의 삶을 지켜 주었고, 인간의 존엄성을 빛내 줌으로써 모든 인류에게 봉사했습니다. 그는 죽어 가는 사람들과 버려진 아이들, 고통과 외로움에 짓눌린 모든 사람들의 가슴을 끌어안았습니다. 신이시여! 그의 빛나는 사랑이 그의 영적가족들과 교회와 전 인류에게 위안과 자극이 되게 하소서!"

 헌신이란 무엇인가?

헌신이란 남을 위하여 나를 바치는 일이며 남을 위해 봉사하는

것이다. 헌신은 인간의 위대한 덕목 중의 하나다. 가치 있는 일을 위해 자신을 희생하는 것만큼 위대하고 숭고한 것은 없다. 당신은 무엇을 위해 당신의 모든 것을 바칠 수 있는가? 인생에 있어 가장 중요한 것은 헌신의 대상을 찾는 것이다. 나의 몸과 마음과 정열을 쏟을 수 있는 가치나 목표를 먼저 찾아야 한다. 헌신의 대상을 찾게 되었을 때, 그 사람은 사는 보람을 갖게 되어 자기 일에 심혈을 쏟고 온 정성을 다하게 되며 꼭 이루고야 말겠다는 사명감과 집념을 갖게 된다. 충무공처럼 나라를 위해 목숨을 바치는 일, 성 아우구스티누스의 어머니 모니카처럼 자식의 구원을 위해 온갖 정성을 바치는 일이라든가 마틴 루터 킹처럼 종교적 신념으로 일생을 바치는 일, 카네기처럼 자기 사업과 사회사업에 온 정성을 바치는 일 등은 모두가 헌신의 덕목을 실천한 사례이다. 이렇듯 남을 위해 헌신하는 사람이야말로 이 시대가 가장 절실하게 요구하고 있는 사람이라고 할 수 있다.

밀림의 성자로 모든 인류의 추앙을 받는 슈바이처(Albert Schweitzer, 1875~1965)는 젊은 시절, 자기가 헌신할 수 있는 대상을 찾고 있었다. 자신의 뜻을 펼치기 위해 무슨 일을 할 것인가를 찾던 그는 어느 날 아프리카 콩고 지방에서 흑인에게 의료봉사를 할 일꾼을 구하고 있다는 내용을 보고 가슴이 뜨거워졌다. 그는 자기가 헌신해야 할 대상이 무엇이고, 해야 할 사명이 무엇인지 깨달았다. 30

세에 이미 그는 대학교수이자, 신학자이자 음악가로서 평생 고생을 하고 살지 않아도 될 만큼 명성을 갖춘 사람이었다. 하지만 자신을 헌신하고자 뜻을 굳힌 그는 새로 7년 동안의 의학공부를 마친 다음, 운명의 땅이자 사명의 일터인 아프리카 콩고의 랑바레네로 떠났다. 그는 자신의 진정한 가치를 찾기 위해 온갖 부귀영화를 물리치고 오직 빈곤과 질병에 시달리는 아프리카 원주민을 위해 일생을 바쳐 헌신했다. 그는 21세 때 '30세까지는 나를 위해 학문과 지식을 쌓고 그 후부터는 남을 위해 봉사하며 살자'고 결심했다.

슈바이처 박사와 테레사 수녀는 모두 소외된 사람들에게 헌신한 인류의 대표적인 사랑의 실천가이다. 그러기에 두 사람은 20세기의 성자로 불리고 있을 뿐만 아니라 두고두고 인류가 존경과 추앙하는 대상으로 남게 될 것이다.

 어떻게 헌신할 것인가?

우리는 누구나 헌신하며 인생을 살아 갈 수 있다. 헌신이라고 하면 대단히 특별한 것으로 생각하기 쉽지만, 헌신이란 자기의 이해를 돌보지 않고 도움을 필요로 하는 타인을 위해 노력하는 것으로 봉사라고 생각하면 된다. 그저 남에게 친절하게 대하고 어려울 때 도와 주며 고통을 함께 나누고 힘겨운 사람들의 심정을 헤아려 내일처럼 보살피면 그것이 바로 봉사이자 헌신이다. 목숨을 던지는 것만이 헌신이 아니다.

테레사 수녀도 처음에는 자기가 할 수 있고 감당할 수 있는 지극히 작은 일부터 시작했다. 그리고 '우리는 조그마한 일을 행하고 조용히 사라지자'고 말하곤 했다. 아무런 자랑도 없이 그저 묵묵히 생활 주변에서 작은 일이건 큰 일이건 남에게 도움을 주는 생활을 이어가며 순수한 인간 본연의 삶을 살아가자는 의미심장한 말이 아닐 수 없다. 우리가 봉사하기 위해서는 줄 수 있는 마음가짐과 무엇이든 줄 수 있는 것을 가져야 한다. 반대로 가진 것이 없으면 주고 싶어도 줄 것이 없다. 이것은 큰 괴로움이다. 우리는 남에게 주기 위해 줄 수 있는 것을 준비하고 있어야 한다. 그렇다면 우리는 무엇으로 헌신할 것인가? 몸으로 할 수 있고 물질로도 할 수 있다. 돈이 있는 사람은 돈으로, 지식이 있는 사람은 지식으로, 힘이 있는 사람은 힘으로, 기술이 있는 사람은 기술로, 시간이 있는 사람은 시간으로 각자가 가진 여력을 이용하여 부족한 사람들에게 도움을 주어야 한다. 이것은 하늘로부터 타고나는 것이자, 인간의 신성한 의무이다.

1985년 1월 테레사 수녀가 한국에 왔을 때, 어느 기자가 '가난을 진정 해결할 수 있다고 보느냐?'고 물었다. 그러자 테레사 수녀는 이렇게 대답했다고 한다.

"가난이 없는 세상을 만들고 싶다면 여러분과 내가 세상의 가난을 함께 나누면 됩니다. 여러분들이 오늘 이 자리에서 가난을 함께 나누겠다고 결심만 한다면 한국에서 헐벗고 굶주리거나 길거리에서 죽어가는 사람은 한 명도 없을 것이라고 믿습니다."

헌신이 힘든 이유는 자신의 이득에 너무 집착하기 때문이다. 물론 가진 것이 있어야 베풀 수 있는 마음도 생기는 것이긴 하지만, 욕심이란 배고픈 동물의 마음과 같아서 만족을 찾기가 어렵기 마련이다. 고대의 철학자들은 이런 동물의 마음을 벗어나는 것이 진정한 인간이라고 했다. 진정한 인간으로서 나의 아픔을 거울 삼아 타인의 고통을 헤아리는 마음을 깨달아 위대한 인간으로 거듭나야만 한다.

인간은 정성에 감동하는 동물이다. 나의 정성을 다하여 진심으로 대하면 상대방 또한 진심에 감동하여 남도 나를 진정으로 대한다. 그러면 반드시 내게 복이 돌아온다.

 인천의 슈바이처

인천시 계양구 동양동에 있는 박촌 버스종점을 지나 구불구불한 시골길을 따라가다 보면 「즐거운 집」이란 팻말이 눈길을 끈다. 비록 조립식으로 지어진 가건물이지만, 이곳은 오갈 데 없는 무의탁 노인, 장애인, 고아 등 140여 명이 대가족을 이루고 살아가는 '나눔의 천국'이다. 이 천국의 웃음과 희망을 떠받치고 있는 「한국사랑밭회」는 기독교 이념을 바탕으로 이웃사랑을 실천하려는 구제선

교단체로서 한결같은 무조건의 사랑을 묵묵히 실천하고 있다. 이 단체를 이끌고 있는 권태일(權泰一) 목사는 이들의 대부(代父)처럼 굳게 자리하며 소외계층과 아픔을 함께 나누고 있다. 그래서 이곳 사람들은 그를 '인천의 슈바이처'라고 부른다.

「한국사랑밭회」의 산하기관인 「즐거운 집」에는 18개의 좁은 방에 갈 곳 없는 사람들로 가득 차 있다. 부인 홍현송 씨가 이 「즐거운 집」의 원장직을 맡아 식구들의 뒷바라지를 하고 있다. 이곳에는 현재 병으로 고통 받고 있는 노인 60여 명을 비롯하여 앞을 못 보고 제대로 걷지 못하는 장애인 40여 명과 고아 40여 명 등 모두 140여 명의 '버림받은 생명'들이 권 목사 부부의 따뜻한 보살핌을 받고 있다. 특히 권 목사는 중풍이나 암 등 각종 질병으로 신음하면서도 병원 한 번 제대로 가지 못하고 죽음을 기다리는 사람들과 함께 지내면서 밤새워 간호하고 치료해 주고 있어 '슈바이처'라는 말을 실감나게 한다.

고향인 경북 성주에서 고등학교를 마치고 상경, 세일즈맨으로 하루 실적 올리기에 바쁜 나날을 보내던 권태일 씨가 누구도 감당하기 힘든 이 같은 사회사업에 발 벗고 나선 것은 1986년 11월부터이다. 그는 길을 가다 우연히 어린 남매를 데리고 구걸하는 40대의 한 아주머니를 만났다. 본디 고아였던 그 아주머니는 결혼을 했지만 지병인 간질로 그만 화재를 내고 심한 화상으로 얼굴마저 일그러져 있었다. 그 뒤 술주정꾼인 남편에게 매만 맞고 아이들과 함께 집에서 쫓겨난 처지였다.

"무엇보다 예쁘장하게 생긴 남매의 초롱초롱한 눈망울을 떨쳐 버릴 수가 없었어요. 무조건 도와 주어야 한다고 생각했지요."

그 자신 역시 아내와 세 딸이 함께 월세방을 전전하는 넉넉지 못한 형편이었지만 쌀·연탄과 함께 생활비를 대주기 시작한 것이 계기가 되어 불우한 이웃에 대해 깊은 관심을 기울이게 되었다. 이 같은 인연은 당시 권태일 씨의 세일즈맨 인생에서 소외계층과 아픔을 함께 나누는 오늘날의 봉사자의 인생으로 변신케 하는 계기를 만들어 주었다. 평소 유난히 인정이 많았던 그는 이 일을 계기로 서울·인천 등지에서 어려운 처지에 놓인 가정을 돕기로 결심하고 정기적으로 5만 원도 주고 10만 원도 주기 시작했다. 재력가도 아닌 그는 주로 그날그날 올린 실적금과 저축해 놓았던 돈을 부인 몰래 이들에게 생활비로 주었다. 이후로 '하늘은 스스로 돕는 자를 돕는다'는 말처럼 영업이 그렇게 잘 될 수가 없었다고 한다. 이렇게 1년이 지나자 매월 도움을 주어야 할 사람이 20여 명으로 불어났다. 그러자 그는 지금까지의 방법으로는 이들의 고통을 덜어 주기에 한계가 있다고 생각하고, 당시 자신이 살던 인천시 일신동에 보증금 300만 원에 월세 10만 원짜리 방 세 칸짜리 무허가 판잣집을 얻어 우선 형편이 아주 어려운 노인과 고아 3명을 거두어 함께 생활을 시작했다. 「즐거운 집」은 이렇게 생겨났다. 권씨 부부도 가족과 함께 이곳으로 이사를 와 한 식구가 되었다. 그 후 식구들이 점점 늘어나자 헌 장롱이나 버린 물건을 주워 모아 인근 공터에 기둥을 세우고 지붕을 올려 방을 15칸으로 늘렸다. 이렇게 식구가 늘어나며 사랑은 점점 커졌지만 권씨 부부의 고생도 만만치 않았다. 한꺼번에 수십 명의 밥과 빨래, 청소를 하는 일은 결코 간단한 문제가 아니었다. 함께 사는 사람들의 80%는 거동이 불편한 사람들이었고, 더구나 권씨 부부는 학교에 다니는 아이들의 숙제와 치매노인의 대소변까지 모두 감당해내야 했다.

"막내딸을 임신한 상태에서 30여 명의 밥과 빨래를 하며 눈물도 많이 흘렸지요. 남편 원망도 많이 했구요. 하지만 지금은 서로 잘 도와 주고 정이 들어 오히려 즐거운 마음으로 살고 있어요."

권 씨 부부의 조건 없는 사랑은 「즐거운 집」 식구가 된 이들에게 금방 웃음과 밝은 표정을 찾아 주었다. 권씨 부부는 소외되어 웃음을 잃었던 노인들에게는 좋은 아들과 며느리가 되었을 뿐만 아니라 부모 사랑에 굶주린 아이들에게는 자상한 아버지와 어머니가 되었다.

"우리가 이렇게 살 수 있게 된 것은 모두 이웃과 후원자들의 많은 도움이 있기에 가능했습니다. 그분들의 뜻에 보답하기 위해 최선을 다하겠습니다."

권씨 부부는 약 4만 명의 「한국사랑밭회」 회원이 매달 보내 주는 후원금으로 「즐거운 집」과는 별도로 전국에 흩어져 있는 생활이 곤란한 150여 가정을 번갈아 찾아가서 상담과 함께 생활비를 지원해 주고 있다. 또한 IMF 이후에는 부쩍 늘어난 실직자들과 불우한 노인들을 위해 「한국사랑밭회」에서는 자원봉사자들과 함께 1주일에 세 차례씩 매일 평균 200여 명에게 '소망의 밥 나누기' 무료급식을 실시하고 있다.

'고통 받는 사람들과 함께 할 때, 진정 밝은 사회가 이루어진다.'고 말하는 권태일 씨는 우리나라 복지 수준을 한 단계 높여 줄 '21세기 국민복지타운'을 값싼 땅에 건설하여 갈 곳 없는 사람들을 위해 널찍한 보금자리를 만들어 주는 「사랑의 국민마을」을 만드는 꿈을 실천하려 노력하고 있다.

봉사란 무엇인가?

버림받는 소외계층의 아픔을 온몸으로 감싸 안고 고통 받는 사람들의 고통을 나누려는 권태일 목사의 '조건 없는 사랑의 실천' 이야기에 그저 머리가 숙여질 뿐이다. 호적상 부양가족이 있다는 이유로 정부의 구호기관에서조차 버림 받아 오갈 데 없는 불우한 이웃을 위해 아무런 대가 없이 무조건 베푸는 삶을 살고 있는 그의 거룩한 봉사정신은 오히려 숭고한 희생에 가깝다. 더욱이 그의 삶을 살펴보면, 한 푼의 국고지원조차 받을 수 없는 처지에서 몇 차례 운영난을 겪으면서도 자력으로 민간 복지시설을 이만큼 키워 낸 그의 집념어린 봉사정신과 노력은 우리로 하여금 깊은 애정과 함께 감사와 존경의 마음을 갖게 만든다. 이것이 참된 봉사정신의 결정체이다. 참된 봉사는 어떠한 대가도 바라지 않고 아무런 조건 없이 기쁜 마음으로 남에게 주는 것이다. 누가 시켜서 하는 것도 아니고, 대가를 바라지도 않는 마음을 가지고 스스로 남을 위하여 노력하는 것이 참된 봉사이다.

어떻게 봉사할 것인가?

봉사는 인간의 행동 중에서도 가장 높은 차원의 도덕이다. 그것은 순수한 마음으로 사심 없이 남을 위하여 일하는 것이기 때문이다. 봉사를 행하기 위해서는 세 가지 기본적인 마음이 필요하다.

첫째, 봉사는 남을 섬기는 마음으로 해야 한다.

섬긴다는 것은 남의 일을 자기 일처럼 힘써 거들어 주는 것이다. 웃어른을 잘 받들어 모시거나 어려운 사람을 성심성의로 도와 주는 일이 다 섬기는 일이다. 위대한 사람은 남을 섬기는 사람이다. 예수께서 말하시길, '너희 중에 누구든지 크게 되고 싶은 사람은 남을 섬기는 사람이 되어야 하고, 으뜸이 되고자 하는 사람은 남의 종이 되어야 한다. 나는 섬김을 받으러 온 것이 아니라 섬기러 온 것이니, 많은 사람들의 죄값을 치르기 위해 내 생명마저 주려고 왔다(마태복음 20:26~28)'고 했다. 예수는 봉사를 매우 강조했다. 그는 일생 동안 가난한 이웃을 위해 일했다. 세상의 많은 사람들은 남이 나를 섬기고 대접하여 봉사해 주기를 바라지만 예수는 이와 정반대로 내가 남을 섬기고 남에게 봉사하고 대접하는 사람이 진정 위대한 인물이라고 말했다. 우리는 남에게 봉사하면서 살아가도록 힘써야 한다. 나의 시간과 노력과 재물을 이웃에게 베풀 수 있을 때, 주는 사람에게 복이 돌아가고 축복을 받게 된다.

둘째, 봉사는 어떠한 대가도 바라지 않는 마음이 있어야 한다.

사람들은 남에게 무언가를 줄 때, 으레 상응하는 대가를 생각한다. 자기가 준 만큼 대가가 따르지 않는다면 섭섭하고 괘씸한 마음이 생긴다. 그러나 진정한 봉사는 어떠한 대가도 바라지 않고 무조건 주는 마음이 생길 때 가능하다. 그리고 대가가 없이 무조건 주는 마음이 봉사라고 했지만, 사실은 봉사 자체가 그 대가이다. 남을 돕거나 희생할 때 우리는 마음속으로부터 솟아나는 기쁨과 만족감을 느낀다. 이 기쁨과 만족감은 봉사를 행하는 사람의 의욕과 활력을 고취시키고 다른 일에도 영향을 미치게 되어 결국 모든 일이 순탄하게 풀리고 즐거운 삶을 가져다 준다. 물론 당장의 대가는 없지만 얼음이 풀리고 새싹이 돋아나듯 점점 복이 찾아오는 삶을 살 수 있다. 미국의 문인 에머슨은 '성심성의를 가지고 남을 도와 주면 반드시 남에게 도움을 받는다. 이것은 인생의 가장 아름다운 보상 중의 하나다' 라고 했다.

가는 말이 고우면 오는 말도 고운 법이다. 내가 성심성의로 대하면 남도 나를 성심성의로 대하기 마련이다. 또 반대로 내가 남을 계산하여 대하면 남도 나를 계산하게 된다. 그러니 나의 복은 남을 어떻게 대하느냐에 달려 있다고 말할 수 있다. 인간은 정성에 감동하는 동물이다. 나의 정성을 다하여 진심으로 대하면 상대방 또한 진심에 감동하여 남도 나를 진정으로 대한다. 그러면 반드시 내게 복이 돌아온다. 이 세상은 혼자서 살아가는 곳이 아니다. 세상의 불행은 나민을 위하는 마음에서 생겨난다. 서로가 자신만을 위해 살기 때문에 서로 뺏고 뺏기는 일이 생겨 괴로운 것이다. 하지만 나누면 서로의 마음이 행복해진다. 그런 마음이 있기에 아직 우리는 이 세상에 발붙이고 살고 있는 것이다.

셋째, 봉사는 자발적으로 하는 것이다.

누가 시켜서 할 수 없이 하는 일은 봉사가 아니다. 자기 마음속에서 우러나온 순수한 마음에서 남을 위해 도움을 줄 때에 비로소 봉사의 참뜻이 사는 것이다. 자진해서 봉사활동을 하는 사람들의 공통점은 마음이 넓고 인정이 많고 동정심이 많은 사람들이다. 남의 아픔을 자기 아픔으로 알고 남의 괴로움을 함께 나누고자 한다. 아무리 힘든 일이라도 기쁜 마음으로 즐거이 참여한다. 태어나면서부터 봉사를 하며 사는 사람은 없다. 모두가 자신의 것이 귀중하고 아깝다. 하지만 조금만 더 넓고 멀리 보는 생각과 내가 아플 때 도움을 청하는 것처럼 남의 아픔을 헤아리는 마음만 있다면 남을 위해 봉사할 수 있는 자세는 충분하다. 그리고 망설임 없이 힘겨워 하는 사람들에게 한 발만 다가선다면 이미 위대한 봉사자의 삶이 시작되는 것이다.

우리 주변을 살펴 보면 남의 도움 없이는 살아가기 어려운 처지의 사람들이 많다. 그들을 외면해서는 안 된다. 그들을 도와 주는 일은 조금이라도 베풀 수 있는 사람들의 몫이다. 봉사는 물질로 할 수도 있고 몸으로도 할 수 있다. 자기 형편에 따라 자기가 가진 것을 나눈다면 훌륭한 봉사가 되는 것이다. 아주 사소한 것이라도 그것이 필요한 사람에게는 아주 소중한 의미를 가지는 것이다. 먼저 그것을 필요로 하는 사람을 둘러보는 관심이 있고, 베풀 수 있는 마음만 있다면 봉사는 이미 시작된 것이다.

감사

우리는 밀레가 나타내고자 한 '행복한 삶'이 무엇인지 디시금 생각하게
한다. ……이 그림 속에는 온화한 사랑과 경건한 신앙이 그려져 있고
값진 노동이 그려져 있다. 그러나 나는 경건하게 머리 숙여 기도하는
모습에서 진정한 삶의 '감사'를 발견한다. 하루의 노동이 끝나는 보람
의 현장에서 신께 감사드리는 그 마음이야말로 인간의 행위
중에서 가장 아름답고 성스러운 모습이라고 생각한다.

랍비의 기도

한 랍비가 박해를 피해 조국을 탈출하여 광야를 헤매고 있을 때
그가 가진 소지품이라고는 경전(經典)과 등(燈), 그리고 잊지 않고 새
벽을 알려주는 닭 한 마리와 지친 몸을 기댈 수 있는 당나귀 한 마

리뿐이었다. 해질 무렵에 어떤 마을에 이르러 하룻밤 묵어가기를 청하였으나 거절당하여 하는 수 없이 수풀 속에 들어가 큰 나무 아래에 자리를 정하고 경전을 읽기 시작했다. 그런데 세찬 바람이 불어 등불이 꺼지고 말았다. 그러자 그는 기도를 했다.

"아, 내가 좋아하는 독경을 못하게 되었구나. 하지만 이 또한 신께 감사할 일이 아닌가?"

그리고 그 자리에 누워 두세 시간을 잤다. 그런데 그가 잠든 사이에 이리가 와서 닭을 물어 가 버렸다. 잠에서 깬 그가 닭이 없어진 것을 알고 기도를 했다.

"아, 나의 잠을 깨우는 번자도 죽었구나. 이제 누가 나를 깨워 경전 공부를 도울 것인가? 하지만 신께서 뜻하신 바가 있어 이리 되었을 테니, 옳게 인도하시겠지."

그가 기도를 하는 동안, 이번에는 난데없이 사자가 달려들어 당나귀를 물어 죽이고 말았다.

"아! 이게 웬일인가? 등불이 꺼지고 닭이 죽더니 이제는 당나귀마저 죽고 말았구나. 정녕 이것이 신께서 뜻하신 일이라면 기꺼이 따라야겠지."

날이 밝자, 랍비는 남은 물건을 챙겨 마을로 향했다. 마을에 당도해 보니 사람들은 모두 몰살당하고 마을의 온 집안은 어지럽게 흐트러져 있었다. 강도떼가 밤 동안 마을을 습격하여 사람을 죽이고 물건을 약탈해 간 것이었다. 랍비는 깨달았다.

"오, 신이시여. 저는 가련한 인간이요, 앞일을 알지 못하는 인간입니다. 그걸 아시고 미리 저에게 화를 피할 길을 열어 주셨으니 감사드릴 따름입니다. 마을 사람들이 저를 받아 주었다면 같이 죽었을 것이고 등불을 끄지 않으셨다면 강도가 찾아왔을 것입니다. 또한 닭이나 당나귀가 소리를 냈더라면 강도가 그 소리를 듣고 숲으로 와 저를 죽였을 텐데 신께서 그것들을 희생하여 저를 살려주셨으니 감사드리옵니다."

 ## 감사란 무엇인가?

'범사에 감사하라'는 말이 있다. 이 말을 되새길 때면 언제나 머리에 떠오르는 그림이 있다. 황혼에 붉게 물든 저녁 들녘에서 일손을 멈추고 조용히 기도하는 모습이 그려진, 그 유명한 밀레(Jean Francois Millet : 1814~1875)의 「만종(晩鐘)」이다. 밀레는 프랑스의 자유주의 화가로 주로 농촌 풍경과 일하는 농부만을 즐겨 그렸지만 그의 모든 작품 속에는 언제나 경건함이 녹아 있어서 보는 이로 하여금 경건한 분위기에 매료되게 만든다. 「만종」에 묘사된 정경도 그렇다. 해가 지평선 너머로 사라지고 있다. 그 위를 붉은 낙조가 드리우고 끝없이 펼쳐진 들녘 저편에 조그마한 예배당 하나가 자리하고 있다. 저녁을 알리는 교회의 종소리가 은은하게 울려 퍼지고 종일 고단한 농사일에 힘겨웠을 젊은 부부가 일손을 멈추고 조용히 고개를 숙이고 있다. 이 한 폭의 그림에서 우리는 밀레가 나타내고자 한 '행복한 삶'이 무엇인지 다시금 생각하게 한다.

미국의 교육자 반다이크는 밀레의 이 그림에 대해 '사랑과 신앙, 그리고 노동을 그린 인생의 성화(聖畵)'라고 했다. 그렇다. 이 그림 속에는 온화한 사랑과 경건한 신앙이 그려져 있고 값진 노동이 그려져 있다. 그러나 나는 경건하게 머리 숙여 기도하는 모습에서 진정한 삶의 '감사'를 발견한다. 하루의 노동이 끝나는 보람의 현장에서 신께 감사드리는 그 마음이야말로 인간의 행위 중에서 가장 아름답고 성스러운 모습이라고 생각한다.

감사하는 마음! 그것은 행복의 원천이다. 감사하는 마음을 가질 때 인생은 사는 것이 기쁘고 즐거워지는 것이다. 우리는 밀레의 「만종」에서 보여 주는 감사하는 삶의 태도를 배워야 한다. 그리고 일생 동안 고마워하는 마음과 고마움을 준 대상에게 보답하려는 정신을 가져야 한다.

 ## 어떻게 감사할 것인가?

우리 삶에는 즐거운 일보다 괴로운 일이 더 많고 잘되는 일보다 잘 안 되는 일이 더 많다. 인생은 번뇌이고 삶은 고통이다. 이러한 삶에 대해 불평과 원망만 갖는다면 인생은 잠시도 마음 편할 날은 물론이고 행복한 날도 없을 것이다. 하지만 행복한 사람은 분명 우리 주변에 존재하고 있다. 그렇다면 어떤 사람이 행복한 사람인가? 모든 일에 감사하고 항상 기뻐하는 사람이 진정 행복한 사람이다. 모든 것을 다 잃고도 감사하는 사람의 모습은 어리석게 비칠 수도 있다. 가진 것을 다 빼앗겼는데 감사는 무슨 감사냐고 오히려 비난할지도 모른다. 그렇지만 당장 손해 봤다고 불평하고 원망을 한다 해서 다시 생기는 것도 아닌 바에야 차라리 마음 편하게 생각하는 것이 더 나은 것이 아닌가?

어느 날, 교통사고가 났다. 사고현장에는 여기저기 신음소리가 들리고 아우성치는 사람들 사이로 수많은 사람들이 모여들어 북적 거렸다. 한편에서는 부상을 당한 사람이 고통스러워하고 한편에서는 죽은 사람이 즐비했다. 이 아수라장 속에서 중상을 입은 아들을 붙들고 '아, 감사합니다. 감사합니다' 라고 외치는 여인이 있었다. 모두 울고불고 난리인데 유독 기뻐하는 여인에게 물어보았다.

"아주머니, 보아하니 아드님 다리가 부러진 것 같은데 무엇이 그리 좋아서 그리 감사한다는 말씀입니까?"

"왜 감사하지 않겠습니까? 죽은 사람도 있는데 내 아들은 겨우 다리 한 쪽 밖에 상한 것이 없으니 감사할 수밖에요."

세상의 모든 것은 마음먹기에 따라 행복과 불행이 엇갈린다. 모든 일이 마음먹기에 달렸다는 사실을 깨닫게 될 때, 인생은 비로소 행복한 삶에 눈뜨는 것이다. 감사할 것이 아무것도 없다고 생각할 수도 있다. 그러나 곰곰이 생각해 보라. 당신은 아무런 도움도 받지 않고 혼자 떨어져 살아갈 수 있는가? 인간의 삶이란 더불어 사는 것이다. 우리는 태어나면서부터 다른 사람들의 도움을 받고 살아간다. 평범함에 감사해야 하는 이유가 여기에 있다. 감사할 줄 모르는 사람은 사람이 아니다. 사람을 사람답게 만드는 근본은 감사하는 마음에 있다.

그렇다면 무엇부터 감사해야 하는 것인가?

첫째는 부모의 은혜에 감사해야 한다. 나를 낳아 정성껏 키워 주고 사랑으로 보살펴 주신 부모님의 태산 같은 은혜에 감사하여 효도로 그 은혜에 보답해야 한다.

둘째, 자연의 은혜에 감사해야 한다. 우리는 자연이 주는 혜택 속에서 살아갈 수 있다. 자연은 인간의 생명을 유지해 나가는 데 필요한 모든 요소를 공급해 준다. 햇빛을 주고 공기를 주고 물을 주고 양식을 준다.

셋째, 더불어 사는 사람들의 은혜에 감사해야 한다. 아무도 없는 망망대해의 무인도에서 나 혼자 살아가야 한다고 생각해보자. 손수 생존의 문제가 걸린 의식주를 해결하고 교육과 문화의 혜택도 전혀 받을 수 없다고 생각해보자. 우리는 여러 사람의 은혜 속에서 행복을 느끼고 살아갈 수 있다. 그 사람들의 도움과 협력이 있었기에 오늘의 내가 당장의 생존을 걱정하지 않고 살아가는 것이다.

넷째, **나라의 은혜에 감사해야 한다.** 나라는 우리의 생존과 자유, 행복을 보장해 주는 튼튼한 울타리이다. 지난날 망국의 국민이 느꼈던 설움을 상기해 보라. 하물며 귀한 대접을 받던 애완견도 거리에 내몰리면 여기저기 쫓겨 다니며 생존을 걱정해야 한다. 대한민국이라는 이 나라가 얼마나 소중한 존재인가를 깨달아야 한다. 국가는 목숨을 바쳐 지켜야 할 민족의 보금자리이다.

마지막으로 **나의 몸이 주는 은혜에 스스로 감사해야 한다.** 푸른 하늘을 바라볼 수 있는 눈과 아름다운 강산을 둘러볼 수 있는 다리, 다른 사람에게 화해의 악수를 건넬 수 있는 손과 아픈 사람을 돌볼 수 있는 마음에 감사해야 한다. 건강한 몸과 마음을 지켜야 자신을 돕고 남도 돕는 것이다. 내 몸과 마음을 함부로 하는 것은 나를 괴롭히고 남을 괴롭히는 것이다. 건강한 몸에서 건강한 정신이 나오고, 건강한 정신에서 위대한 인물이 나오는 것이다.

행복은 어디에서 오는가? 감사하는 마음에서 온다. 감사할줄 모르는 사람은 절대로 행복을 깨닫지 못한다. 만약 행복해지고 싶다면 감사하는 마음부터 배워야 할 것이다.

가 정

우리는 가끔 여행을 해보면 내 집 같은 곳이 없다는 것을 새삼스럽게 깨닫게 된다. 비록 누추하고 작은 초가삼간이라도 내 집이 제일이라고 느끼는 것은 내 집만큼 편히 내 몸과 마음을 쉴 수 있는 곳이 없기 때문이다.

 가정의 발견

"어머니!"

아이가 봉투를 내밀었다. 은행에 취직한 딸이 첫 월급을 타서 어머니에게 드리는 것이다.

"그래!"

어머니는 봉투를 앞에 두고 눈물겨워 하였다.

"네가 쓰지……, 송두리째 가져왔냐?"

"첫 월급인걸요."

딸이 말했다.

"오냐, 아버지께 뵈어 드려야지."

어머니는 월급봉투를 두 손으로 받쳐 들다시피 하며 서재로 건너갔다.

"여보 우리 딸이 첫 월급을 타서 송두리째 가져왔어요."

자기가 첫 월급을 탄 것만큼이나 자랑스러운 어조였다. 아버지도 대견스럽게 여기지 않을 수 없었다.

"돌려주시오. 사회에 처음 나갔으니 살 것이 한두 가지겠소?"

"그렇고말고요."

어머니는 월급봉투를 받쳐 들고 돌아갔다. 그러나 얼마 후에 중학교에 다니는 어린 것이 서재로 뛰어들었다.

"아버지, 아버지."

"왜?"

아버지는 어린 것이 무슨 큰일이라도 전하려고 달려온 것으로 알았다.

"언니가 월급을 탔대요."

어린 것도 자기가 월급을 탄 것처럼 흥분하고 상기되어 있었다. 남자 아이임에도 누나를 어릴 때부터 언니라고 불렀다.

"그래?"

아버지는 모른 체하고 놀라는 표정을 지어 보였다.

"언니가 이만큼 월급을 타서 선물을 사준대요."

그리고 나서 중학교에 다니는 어린 것은 신바람이 나서 안방으로 가 버렸다. 잠시 후에 맏이가 들어왔다. 맏이는 대학에서 교편을 잡고 있다.

"아버지, 아무개가 월급을 타 왔어요."

아무개라는 것은 누이동생을 말하는 것이다.

"그래!"

아버지의 대답이었다.

"허어참, 허어참."

허어참은 낭패를 뜻하는 소리가 아니다. 대견하고도 매우 놀랍다는 뜻이다.

"직장에 나가면 으레 월급을 타는 것 아니냐?"

일부러 아버지는 능청을 부렸다.

"그래도요."

맏이의 대답이었다. 맏이뿐만 아니다. 어린 것들이 차례로 한 사람씩 아버지에게 그 사실을 보고하기 위하여 서재로 드나들었다. 그날 저녁이었다.

"여보, 오늘은 가정예배 보도록 했어요."

아내가 알려주었다. 예배가 끝났다.

"자아, 이것은 네 선물."

딸은 가족들에게 하나씩 선물을 나눠주었다. 어머니에게 바친 월급에서 돈을 타낸 모양이었다.

"이건 어머니 것."

어머니에게도 선물을 돌렸다. 물론 값어치를 따지자면 하찮은 것이었다. 하지만 어머니는 엄청난 선물이라도 받은 것처럼 사뭇 감격스러운 표정이었다. 물론 아버지에게도 빠뜨리지 않고 선물을 주었다. 그 주일에는 이른 아침부터 어머니가 서둘러 수선을 떨었다.

"봉투 새하얀 깃 사가지고 온."

일부러 아들을 문방구에 보내 하얀 이중봉투를 사 오게 하였다.

"감사 연보를 드려야지."

딸의 월급 중에서 얼마를 떼어 내 예배당에 감사연보를 하였다.

가정이란 어떤 곳인가?

시인 박목월(朴木月)이 쓴 수필집에 나오는 「가정의 발견」이라는 글에 묘사된 어느 단란하고 행복한 가정의 모습이다. 이 얼마나 아름답고 정겨운 가정의 모습인가? 한 가족이 아니면 다른 어떤 곳이나 누구에게서도 맛볼 수 없는 잔잔하면서도 진한 감동을 주는 이 글을 보면서 가정이라는 곳은 바로 이런 곳이구나, 또 이래야 하겠구나 싶은 생각에 다시 한번 내 가정을 돌아보게 한다. 난생 처음으로 월급을 탄 것에 대한 가족 구성원들의 반응은 너무나 순수하고 아름답다. 비록 자기가 탄 월급이 아닐지라도 그것이 자랑스러워 자기 일처럼 기뻐하는 형제들, 또 딸이 송두리째 가져온 월급봉투를 받아 들고 무척이나 대견해서 눈물겨워 하는 어머니와 아버지, 애써 번 돈이지만 아무런 미련이나 계산도 없이 형제나 부모를 위하여 아낌없이 쓸 수 있는 딸아이, 그리고 가족 사이에 따뜻하게 부딪히는 정과 정. 이것은 한 가정 안에서 생활을 함께하는 가족이 아니면 볼 수 없는 정겨운 모습이다.

일찍이 독일의 문호 괴테는 '왕이든 백성이든 자기 가정에서 평화를 발견하는 사람이 가장 행복한 사람이다' 라고 말했다. 분명 가정이야말로 진정한 사랑과 행복의 원천인 것이다. 우리는 가끔 여행을 해보면 내 집 같은 곳이 없다는 것을 새삼스럽게 깨닫게 된다. 비록 누추하고 작은 초가삼간이라도 내 집이 제일이라고 느끼는 것은 내 집만큼 편히 내 몸과 마음을 쉬게 할 곳이 없기 때문이다. 내 집에는 순수한 사랑이 있고 훈훈하고 따스한 정이 오가고, 서로 돕고 아끼며 보살피는 협동이 있고, 이해와 대화가 꽃피고 신뢰와 정성으로 서로 희생하는 인간애가 있다. 또 잘못이 있거나 서운한 일, 괴로운 일이 있어도 한 핏줄을 나눈 가족끼리는 모든 것을 사랑과 애정의 이름으로 용서하고 이해하며 감싸준다. 즐거운 일이 있으면 같이 즐기고 슬픈 일이 있으면 같이 슬픔을 나누는 곳, 그것이 가정이다. 사회가 복잡해지고 생존경쟁이 심해질수록 우리에게는 몸과 마음의 피난처가 필요하다. 고달픈 몸을 편히 쉬게 하고 상한 마음을 감싸주는 안식처. 이런 곳의 다른 이름이 바로 가정이다. 영원한 인생의 안식처이자 평화와 행복의 보금자리인 가정은 과거에도 그러했고, 지금도 그러하며 미래에도 영원히 그러할 것이다.

어떻게 행복한 가정을 만들 것인가?

가정은 사회의 기본단위다. 가정이 건전할 때 사회가 건전할 수 있고 나라가 부강할 수 있다. 긴진한 가정에서 건전한 인격이 형성되는 것이므로 병든 가정에서는 절대로 건전한 인격이 형성될 수 없다. 그렇기 때문에 가정에서 부모의 역할은 무엇보다 중요하다. '문제아는 없다. 다만 문제부모가 있을 뿐이다' 라는 말이 요즘 꽤 설득력 있게 받아들여진다. 부모가 건전하다면 문제아가 생길 이유가 없다는 반성의 의미에서 한번쯤 귀담아 들어야 할 경고의 말이다. 그럼 가정에서 부모가 해야 할 주요한 역할은 무엇일까? 그것은 두말할 것도 없이 가정교육이다. 우리는 가정에서 사람됨에 필요한 거의 모든 덕목을 배운다. 가정은 인간을 인간답게 만드는 가장 최초의, 그리고 가장 중요한 교육기관이다. 가정은 인간의 품성을 기르고 지능을 계발하며 사회적응능력을 길러 주는 가장 적절하고 안정된 교육환경을 가지고 있다. 핵가족으로 변하며 가정의 기능과 역할이 다소 약화되었지만 가정은 여전히 인성의 근본을 만들어 가는 최적의 장소이다. 일찍이 교육의 아버지로 불리는 스위스의 교육학자 페스탈로치(Johann Heinrich Pestalozzi : 1746~1827)는 '가정은 도덕의 학교'라고 정의했고 영국의 저명한 저술가인 새뮤얼 스마일스는 '가정은 가장 중요한 품성의 학교'라고 말했다. 이들은 한결같이 가정이야말로 아이들의 '진정한 교육의 장'이며 부모는 '자식의 훌륭한 교사'라고 말하고 있다. 현대 아동심리학에서는 아이들의 성격이나 품성이 학교에 입학하기 전 가정에서 형성되고, 학교는 그것을 수정하는 일이나 지식을 주입하는 것만을 가르친다고 말하고 있다. 이렇게 본다면 가정에서 부모의 역할이 얼마나 중요한 것인가를 새삼 깨닫게 된다.

자녀를 위한 부모의 교육이 중요한 것은 궁극적으로 가정과 그 집단을 이루는 가족의 행복을 바라는 마음에서 출발한다. 행복은 모든 사람의 간절한 소원이다. 누구나 행복한 가정을 이루길 원한다. 그러면서도 행복한 가정을 만들기 위해 구체적인 방법을 찾고자 하는 가정은 주변에 쉽사리 눈에 띄지 않는다. 왜 그럴까? 그것은 너무 어려운 데서 해답을 찾으려고 하기 때문이다. 행복은 먼 곳에 있는 것이 아니라 가까운 곳에 있듯이 그 실천방법도 쉽게 지나치는 아주 사소한 것에서 실마리를 찾아야 할 것이다. 가정의 행복은 작은 노력으로 얼마든지 찾을 수 있다. 여기 우리 생활 속에서 가족들이 함께 행복한 가정을 꾸며 나갈 수 있는 9가지 실천방법을 적어 본다. 그러나 이것은 어디까지나 가정의 주역이라 할 수 있는 부모의 굳은 의지와 부단한 노력이 따를 때 가능한 것이다.

첫째, 사랑의 감정을 적절히 표현하자.

가족을 사랑하는 마음을 가슴 속에만 묻어 두지 말고 적극적으로 사랑의 감정을 표현하도록 노력해 보자. 집을 나가거나 들어올 때, 꼭 안아주거나 미소 띤 얼굴로 눈 맞춤을 하고 가볍게 뽀뽀를 해주는 것도 좋다. 어떤 형태로든 가족들 간의 사랑과 관심을 적절하게 표현한다면 이 작은 애정의 표시가 친밀감을 더욱 증진시킴은 물론, 집안 분위기도 훨씬 밝아질 것이다.

둘째, 다른 식구들을 배려하는 마음을 갖자.

가족들 사이에서도 각자의 개성과 성격 차이로 서로 부딪히는 일이 생기기 마련이다. 문제에 부딪혔을 때 서로 상대방의 입장에서 생각해 주고 조금만 양보한다면 그 집안은 화목한 가정을 이룰 수 있다. 가족들을 인격체로 대하고 남을 배려해 주는 마음을 갖게 될 때, 함께 근심하고 걱정해 주는 끈끈한 정을 확인할 것이며 화목하게 사는 지혜도 배우게 될 것이다.

셋째, 각자의 역할을 정하여 실천하자.

가정에서 각자가 해야 할 역할을 정하여 어릴 때부터 자기에게 맡겨진 일은 반드시 자기가 하도록 습관을 길러 주는 것이 필요하다. 집안일을 가족구성원 모두가 함께 분담하여 서로 돕는 경험은 장차 사회에서 노동의 중요성과 협동심, 책임감을 가지는 중요한 계기가 된다. 그런데 요즘 우리 가정에서는 노동의 교육이 사라졌다. 많은 부모들은 아이들이 공부만 잘하고 부모를 돕거나 심부름을 하지 않아도 그만이라고 생각한다. 이런 가정교육은 결국 부모에 대한 공경심도 못 가르치고 성실성과 사교적 인간성도 기르지 못하는 것이다. 미래사회란 창의성, 의욕, 성실, 책임감, 사교성은 높게 평가하지만 학업성적은 그리 중요한 요소가 되지 않을 것이다.

넷째, 가족 간의 대화시간을 갖자.

가족 간에 의사소통이 원활한 가정은 행복한 가정이다. 대화가 막힌 가정은 청소년 문제의 원인이 된다. 일상적인 식사시간을 이용하거나 시간을 따로 정하여 정기적인 대화시간을 마련하자. 그리고 흉금을 털어 놓고 서로의 의견을 거리낌 없이 말할 수 있는 기회를 제공하자. 대화를 할 때에는 무엇보다 상대방의 의견을 경청하고 존중하는 풍토와 어떤 의견이라도 자유롭게 말할 수 있는 포용적인 분위기를 만들어 주는 것이 필요하다. 자리를 마련할 시간이 힘들다면 메모나 전화를 이용해서라도 대화를 나누도록 하자. 심각한 문제는 직접 대화하는 것보다 전화나 메일을 주고받는 방법도 효과적이다.

다섯째, 가족이 함께 즐길 수 있는 시간을 마련하자.

한 달에 한 번쯤이라도 가족이 다함께 모여 즐거운 시간을 갖도록 해보자. 이것은 가족 간에 정을 두텁게 하고 친밀한 인간관계를 발전시켜 주는 중요한 방법이다. 가족의 생일이나 기념일, 축하할 일이 생겼을 때 선물이나 작은 행사를 통해 즐거운 시간을 갖게 만들면 가족의 화합과 화목뿐만 아니라 스트레스도 해소된다.

여섯째, 규칙을 만들어 실천하자.

가족의 공동생활을 위해 꼭 필요한 규칙을 만들어 서로 실천하기를 약속한다면 가족 간 불필요한 참견이나 공연한 시비 거리가 생기지 않아 다툼이 없어지고 가정의 질서가 바로 서게 된다. 어려서부터 규칙을 지키는 습관이 몸에 배게 되면 성장해서도 자연스럽게 법을 존중하게 되어 사회에 적응하는 데 도움이 된다.

일곱째, 봉사하는 가정을 만들자.

가족의 뜻을 모아 불우한 이웃이나 사회를 위해 무언가 도움이 되는 봉사활동을 계획하고 실천에 옮겨 보자. 봉사는 남에게 도움이 될 뿐만 아니라 베푸는 사람에게도 기쁨과 행복이 흘러넘치게 한다. 또한 어려서 타인에게 봉사한 경험을 지닌 사람은 커서 결코 남을 해치거나 나쁜 길로 빠지는 일이 없다. 내 가정이 진정으로 행복하기를 원한다면 이웃과 더불어 사랑을 함께 하는 가정이 되어야 한다.

여덟째, 좋은 추억을 많이 만들자.

일 년에 한두 번이라도 가족들 모두 참가하는 뜻있고 유익한 시간을 계획해 보자. 여행을 한다거나 등산, 유적순례 등 가정을 떠나 가족이 함께할 수 있는 시간을 갖는 것도 좋다. 이런 기회를 통해 가족들이 서로 돕고 아끼며 보살피는 체험을 하여 가족의 유대를 한층 더 강화시키는 계기를 만들어 보자. 그것이 때론 어렵고 고된 경험이라 하더라도 평생 동안 잊혀지지 않는 즐거운 기억으로 남아, 두고두고 가족의 끈끈한 정을 추억하게 하는 버팀목이 될 것이다.

아홉째, 가정의 전통을 만들자.

한 가정의 전통을 계승하거나 보살피는 일은 가문의 발전을 위해 아주 중요한 일이다. 그 집안만이 가지는 가풍을 만들어 자녀를 올바르게 이끄는 것은 바로 부모의 책임이자 자식들의 의무이다. 모든 가정이 자녀들에게 대대로 물려줄 수 있는 삶의 지표, 가훈, 특별한 교육방법이 있다면 이 가정은 아주 건강하게 발전하는 가정이 될 것이다.

교육

사람은 스스로 생각해서 공부를 해야 사람이 되는 것이다. 억지로 가르치고 배운다면 사람다운 사람이나 창조적 인간이 태어나지 않는다.

 맹모삼천지교

맹자가 네 살 되던 해에 남편을 잃은 맹자의 어머니는 젊은 나이에 어린 맹자를 홀몸으로 키워야만 했다. 어린나이에 이미 총명했던 맹자를 훌륭히 키우기로 마음을 먹은 맹자의 어머니는 생계를 위한 일 외엔 모두 아들의 교육을 위해 전념했다. 하루는 집 뒤켠에서 밭을 갈고 있을 때, 좀 전까지도 옆에서 놀던 아들이 없어진 것을 깨달은 그녀는 황망히 일손을 놓고 아들을 찾아 나섰다. 그런데

이게 웬일인가? 동구밖에서 한 떼의 어린 아이들이 열을 지어 마을로 들어오고 있는 것이 보였다. 가만히 살펴보니 맹자가 그 가운데에 섞여 또래의 친구들과 함께 대성통곡을 하며 장례행렬을 흉내 내고 있는 것이 아닌가? 어머니의 가슴이 철렁 내려앉았다. 집 근처에 공동묘지가 있어 아이들이 보고 들은 것을 흉내 내는 놀이를 하는 것이었다. 그날 밤 맹자의 어머니는 잠을 이루지 못했다. 이 마을에 계속 살다가는 맹자가 묘지기나 상여꾼밖에 되지 못할 것 같았다. 그녀는 궁리 끝에 이 마을이 자식을 기르기엔 적합하지 못하다고 생각하여 다음 날 아침 바로 짐을 쌌다.

모자(母子)가 새로 짐을 푼 곳은 저잣거리가 접한 마을이었다. 여기서 어머니는 아침 일찍부터 장에 나가 장사를 하여 그런대로 생계를 이어갔다. 그런데 이사한 지 얼마 지나지 않은 어느 날, 그날따라 장사가 신통치 않아 일찍 집에 돌아와 보니 방 안에서 아이들이 떠드는 소리가 들렸다. 문고리를 잡고 열려는 순간 아이들의 괴상한 말투에 놀라 주춤하고 말았다. 아이들이 거울 한 개를 들고 물건을 사고파는 장사꾼의 흉내를 내고 있었다. 이것을 본 어머니는 눈살을 찌푸리며 '안 되겠다. 이곳도 우리 아이가 머물 곳은 못되는구나'라고 생각하여 다음 날 또다시 봇짐을 이고 맹자를 데리고 길을 떠났다. 몇 개의 마을을 지나쳐 왔으나 마음에 드는 마을은 나타나지 않았다. 괜찮다 싶으면 어느 구석엔가 꼭 공동묘지나 장터

가 있었다. 그래도 그녀는 실망하지 않고 계속 길을 재촉했다. 어딘 가에는 아이들에게 적합한 교육환경이 반드시 있을 것이라는 신념 이 그녀의 가슴을 부풀게 했다. 그런데 해질 무렵이 되어 어떤 마을 에 도착하여 잠시 정자나무 밑에서 쉬고 있을 때, 근처 서당에서 글 읽는 소리가 낭랑하게 들려왔다. 그녀는 귀가 번쩍 띄어 서당을 끼 고 옹기종기 모여 앉은 집들을 바라보았다. 조용하고 단정한 마을 이었다. 그녀는 만족한 웃음을 지으며 이곳에 짐을 풀었다. 며칠 후 외출에서 돌아와 보니 옆집 사랑채에서 아이들이 모여 노는 소리가 들렸다. 그녀는 맹자가 아이들과 어울려 무슨 놀이를 하고 있는지 궁금했다.

"어디 맹자가 한번 외워 보도록 해라."

옆집 아이가 훈장노릇을 하며 맹자에게 말했다.

"네, 배우고 때로 익히니 또한 기쁘지 아니한가. 남이 나를 알아 주지 않아도 화를 내지 않으니 또한 군자가 아닌가. 벗이 먼 곳에서 찾아오니 또한 즐겁지 아니한가."

맹자는 또랑또랑한 목소리로 논어를 외우고 있었다. 이를 본 어 머니는 비로소 안심이 되었다. 아이들과 어울려 책을 읽고 배우는 데 열중하며 예법을 익히는 맹자의 모습이야말로 그녀가 진정 바라 던 일이었다.

교육이란 무엇인가?

오늘날 우리가 쓰는 교육(教育)이란 말은 맹자가 처음 쓴 말이다. 그는 「군자의 세 가지 즐거움(君子三樂)」이라는 글에서 '천하의 영재를 얻어 이를 가르치고 기르니 군자의 세 번째 즐거움이다〔得天下之英才而教育之三樂也〕'라고 했다. 맹자는 사람을 가르쳐 길러야 된다고 생각하고 있지만 그의 어머니는 가르쳐 기르는 것이 아니라 말없는 행동으로 모범을 보여 스스로 공부를 하는 환경을 조성했다는 점에서 가르침의 방식이 다르다. 사람은 가르쳐 길러야 사람이 된다는 생각과 스스로 마음에서 우러나 공부를 하도록 한다는 생각은 분명 차이가 있다. 전자가 '교육'을 뜻하는 것이라면 후자는 영어의 '에듀케이션(Education)'을 뜻하는 말이다. 앞서 말한 교육은 '어떤 모델을 설정해 놓고 모방하도록 지식을 주입해 기른다'는 의미이지만 뒤의 말은 '자라는 세대들이 타고난 재능을 이끌어 내 마음껏 공부할 수 있도록 북돋워 준다'라는 뜻이 강하다.

사람은 스스로 생각해서 공부를 해야 사람이 되는 것이다. 억지로 가르치고 배운다면 사람다운 사람이나 창조적 인간이 태어나지는 않는다. 요즘의 교육현실을 미루어 볼 때 스스로 공부할 수 있는 교육환경을 찾아 세 번이나 이사를 한 맹자의 어머니는 현대를 사는 우리보다 한 발 앞서간 생각을 가지고 있었다 해도 과언이 아니다.

어떻게 가르칠 것인가?

맹자(孟子 : 372~289 B.C.)는 어머니의 지극한 사랑과 가르침에 힘입어 저명한 유학자(儒學者)로 성장한 중국 전국시대의 대 철학자다. 오늘날 유교라고 하면 공맹지교(孔孟之敎)라고 할 정도로 공자와 더불어 성인으로 추앙받는 큰 인물이다. 이처럼 위대한 인물로 성장한 맹자의 배경에는 훌륭한 어머니가 있었기에 가능했다. 맹자의 어머니는 위대한 스승이었다. 아이가 태어나서 받는 최초의 교육은 어머니로부터 시작되며 아이는 어머니를 따라 기본적인 사회성과 탐구의 지식을 배운다. 특히 어린이의 미래를 결정짓는 성격과 취미는 어머니의 그것을 복사하다 해도 과언은 아니다. 프랑스의 황제였던 나폴레옹은 '자식의 운명은 언제나 그의 어머니가 만든다'고 했다. 자식을 낳아서 목숨을 유지시키는 것만이 어머니의 직분이 아니다. 올바로 가르쳐서 훌륭한 사람이 되도록 만들어야 한다. 자식을 올바르게 가르칠 수 있는 어머니가 훌륭한 어머니다.

스스로 공부할 수 있는 환경을 만들어 주어야 사람이 된다는 생각으로 맹자를 키운 어머니는 또 하나의 유명한 교훈을 남겼다. 짜던 베를 잘라 아들에게 가르침을 준(孟母斷機之敎) 이야기이다. 맹자가 열두 살이 되자 어머니는 맹자를 공자의 손자인 자사(子思)에게 보내 학문을 높이고자 결심했다. 아들이 학문을 위해 떠난 뒤 어머니는 전보다 더욱 열심히 일을 했다. 마음 같아서는 당장 아들을 보고 싶었지만 한 푼이라도 더 마련하여 아들을 가르치기 위해 밤낮을 가리지 않고 베틀에 앉아 베를 짰다. 그렇게 몇 해의 세월이 흘렀다. 맹자는 자신을 위해 고생하는 불쌍한 어머니를 생각하여 우선 어머니를 모신 다음 학문을 계속하려 마음먹었다. 그것이 어머니와 자신을 위하는 길이라 생각했기 때문이었다. 맹자는 스승에게 억지 승낙을 받고, 보고 싶은 어머니를 향해 한달음에 집으로 돌아왔다. 그리운 어머니의 집에 도착하자 반가움에 못 이겨 어머니 앞에 무릎을 꿇었다.

"어머니! 저예요. 절 받으세요."

"필요 없다."

어머니는 조금도 반가워하는 기색이 없었다. 맹자는 어머니의 화가 난 얼굴을 처음 보았다.

"못난 녀석, 공부도 끝마치지 않고 집에 왔단 말이냐? 지금 제정신이냐? 대답을 좀 해 보아라."

"실은 어머니를 모시고 공부를 계속하는 것이……."

"듣기 싫다. 돌아가거라. 어서!"

"어머니……."

그때였다. 어머니는 갑자기 짜던 베의 중간을 끊어 버리는 것이 아닌가! 맹자는 어찌할 바를 몰랐다. 어머니의 근엄한 목소리가 이내 맹자의 가슴을 울렸다.

"잘 보았느냐? 짜던 베도 중간에 이렇게 끊어 버리면 아무런 쓸모가 없거늘, 하물며 인간인 네가 해야 할 공부를 중도에 그만둔다면 장차 무슨 쓸모가 있겠느냐?"

맹자는 그때서야 어머니의 깊은 뜻을 헤아릴 수 있었다. 눈물을 흘리며 어머니께 큰절을 올린 다음 다시 공부를 계속하기 위해 길을 떠났다. 공들여 짜 놓았던 그 귀한 베를 잘라 내면서까지 자식의 가르침을 위해 교훈을 준 맹자의 어머니는 참으로 지혜롭고 용기 있는 어머니이다. 눈물을 흘리며 돌아가는 아들의 뒷모습을 보는 어머니의 마음이야 쓰리게 아팠겠지만 아들을 바르게 키우기 위해 잠시의 고통을 참고 견딘 것이다. 맹자의 어머니는 이렇게 아들을 위해 노력한 결과, 역사에 길이 남은 대학자를 배출한 것이다.

효 도

《효경》에 이르기를 '무릇 효가 덕의 근원이니, 모든 가르침이 여기에서
시작된다'고 하여 효가 백 가지 행실의 근원이라고 했다.

 효자의 석종(石鍾)

신라 흥덕왕(신라 42대 왕, 제위 826~836) 시절, 서라벌의 모량리에
손순(孫順)이라는 가난한 젊은이가 살고 있었다. 그는 성품이 어질고
온순한 사람이었다. 아버지가 돌아가시자 품을 팔아 늙은 어머니를
봉양했다. 손순은 슬하에 어린 아들을 두었는데 철없는 아들이 늘
할머니의 음식을 축냈다. 때마침 흉년이 들어 끼니도 잇기 어려운
터에 할머니를 위해 겨우 마련한 음식을 아들이 먹어 치우자 손순은

마음이 괴로웠다. 그는 고심 끝에 아내에게 이렇게 말했다.

"아이가 어머니의 음식을 빼앗아 먹어 어머니의 굶주림이 심하오. 이대로 두어서는 안 되겠으니 아이를 버려야겠소. 아이는 다시 얻을 수 있지만 어머니는 한번 떠나시면 다시 모실 수 없는 일 아니오?"

그의 아내 역시 효심이 남다른 사람이었기에 남편의 말에 동의했다. 이렇게 해서 부부는 잠든 아들을 업고 취산 북쪽으로 올라가 구덩이를 파고 아들을 묻어 버리기로 했다. 어린 자식을 생매장하기 위해 구덩이를 파자니 가슴이 찢어지는 것 같았고 괭이를 든 아버지의 손은 떨렸다. 가난이 원수었다. 그는 가난을 탓하며 조금씩 흙을 파내려 갔다. 그때 괭이의 끝에서 날카로운 쇳소리가 났다. 조심스럽게 흙을 파내자 신비스런 모양의 석종(石鐘) 하나가 모습을 드러냈다. 손순이 흙에서 파낸 종을 나뭇가지에 매달고 괭이로 치자, 맑고 은은한 종소리가 울려 퍼졌다. 아내가 그 소리를 듣고 말했다.

"아무래도 우리가 아이를 묻으려는 자리에서 종이 나온 게 심상치 않아요. 철없는 아이를 땅에 묻는다는 것도 차마 못할 짓이니 달리 생각해서 아이를 데리고 집으로 돌아가는 것이 좋겠어요."

어머니를 위해 시작한 일이지만 부인의 말을 듣자 손순도 차마 아이를 땅에 묻어 버리자고 계속 주장할 수가 없었다. 그래서 부부는 아이를 묻으러 왔다가 종만 하나 얻어 집으로 돌아갔다. 손순이 그 종을 마루 기둥에 걸어 놓고 한번 치자, 청아한 종소리가 멀리 울려 퍼졌다. 그는 그 종을 아침저녁으로 쳤다. 그리하여 마침내 그 종소리는 멀리 퍼져 나가 궁궐까지 이르러 흥덕왕도 그 소리를 듣게 되었다. 대왕이 신하에게 말했다.

"내가 요 며칠 사이에 서쪽에서 들려오는 맑고 청아한 종소리를 여러 번 들었다. 이 종소리에는 필시 곡절이 있는 듯하니 경위를 알아 오도록 하라."

어명을 받은 신하가 대궐 서쪽으로 향하여 손순의 집에 이르게 되었다. 신하가 손순에게 물었다.

"어명이다. 그대는 저 종을 치는 이유가 무엇인가? 그리고 저 종은 도대체 어디에서 났는가?"

신하의 말을 들은 손순은 당황했다. 어머니 때문에 자식을 땅에 묻으려다 종을 얻게 되었다는 사실을 말하려니 가슴부터 떨렸다. 그러나 어명이라는데 어찌 거짓을 말할 수 있겠는가?

"소인이 죽을 죄를 졌나이다……."

결국 손순은 자식을 땅에 묻으려 했던 전말을 고할 수밖에 없었다. 손순이 종을 얻게 된 경위를 전해 들은 신하는 입궐하여 왕에게 자초지종을 그대로 아뢰었다. 그 말을 들은 왕은 감동하며 이렇게 말했다.

"옛날 중국의 곽거라는 효자가 어머니를 위해 아들을 땅에 묻으려 했는데 그곳에서 금솥이 나왔다고 한다. 이는 하늘이 내린 금솥이니, 이번에 손순이 어머니를 위해 아들을 묻으려다 종이 나온 것 또한 전세의 효도와 현세의 효도를 하늘이 굽어 살피시는 것이 아니겠는가? 더구나 그 종은 분명 부처님이 가피(加被)하신 불가(佛家)의 보물과도 같은 것이니 어찌 온 신라의 경사가 아니겠느냐? 하여, 나는 효자 손순 부부에게 집 한 채를 내리고 매년 벼 50석을 주어 지순한 효심을 표창하리라."

참 망극한 성은이 아닐 수 없었다. 손순은 왕이 내린 집으로 이사를 가며 그때까지 살던 집에 절을 지었는데, 사람들은 널리 효행을 전한다는 의미에서 절 이름을 홍효사(弘孝寺)라고 지었다고 한다.

효란 무엇인가?

《삼국유사》의 효선 편에 전하는 효행담이다. 이 효행담 속에 중국 진(晉)나라 때의 곽거라는 효자의 이야기가 나온다. 그 주인공은 중국의 24효 중의 하나로 꼽히는 인물로 그의 효행은 당시 사람들을 크게 감동시켜 모든 사람의 귀감이 되었다. 그 같은 효행이 우리나라에도 있다는 것이 자랑스러워 이를 후세에 알리기 위해 일연(一然) 스님이 손순의 효행을 곽거의 고사에 견주어 《삼국유사》에 수록했던 것으로 보인다. 지금으로부터 천 년 전의 일이어서 오늘날의 가치관에 비추어 보면 인륜에 어긋나는 일이라 도저히 용납할 수 없는 옛날 이야기쯤으로 생각하고 지나갈 수도 있다. 그러나 굶어 죽는 사람이 빈번했던 당시의 정황을 고려하면 자식의 입을 덜어 부모를 봉양하고자 한 것은 분명 지극한 효심에서 우러난 행동이다. 어쨌거나 손순 같은 옛사람들은 자식을 버려 가면서까지 효도를 하려고 했지만 오늘날 우리네 현실은 너무 동떨어져 있는 것 같아서 슬픈 마음을 금할 수 없다.

자식들에게는 원하는 모든 것을 들어 주면서도 부모에게는 용돈 몇 푼 드리는 것조차 지극히 인색하고, 자식의 생일에는 갖은 선물에 파티까지 열어 주면서 부모의 생신에는 찾아뵙지도 않는다거나 알량한 선물만 보내고 마는 등 무심하게 넘기는 사례가 넘치는 것이 요즘의 세태다. 이런 모양으로 부모를 홀대하면 손자나 손녀도 할아버지, 할머니 알기를 우습게 여길 수밖에 없다. 그런 행동을 보고 자란 자식은 또 그것을 본받아 부모를 홀대할 것은 굳이 확인하지 않아도 알 수 있는 것이다. 효는 가르쳐야 대물림이 되고, 이를 본받아야 효자효부가 되는 것이다.

윤리관이나 도덕관은 시대의 흐름에 따라 변하고 달라지는 게 사실이다. 흐르는 역사, 변해가는 사회 속에서 유독 윤리관만이 그대로 머물 수는 없다. 그러나 그 뿌리의 깊은 정신적 흐름에는 변화란 있을 수 없다. 효라는 것은 부모와 자식의 관계에서 맺어지는 질서

이기 때문에 인류가 존속되는 한 영구히 존속될 것이다. 다만 시대 감각에 맞게 효도하는 방법만이 달라질 뿐이다. 효란 자식을 사랑과 정성으로 키워 준 부모에게 그 은혜를 깨닫고 보답하려는 인간의 순수하고 아름다운 마음이다. 이 뜻은 결코 변질될 수 없다. 인간은 다른 포유동물과는 다르게 그 양육기간이 무척 길다. 한 생명이 제대로 된 인격체로 자라기까지 적어도 20년은 걸린다. 동물세계는 태어나자마자 혼자 힘으로 일어서서 얼마 지나지 않아 독립생활을 할 수 있지만 인간은 부모의 양육이 없다면 절대 살아갈 수가 없다. 이 세상에서 갓난아이처럼 무력한 존재도 없다. 걷는 힘도 없고 말할 능력도 없으며 음식을 구해 먹을 줄도 모른다. 내버려 두면 죽고 마는 것이 인간의 아기이다. 이 나약하고 무력한 생명을 자립할 수 있는 하나의 인간으로 키워 내려면 부모의 지극한 정성과 희생이 없이는 불가능하다. 그런 부모의 바다보다 깊은 은혜와 산보다 높은 공덕을 보답하는 것은 당연한 자식의 도리이다. 부모의 은혜를 깨닫고 감사하여 보답하려는 마음이 바로 효의 출발이다. 부모에게 효도하려는 마음은 본능이자 인격체의 근본이다. 그래서 예로부터 효의 중요성을 강조한 것이다.

《효경(孝經)》에 이르기를 '무릇 효가 덕의 근원이니, 모든 가르침이 여기에서 시작된다'고 하여 효가 백 가지 행실의 근원이라고 했다. 기독교에는 《성경》에 열 가지 기독교인이 지켜야 할 계명이 나오는데, 먼저 나오는 네 가지 계명은 하나님과 사람 사이의 약속이고 나머지 여섯 계명은 사람과 사람이 지켜야 할 약속이다. 이 사람 사이의 약속 가운데 첫째가 바로 '네 부모를 공경하라'는 것이다. 이것은 신과의 약속 다음으로 가장 중요한 것이 효라는 것이다. 자식으로서 자신을 낳아 길러 준 부모에게 효도하는 것은 천륜(天倫)이니 부모에게 효를 행하는 것은 당연한 것이다.

어떻게 효를 행할 것인가?

동서양을 막론하고 사상이나 종교에는 효의 중요성을 강조하고 있다. 단지 효의 실천방법에서 다를 수는 있어도 그 근본정신은 모두 한결같다. 옛 성현들이 전하는 올바른 효의 방법을 알아보자.

중국 고전의 하나인 《예기(禮記)》에는 공자의 제자인 증자(曾子)가 다음과 같이 효에 대해 말했다. '효에는 세 종류의 단계가 있는데 그 중 으뜸인 효는 부모를 존중하고 공경하는 것이고, 그 다음은 부모를 욕되게 하지 않는 것이며, 낮은 효가 부모를 잘 공양하는 것이다(孝有三, 大孝尊親 其次不辱 其下能養).'

이 말을 자세히 풀이해 보자면, 첫째로 존친(尊親)이란 부모의 인격을 존중하고 공경한다는 뜻이다. 부모의 인격을 존중하고 순종하는 것은 효의 으뜸이요, 핵심이다. 공자는 금수도 어미를 봉양할 줄을 알거늘, 봉양만으로 어찌 효가 되겠느냐고 말하며 부모의 뜻에 어긋남이 없도록 하는 것이 효라고 일러주었다. 즉 부모를 마음으로부터 공경하고 그 뜻에 어긋남이 없도록 하는 것이 첫째 가는 효라는 것이다.

둘째, 불욕(不辱)이라 함은 나쁜 행실로 부모의 이름에 먹칠을 하고 치욕을 남기는 일을 하지 말아야 한다는 것이다. 무릇 나쁜 행실은 부모에게 걱정을 끼치기 마련이다. 그리고 그 결과는 자기 한 사람으로 끝나는 것이 아니라 그 부모의 명예를 욕되게 하는 것이니 이것이야말로 가장 큰 불효가 아닐 수 없다. 착한 행실을 해서 부모를 기쁘게 해 드리지는 못할망정, 나쁜 행실로 부모를 욕되게 해서는 안 된다는 것이다.

셋째, 능양(能養)이란 부모를 물질적으로도 잘 봉양해야 한다는 뜻이다. 부모가 의식주에 관련된 걱정과 불편이 없도록 경제적으로 잘 보살피는 일이다. 부모는 자식에 대해서는 거의 헌신적이다. 때문에 모든 것을 바쳐서 자식들의 뒷바라지에 정성을 다한다. 그러다 보니 노후의 안식을 위해 남겨야 할 필요한 재산까지 모두 자식을 위해 쓰는 것이 한국적인 부모의 한결같은 마음이다. 지극한 사랑과 정성으로 자식을 기르신 부모를 위해 자식이 부모의 노후를 잘 돌봐 드리고 불편 없이 모셔야 한다는 뜻이다.

다음으로 《성경(聖經)》을 통해 효를 행하는 방법을 살펴 보면 크게 두 가지로 요약할 수 있다. '부모를 공경하라' 와 '부모에게 순종하라'가 그것이다.

첫째, 부모 공경은 부모의 인격을 존중하고 부모의 뜻을 마음으로 공손히 받들어 모시는 일이다. 「신명기」 5장 16절에 '너희는 너희의 하나님인 나 여호와가 명한 대로 너희 부모를 공경하라. 그러면 너희에게 줄 땅에서 너희가 복을 누리며 오래오래 살 것이다'라고 했다. 부모를 공경하라는 것은 하나님의 명령이다. 그렇기 때문에 부모 공경은 해도 좋고 안 해도 좋은 것이 아니라 반드시 해야 하는 자식의 의무이다. 게다가 부모를 공경하는 사람에게는 축복과 장수의 은총까지 약속해 주었다. 부모를 공경하면 그 가정이 화평하고 만사가 형통하게 되어 복이 넘치게 되니 그런 사람들은 자연히 장수하게 되는 것이다.

둘째로 부모에게 순종하라는 말은 자식이 당연히 행해야 할 도리이기도 하지만 순종은 자식이 부모에게 효도를 하는 첫걸음이자 최선의 방법이기도 하다. 「골로새서」 3장 20절에는 '자녀들아, 모든 일에 부모에게 순종하라. 이는 주 안에서 기쁘게 하는 것이니라'라고 했고, 「에베소서」 6장 1절에서 3장에는 '자녀들아, 너희 부모를 주 안에서 순종하라. 이것이 옳으니라. 네 아버지와 어머니를 공경하라. 이것이 약속 있는 첫 계명이니, 이는 네가 잘 되고 땅에서 장수하리라'고 했다. 기독교인은 부모에게 순종하기를 하나님께 순종하는 마음으로 해야 한다. 부모에게 순종하면 부모를 기쁘게 함과 동시에 자신이 잘되고 장수하리라는 하나님의 약속된 축복을 받게 되는 것이다. 기독교인이라면 십계명 중에 어느 하나라도 소홀히 해서는 안 되지만 특히 제 5계명을 어겨서는 안 된다. 효도하지 않는 자가 하나님을 공경하고 순종할 리가 없기 때문이다.

경로사상(敬老思想)은 동양인의 빛나는 덕목 중의 하나다. 현실에서 소외되기 쉬운 노인을 공경하고 노인의 뜻에 순종하는 태도는 인성(人性)의 가장 깊은 표현이다. 효는 경로사상의 핵심이다. 노인을 받들어 모실 줄 아는 우리 고유의 전통을 잘 살리고 소중한 유산으로 길이 간직해야 한다.

효
도

행 복

행복은 언제나 먼 곳에 있는 것이 아니라 자기 마음속에 있는 것이다.
행복은 자기 자신이 결정하고 자기 스스로 창조하는 것이다.

 행복한 물방앗간 주인

옛날 영국의 어느 시골 마을에 조그만 물방앗간을 가지고 가난하
지만 행복한 삶을 사는 사람이 있었다. 이른 아침부터 저녁 늦도록
일을 하다가 방앗간을 나오는 그의 옷은 온통 밀가루 투성이에다
온몸은 땀으로 얼룩져 있었다. 그는 이런 자신의 모습을 전혀 개의
치 않고 마냥 즐거운 표정으로 노래를 부르며 초라한 자신의 집으
로 향했다.

나는 그 누구도 부럽지 않아요.

정말 그 누구도 부럽지 않아요.

지금의 생활에 만족하니까요.

나는 그 누구도 부럽지 않아요.

나라의 임금님도 부럽지 않아요.

내게는 행복이 있으니까요.

어느 날, 신나게 노래를 부르며 일을 하던 방앗간 주인은 누군가 밖에서 자신을 찾는 소리를 들었다. 하던 일을 멈추고 그는 열린 문밖을 내다보았다.

"당신이 주인이오?"

"네, 그렇습니다."

지나던 나그네가 길을 물어보려는 거라 생각하고 무심코 대답을 하던 방앗간 주인은 그만 깜짝 놀라고 말았다. 자기를 찾고 있는 사람은 바로 수많은 수행원을 거느리고 행차에 나선 국왕이었던 것이다. 기겁을 한 방앗간 주인을 보고 왕은 부드럽게 말했다.

"당신이 부르는 노래를 듣고 부러운 생각이 들어 길을 멈추고 말았소."

"황공하옵니다. 미처 몰라 뵙고 무례를 저질렀으니 용서하옵소서."

방앗간 주인은 죽을 죄라도 지은 듯 고개를 숙였다.

"보시오, 주인. 나는 정말 당신이 부럽소. 당신과 나의 처지를 바꿀 수만 있다면 지금이라도 당장 바꾸고 싶소."

"황공한 말씀이오나 그것만은 아니 되옵니다."

"안 될 것이 뭐 있겠소. 당신만 승낙하면 서로 바꾸면 되는 거 아니겠소?"

왕은 진지하게 말했습니다. 방앗간 주인은 이렇게 말하는 왕의 표정과 말에 더욱 당황했다.

"폐하, 정말 그럴 수는 없는 일입니다."

"그렇다면 그대에게 한 가지만 묻겠소. 솔직히 대답해 줄 수 있겠소?"

"예, 무슨 분부라도 바른대로 아뢰겠습니다."

"당신이 세상을 이처럼 즐겁고 만족스럽게 살 수 있는 비결이 도대체 무엇이오? 나는 어렵고 답답한 일이 너무 많아 괴로울 뿐이라오."

왕은 방앗간 주인을 간절하게 쳐다보았다.

"폐하, 실은 비결이랄 게 딱히 없습니다. 그저 제 힘껏 맡은 일에 정성을 다하고 방앗간 일도 즐거운 마음으로 할 뿐입니다. 그러니 이웃이 모두 제게 친절하고 저도 그 사람들에게 친절하게 대하지요. 그리고 보시다시피 냇물이 바쁜 제 일을 거들어 방아를 찧어 주는데 무슨 불평이 있겠습니까?"

왕은 방앗간 주인의 말을 들으며 잠시 생각에 잠겼다.

"그렇군. 옳은 말이오. 당신이 부르는 노래처럼 당신은 무척이나 행복한 사람이구려. 짐은 이 나라의 왕이지만 당신이 부럽소. 당신이 쓰고 있는 밀가루 투성이의 낡은 모자가 내가 쓴 왕관보다 더 귀하고 훌륭하오. 당신의 물방앗간 또한 내가 사는 호화로운 궁전보다 몇 배는 더 멋지고 훌륭하오. 당신의 마음은 언제나 천국에 살고 있으니 말이오."

"폐하……."

방앗간 주인은 머리를 조아렸다.

"당신의 행복한 마음을 오래도록 잃지 않길 바라오."

 ## 행복이란 무엇인가?

국왕조차도 부러워했던 물방앗간 주인의 행복은 한마디로 그의 낙천적인 삶의 태도에서 찾을 수 있다. 즐거운 마음으로 일할 수 있으니 행복하고, 이웃과 더불어 화목하게 지내고 있으니 행복하고, 주변의 모든 것을 아름답게 받아들이고 있으니 행복할 수밖에 없다. 이 이야기는 인생의 행복이란 주변의 모든 것을 아름답게 볼 수 있는 눈만 가지고 있다면 누구나 얼마든지 가까운 곳에서 행복을 찾을 수 있다는 것을 보여 주고 있다. 행복은 모든 사람들의 간절한 소원이다. 누구나 행복하게 살기를 원한다. 그렇다면 이처럼 만인이 간절히 원하는 행복이란 도대체 무엇인가? 행복은 어떤 심리와 감정을 말하는 것일까? 행복은 흐뭇한 정신적 만족감이라고 한다. 심신의 욕구가 충족되어 조금도 부족함이 없는 심리상태이며 이런 상태가 언제까지나 변치 않고 계속되었으면 하고 바라는 흡족한 감정상태이다.

행복을 말함에 있어 혼동해서는 안 되는 유사행복이 있다. 그것은 쾌락이라는 것으로 이 또한 사람에게 만족감을 준다. 그러나 대개의 쾌락이란 지나치게 감각적이어서 타인에게 피해를 입히며 자신의 만족을 추구하는 경향이 있다. 하지만 진정한 행복이란 쾌락보다 차원이 높다. 쾌락은 행복의 한 요소가 될 수는 있어도 쾌락이 행복은 아니다. 행복의 본질은 흐뭇한 정신적 만족감이다. 일시적으로 육체적인 만족을 느끼는 쾌락과는 달리 행복은 인생의 깊은 즐거움, 평온한 마음, 기쁨이 넘치는 삶에서 찾을 수 있는 정신적 만족이다.

많은 사람들이 나름대로 행복을 열심히 추구하는데도 이 세상에는 행복한 사람보다 불행한 사람이 더 많은 건 무슨 까닭일까? 불행한 사람이 더 많은 것이 인생의 불가피한 운명이며 본질인가? 아니면 그릇된 행복관을 가진 사람이 많기 때문인가? 그것도 아니면 행복을 추구하는 방법과 지혜가 부족해서 그런 것일까? 어느 심리학자가 오랫동안 불행한 사람으로부터 인생상담을 해 주었는데 상담하려는 사람들 거의 모두가 행복할 수 있는 조건을 갖추고 있음에도 스스로 불행하다고 느낀다는 것이다. 왜 자신을 불행하다고 생각할까? 그 원인은 지극히 간단하다. 그들은 그릇된 행복관으로 해서 자기 자신 안에서 행복을 찾아낼 수 있는 지혜가 부족하기 때문이다.

벨기에 극작가 모리스 메테르링크의 명작 《파랑새》라는 소설은 행복에 대한 의미 있는 교훈과 지혜를 준다. 크리스마스 밤 가난한 나무꾼의 두 남매가 꿈속에서 행복의 상징인 파랑새를 찾아 여행을 떠난다. 미래의 나라도 가고 회상의 나라도 가보지만 파랑새는 어느 곳에서도 발견할 수가 없었다. 실망해서 돌아온 그 아이들은 뜻밖에도 자기 집 새장에서 파랑새를 발견한다. 행복은 먼 곳에 있는 것이 아니라 자기 자신의 집에 있는 것이며 마음속에 있는 것이라는 결론을 작가는 말하고 있다. 행복이란 돈이나 권력이나 쾌락 같은 외부요인에 따라 달라지는 것이 아니라 자기의 마음가짐에 따라 결정된다는 사실을 깊이 새겨야 할 것이다.

어떻게 행복해질 것인가?

우리는 행복을 먼 곳에서 찾지 말고 바로 우리의 마음과 생활 속에서 찾아야 한다. 어떤 마음가짐을 가질 때 행복은 찾아올까?

우선 첫째로 낙천적인 마음가짐을 가져야 한다. 모든 것을 긍정적으로 생각하고 기쁘게 받아들이려는 생활태도를 가져야 행복하게 살아갈 수가 있다. 사물을 비관적으로 보고 부정적으로 보는 사람은 마음이 편하고 기쁜 날이 없다. 인생을 밝게 보고 선의로 대하고 감사의 마음으로 살아간다면 세상은 훨씬 밝아 보이며 살맛나는 세상으로 변한다. 모든 것은 생각하기 나름이고 마음먹기에 달렸다. 낙천적으로 생활하면 마음도 가벼워지고 기쁜 마음으로 행복한 나날을 보낼 수 있다.

그리고 둘째, 분수를 지키는 마음가짐을 가져야 한다. 분수를 지키고 자기 생활에 만족할 줄 알아야 행복하게 살 수 있다. 자기의 분수를 망각하고 분수에 넘치는 행동을 한다면 그 사람의 삶엔 반드시 불행과 파멸이 찾아온다. 내가 가진 것에 만족할 줄 알아야만 행복할 수 있다. 우리는 자기 분수를 알고 분수를 지키고 만족하는 인생의 행복을 찾아야 한다. 자기의 생활에 만족하며 겸허하고 감사한 마음으로 살아갈 때 행복은 찾아오는 것이다.

행복은 바란다고 얻을 수 있는 요행의 선물이 아니다. 행복은 나의 의지, 나의 노력, 나의 정성과 피땀으로 얻어지는 결과이다. 그렇기 때문에 행복은 추구하는 것이 아니라 창조하는 것이다. 사람들은 저마다 바쁘게 움직인다. 모두가 행복을 창조해내기 위해서다. 그러나 과연 무엇이 행복인지에 대한 대답은 각양각색이다. 그럴 수밖에 없는 것이, 행복은 지극히 상대적이기 때문이다. 똑같은 상황을 놓고도 어떤 사람은 행복으로 여기고 다른 사람은 불행이라 절망하기도 한다.

공자는 인간이 행복해지려면 지혜·인자·용기의 삼덕을 겸비해야 한다고 했으며, 맹자는 호연지기(浩然之氣)를 가져야 행복해질 수 있다고 했다. 예수는 사랑으로 충만할 때 사는 것이 기쁘고 행복하다고 했으며, 석가는 지혜·자비·보시의 공덕을 쌓아야 행복해질 수 있다고 했다. 또 칸트는 자기를 도덕적으로 완성하고 남을 행복하게 할 때 행복에 이른다고 했으며, 러셀은 행복이란 물질을 많이 소유하는 데에 있는 것이 아니라 높은 정신적 가치를 창조하는 데에 있다고 보았다. 역사상 이름난 사람들의 행복론에서도 볼 수 있듯이 저마다 다른 행복관을 가지고 있기에 행복하려면 이렇게 살면 된다고 단정하기는 어렵다. 그러나 어떤 행복관을 가지고 살아가더라도 행동에 옮기기 어려우면 느끼기 힘든 것이 행복이기도 하다. 그래서 여기 마음만 먹으면 쉽게 실천할 수 있는 방법을 추천하고자 한다. 오랫동안 수많은 인생상담을 통해 얻은 결론으로 실용적인 방법을 제시한《적극적 사고방식》의 저자 노만 필 박사의 '행복의 길'을 소개한다. 그는 '행복하게 되는 법'이라는 글에서 다음과 같이 말하고 있다.

"당신의 마음을 증오에서, 그리고 당신의 머리를 고민에서 해방시켜라. 검소하게 생활하라. 즉 적게 기대하고 많이 베풀라. 나를 잊고 남을 생각하라."

뭐, 새로운 것도 아니지 않느냐고 반문할지도 모른다. 그러나 일상생활에서 습관화한다면 이제까지 사용한 방법 중에서 행복을 얻을 수 있는 가장 놀랍고 확실한 방법이라는 사실을 발견할 것이다. 행복은 먼 곳에 있는 것이 아니라 자기 마음속에 있는 것이다. 행복은 자기 자신이 결정하고 자기 스스로 창조하는 것이다.

극기

인생의 싸움 중에서 가장 어려운 싸움은 내가 나를 이기는 것이고, 인생의 승리 중에서 가장 어려운 승리는 내가 나를 이기는 승리이다.

 발가락 화가

교통사고로 두 팔을 잃어 손 대신 발로 그림을 그리는 오순이(吳順伊) 양, 그녀는 1990년 봄 단국대학교 동양학과를 수석으로 졸업하면서 소박한 자신의 꿈을 수줍게 말했다.

"앞으로도 그림을 계속 그려 저보다 더 불우한 사람들을 돕고 싶어요. 또 가능하다면 교단에 서고 싶은데……."

세 살 때 친구들과 함께 집 근처 철로변에서 놀다 열차에 치어 두 팔을 잃은 오 양은 철이 들며 수많은 좌절을 겪었다. 그러나 손이 없다면 발로라도 살겠다는 마음으로 오 양은 발로 숟가락을 잡은 일부터 시작하여 다음에는 연필을 잡았고 이윽고 붓을 잡게 되었다. 발을 손으로 바꾸는 노력은 참으로 눈물겨운 투쟁이었다. 초등학교 4학년 때 오 양의 그림 솜씨를 보고 소질을 파악한 담임선생님의 권유로 화가의 꿈을 키워 온 오 양은 거듭된 실수와 아픔을 이기며 오른쪽 발가락 사이에 붓을 꽂고 그림을 익혔다. 오 양은 초등학교 때 이미 몇 차례 전국대회 특선입상과 각종 미술대회에서의 입상으로 이어졌고 더불어 교과 성적도 항상 상위권을 맴도는 남다른 면모를 보였다. 하지만 오 양의 뛰어난 그림 실력과 학업 성적이 단순히 재능으로 이루어진 것은 아니었다. 오 양은 무척 부지런하고 포기하지 않는 의지를 가지고 있었다. 오 양은 새벽 6시에 집을 나서서 오후 4시에 학교를 마치면 학원과 화실을 오가며 밤을 새워 그림공부에 몰두했다. 운명도 피해 가는 노력으로 오 양은 마산 제일여고 3학년 때에 홍익대학교가 주최한 전국 남녀고교 미술실기대회 동양화 사군자 부문에서 최우수상을 받기도 했다. 전국의 예비화가 9천여 명이 모여든 권위 있는 실기대회에서 두 팔이 없는 소녀가 발가락으로 그린 그림이 최고의 영예를 얻은 것이다. 두말할 필요 없이 눈물과 노력의 결과였다.

이와 같은 사실이 언론을 통해 보도되자 대만의 동양화 대가인

리치마오 씨가 장학금을 주며 오 양을 격려하게 되었다. 이를 계기로 단국대학교 장충식 총장의 주선으로 대만에서 리치마오 씨와 오양의 공동 전시회를 개최하게 되었고 오 양은 단국대에 입학을 하게 되었다. 대학생활 초기에는 주위 학생들이 장애자라고 접근을 꺼리는 일 때문에 괴로움이 많았으나 오 양은 항상 그랬듯이 불굴의 의지와 피나는 노력으로 4년 동안 평균 90점이 넘는 훌륭한 성적을 유지했으며 마침내 과 수석의 영예를 안았다. 헬렌 켈러와 김기창 화백을 가장 존경한다는 오 양의 꿈은 물론 훌륭한 화가가 되는 것이지만 가능하다면 교단에 서고 싶다고 했다. 좌절을 용기로, 장애를 축복으로 바꿔 놓은 그녀의 밝은 표정에서 자신을 이긴 사람만이 가지는 여유를 읽을 수 있다.

 ## 극기란 무엇인가?

장애를 지니고 있지만 비장애인을 뛰어넘는 성취를 이룬 사람들의 이야기를 들을 때마다 사지가 멀쩡한 사람들은 자신을 부끄럽게 생각한다. 불구의 몸으로도 삶에 아름다운 흔적을 남기고자 애쓰는데, 성한 몸으로 아무것도 이루지 못하는 것은 배임(背任)행위이다. 그야말로 삶을 낭비하는 죄를 짓고 있는 것이다. 장애를 이기고 뛰어난 업적을 남긴 사람들의 힘은 어디에서 왔을까? 그것은 바로 자기 자신을 이겨내는 극기(克己)의 힘이다. 극기란 내가 나를 이기는

것이다. 성취하고자 하는 목표를 위해 의지의 힘으로 나의 욕망과 충동, 쾌락의 유혹을 억제하는 것이다. 인간은 항상 안락을 탐하고 고생을 싫어하며 게으른 것을 좋아하는 천성이 있다고 한비자는 말했다. 노자는 '남을 이기는 자는 힘이 있지만 자신을 이기는 자는 강하다(勝人者有力, 自勝者强)'고 했다. 진정 강한 자만이 자신을 이길 수 있다. 인생의 싸움 중에서 가장 어려운 싸움은 내가 나를 이기는 것이고 인생의 승리 중에서 가장 어려운 승리는 내가 나를 이기는 승리이다. 일찍이 플라톤은 '인간 최대의 승리는 내가 나를 이기는 것이다' 라고 했다. 장애를 극복한 사람들은 강인한 의지만 있다면 '세상에 불가능은 없다' 는 것을 몸소 보여 준 것이다. 참으로 자랑스러운 인간승리의 표상이 아닐 수 없다. 인생에 있어 가장 큰 장애는 우리가 얻고자 노력하지 않는 것에 있다. 우리의 희망을 가로막는 장애물이 큰 것이 아니라 우리가 희망을 실천하고자 하는 의지가 약한 것이다. 약한 의지! 이것이 가장 큰 장애인 것이다.

어떻게 자신을 이길 것인가?

미국의 심리학자 윌리엄 콕스에 의하면 인류역사상 위인이라고 일컬어지는 사람 중의 90%가 능력이 뛰어나고 환경이 좋아서 위인이 된 것이 아니라, 능력은 다소 부족하더라도 뛰어난 의욕과 강인한 의지를 가진 사람들이라고 했다. 헬렌 켈러, 에디슨, 프랭클린, 링컨도 육체적으로나 능력 면에서 결코 남보다 뛰어나서 위인이 된 것은 아니다. 그들은 한결 같이 강한 의지를 가진 사람들이었다. 강인한 의지가 자신을 이기고 자기 꿈을 이루도록 이끈 것이다.

의지의 힘은 참으로 위대하다. 강인한 의지만이 목적한 바를 성취하게 하는 것이다. 세상에 성공하지 못하는 사람들은 많지만 성공의 가능성을 가지지 못한 사람은 없다. 어떤 악조건에서도 기어이 이겨내겠다는 의지만 있다면 누구나 성공할 수 있는 것이다. 세상은 의지가 약한 사람에게는 앞이 꽉 막혀 그야말로 가혹한 세상이지만 의지가 강한 사람에게는 언제나 앞이 활짝 열려 있다. 강인한 의지만이 자기 자신을 이길 수 있고 세상을 이길 수 있는 것이다.

장애가 있지만 화가의 꿈으로 세상을 이기고자 노력하는 집념의 사나이가 또 하나 있다. 경기도 안양에 사는 최진섭 씨, 그는 고등학교 2학년 때 친구들과 함께 관악산 계곡에서 다이빙을 하다가 물 밑에 있는 바위에 머리를 부딪쳐 목이 꺾이는 중상을 입었다. 그 일로 그는 가슴 아랫부분의 신체가 마비되는 청천벽력 같은 일을 겪게 되었다. 신체 중에 자유롭게 움직일 수 있는 부분은 머리와 팔뿐이었고 그나마 손가락과 손목도 움직일 수 없게 되었다. 단지 보고 듣고 말하는 것만 가능할 뿐 식물인간과 다름이 없었다. 절망 속에서 눈물과 한숨으로 지내던 그는 1980년 초, 그림공부를 시작으로 역경에 맞서기 시작했다. 의지대로 움직이지 않는 손가락으로 처음부터 붓을 잡을 수 없었던 그는 바둑알을 쥐는 연습부터 시작했다. 곧이어 붓을 손가락 사이에 끼웠으나 힘이 없어 자꾸만 붓을 놓쳤다. 겨우 잡아도 이내 붓이 떨어졌다. 제대로 붓을 놀리는 데만 3년이 넘는 시간이 필요했다. 더구나 일어 설 수도 없는 처지라 누워서 그림을 그리려다 보니 그 불편함은 이루 말로 표현할 수 없는 것이었다. 다행히 그림에 대한 소질이 있어 실력은 일취월장하여 미술인으로 인정을 받게 되었지만 그간의 고난은 인간이 느낄 수 있는 고통 이상의 것이었다. 마침내 1992년 5월, 미술인의 도움과 격려에 힘입어 지난 10여 년 동안 혼을 담아 그린 그림 40여 점을 안양과 서울에 전시하게 된 그는 이렇게 소감을 피력했다.

"전시하기에는 부끄러운 작품이지만 무엇이든 삶의 흔적을 한 가지만이라도 꼭 남기고 싶었습니다."

붓을 잡은 최씨의 손은 바짝 말라 뼈가 드러날 정도로 앙상하지만 밝게 빛나는 그의 눈동자만은 누구보다 맑고 밝게 빛났다.

사람이라면 누구나 마음 한 가운데에 밝은 불꽃을 가지고 태어난다. 그리고 사람이라면 누구나 크든 작든 시련과 역경을 맞게 된다. 세상의 시련과 역경에 무릎을 꿇어 마음의 이정표인 불꽃을 꺼뜨리면 그때부터 사람은 자신의 몸과 세상의 시련이 요구하는 뜻대로 따르게 된다. 길을 잃는 것이다. 마음의 불이 꺼져 어둠 속에서 길을 잃고 방황하는 몸과 영혼은 때로 돌이킬 수 없는 어둠의 수렁에 빠져 영영 돌아올 수 없는 길을 가곤 한다. 극기란 마음의 불꽃을 다시 피우는 것이다. 가혹한 시련의 고통과 유혹의 역경을 헤치고 마음의 등불을 따라 가는 것이 바로 극기이다. 다시 돌아오지 않는 인생의 여행길을 걷는 우리 삶의 여행자들은 자신의 가치와 존엄을 증명하려는 마음의 불꽃을 크게 피우고 시련과 역경과 타협하려는 약한 자신을 이겨내야 한다. 그리하여 마침내 마음의 불꽃이 현실이 되어 내 앞에 마주하는 날, 그 불꽃은 더 이상 나만의 불꽃이 아니라 세상의 등불이 되는 것이다.

극기

은혜

우리는 남에게 받은 도움이나 신세를 고맙게 알고 그 은혜에 보답할 줄 알아야 한다. 이것이 인간된 도리다. 은혜를 모른다는 것은 사람으로서 부끄러운 일이다. 은혜를 망각하고 은혜를 배반하는 것은 그야말로 인간의 자격을 포기하는 것과 같다

 어느 비행사의 보은

내가 태어난 폴란드에서는 2차대전 전까지도 종교적 편견으로 인한 분쟁이 심심치 않게 일어나곤 했다. 특히 수도 바르샤바에서의 반 유태인 시위운동은 극렬한 것이었다. 나는 아버지의 만류에도 불구하고 이러한 시위운동에 적극적이어서 시위가 벌어지면 소매를 걷어붙이고 유태인 상점 문 앞에 돌을 쌓아 놓곤 하였다. 그

당시 그러한 나의 행동에 대해서 조금도 양심의 가책을 느끼지 않았다. 그 후 내가 '네 이웃을 내 몸같이 사랑하라'는 성경의 말씀을 깨닫기까지는 수개월에 걸친 고난과 한 유태인의 도움을 필요로 했다. 여기에 나의 이야기가 있다.

히틀러가 오스트리아를 합병한 뒤 전쟁 발발이 촌각을 다투고 마침내 기정사실이 되었을 때, 나는 프랑스 리옹에 있는 비행클럽의 교관직을 사임하고 비행기를 몰고 고국을 향해 출발했다. 하지만 생각지도 못한 기관 고장으로 중도에 기수를 돌려 오스트리아의 비엔나에 비상착륙을 해야만 했다. 고장 수리를 부탁하고 나는 비행장에 가까운 호텔에서 하룻밤을 묵게 되었다. 이튿날 아침, 나는 호텔 안에 있는 기념품 가게로 갔다. 막 물건을 사려는 참인데 한 사내가 황급히 가게 안으로 뛰어들었다. 마치 집어던져지듯 거칠게 뛰어드는 그 사나이에게 부딪쳐 나는 중심을 잃고 곧 넘어질 듯 휘청거렸다. 몹시 화가 치민 나는 반사적으로 그에게 일격을 가하려고 몸을 도사렸다. 주먹을 움켜쥐고 사내의 얼굴을 노려보는 순간, 나는 사내의 공포에 질린 창백한 얼굴을 보았다. 사내는 숨을 헐떡거리며 황급히 나의 공격을 피하려고 몸을 움츠리며 '게슈타포, 게슈타포!' 하고 정신없이 중얼거렸다. 순간 나는 그 사내가 독일 비밀경찰에 쫓겨 도망치고 있다는 사실을 금방 알 수 있었다. 나는 헐떡거리는 그를 재촉해서 내 방으로 데리고 들어가 침대 밑을 가리키며 드러누우라는 시늉을 했다. 그가 침대 밑으로 들어가 누운 다음 침대를 적당히 손질하여 침대가 비어 있는 것처럼 꾸몄다. 이윽고 예상한 대로 여러 명의 게슈타포가 내 방으로 들어왔다. 그들은 내가 제시한 여권을 세밀하게 조사한 뒤 무엇인가 높은 소리로 질문을 했으나 알아듣지 못하자 수색도 하지 않고 나가 버렸다. 그들의 발소리가 사라진 다음, 침대에서 일어난 사내는 떨리는 목소리로 알아들을 수 없는 독일어로 마구 지껄였다. 표정으로 보아 감사의 뜻을 표하려고 하고 있음이 틀림없었다. 불현듯, 안쓰러운 마음이 들었다. 나는 비행용 지도를 꺼내 들고 지도 가장자리에 그림을 그려 가며 손짓으로 그에게 물었다.

'나는 폴란드로 떠나는데 내 비행기로 당신을 오스트리아에서 탈출시켜 줄 수도 있다. 당신 생각은 어떤가?'

그는 힘차게 고개를 끄덕였다. 나는 공항의 이민국 관리에게 친구가 전송하러 나왔다고 속이고 사내를 데리고 서둘러 그곳을 떠났다. 목적지인 크라코 비행장이 가까워지자, 나는 비행기의 속도를 줄이며 시골 산림지대의 널찍한 공터를 찾아 착륙했다. 비행장에 착륙하면 경찰이 검문을 할 것이 분명하여 이를 피하기 위해서였다. 지도를 꺼내 들고 나는 그에게 현재의 위치를 가르쳐 준 다음 주머니를 털어, 가지고 있던 돈의 대부분을 그에게 주었다. 그리고 그의 등을 두드리며 행운을 빌었다. 그는 내 손을 잡고 한참 동안이나 말없이 나를 바라보다가 재빨리 등을 돌려 숲 속으로 사라졌다.

마침내 전쟁이 터졌다. 나는 이 전쟁에 폴란드 공군의 전투기 조종사로 참전했다. 폴란드가 독일에 점령당하자 자유를 위한 투쟁을 계속하려는 수많은 폴란드 사람과 합류하여 국경을 넘어 루마니아로 갔으나 그곳에서 모두들 체포되어 포로수용소로 이송되었다. 가혹한 수용소 생활 끝에 나는 그곳을 탈출할 수 있었다. 그리고 프랑스 공군에 입대하여 싸웠으나 프랑스는 패했다. 나는 다시 영국으로 건너가 브리튼 전선에서 싸웠다. 그러다 영국해협에서 뜻하지 않은 사고로 부상을 당하고 말았다. 나는 부상당한 몸으로 비행기를 조종하여 다시 해협을 건너려다 다른 비행기와 충돌하는 사고를 당하고 말았다. 나는 죽음 직전의 피투성이가 되어 겨우 영국 땅에 불시착할 수 있었다. 거친 충돌이 있은 후 나는 곧 의식을 잃었다. 의식을 회복한 나의 눈에 맨 먼저 들어온 것은 갈색 눈을 가진 파리하게 여윈 사나이의 얼굴이었다.

"나를 기억하십니까?"

그는 독일식 억양이 섞인 영어로 물었다.

"당신이 비엔나에서 내 목숨을 구했었죠."

나는 곧 그를 기억해 냈다. 게슈타포에 쫓겨 공포에 떨며 도움을 요청하던 그의 모습이 생생하게 나의 뇌리에 되살아났다.

"당신과 헤어진 뒤 고생 끝에 바르샤바에 가서 옛 친구의 도움을 받았습니다. 전쟁이 시작되기 직전, 나는 스코틀랜드로 겨우 도망쳐 나왔습니다. 브리튼 전선에서 폴란드의 비행중대가 수훈을 세웠다는 소식을 듣고 문득 당신을 생각했습니다. 터무니없는 망상이려니 싶었지만, 나는 혹시 그 중대에 당신이 있을지도 모른다는 생각이 들어 영국 공군성에 편지를 계속 보냈습니다. 그런데 놀랍게도 당신이 그 비행중대에 있다는 회신을 받았습니다."

"내 이름을 어떻게 알아냈지요?"

"당신이 그날 지도를 보여줄 때, 그 지도 가장자리에 씌어 있는 것을 기억했지요."

그는 내 팔목을 가만히 쥐어 주었다.

"어제 나는 신문에서 폴란드의 한 영웅이 하루 동안에 다섯 대의 적기를 격추시키고 이곳에 불시착했지만 부상이 너무 심해 가망이 없을 정도라는 기사를 보았습니다. 나는 즉시 에든버러 공군본부에 청원을 해서 이곳에 도착할 수 있었습니다."

나는 뽀얀 물안개가 낀 그의 갈색 눈을 가만히 올려다 보고 있었다.

"나는 은혜를 갚기 위해 무슨 일이든 해야 되겠다고 생각했습니다. 보시다시피 나는 뇌신경 전문의입니다. 오늘 아침에 당신을 수술했습니다."

😊 은혜란 무엇인가?

　인간은 은혜 속에서 살아간다. 많은 사람과 더불어 살아가면서 서로 남에게 도움을 받거나 신세를 지며 살아가는 것이 인생이다. 그 누구도 남의 도움이나 신세를 지지 않고 살아갈 수 없으며 아무런 혜택도 없이 홀로 살아갈 수는 더더욱 없는 것이다. 인간은 이렇게 얽히고 설켜 서로 돕기도 하고 베풀기도 하며 더불어 살아가는 것이다. 때문에 미안한 마음으로 남에게 의지를 하기도 하고 넓은 마음으로 남에게 베풀기도 하는 것이다. 우리는 남에게 받은 도움이나 신세를 고맙게 알고 그 은혜에 보답할 줄 알아야 한다. 이것이 인간된 도리다. 은혜를 모른다는 것은 사람으로서 부끄러운 일이다. 은혜를 망각하고 은혜를 배반하는 것은 그야말로 인간의 자격을 포기하는 것과 같다. 그래서 우리나라에는 예로부터 은혜를 잊지 말고 꼭 갚을 것을 권장하는 속담이 적지 않다. '머리털을 베어 신을 삼는다', '꼴을 베어 신을 삼겠다' 는 속담은 모두 무슨 짓을 해서라도 은혜에 보답하겠다는 의미를 가진 말이다. 그런가 하면 '뉘 덕에 잔뼈가 굵었는데', '검은 머리 가진 짐승은 구하지 말라' 는 속담도 있다. 배은망덕(背恩忘德)한다 해서 나무라거나 핀잔을 주는 속담이다.

　중국 고사에 결초보은(結草報恩)의 이야기가 있다. 진(晋)나라 때 위무자(魏武子)란 사람이 병이 들어 죽게 되었다. 그는 임종 직전에 그의 아들 과(顆)에게 유언하기를 '내가 죽거든 내 첩과 함께 순장(殉葬)하라'고 일렀다. 하지만 그의 아들은 차마 살아 있는 사람을 산 채로 장사지낼 수 없었다. 그래서 아버지의 유언이지만 따르지 않고 삼년상이 끝난 후에 개가하도록 도왔다. 그 후 진나라에 전쟁이 일어나 그 아들이 적장에 쫓겨 죽을 위기에 처했을 때, 홀연히 한 노인이 나타나 적장이 가는 길의 풀을 묶어 놓아 발이 걸려 넘어지게 하니, 오히려 그가 적장을 사로잡게 되었다. 그날 밤, 그의 꿈에 한 노인이 나타나 '나는 네 서모(庶母)의 아버지이다. 네가 서모를 순장하지 않고 개가시킨 은혜를 갚고자 풀을 묶어 너를 구했다'고 말했다고 해서 전해지는 이야기이다.

보은이라 고마움을 알고 그 은혜를 갚는다는 말이다. 사람이 은혜를 안다고 하는 것이 바로 금수와 다른 점이다. 그래서 배은망덕한 사람을 일컬어 금수만도 못한 사람이라고 하는 것이다. 그렇다고 짐승이라고 은혜를 전혀 모르는 것은 아니다. 한문에 반포지효(反哺之孝)란 말이 있다. 까마귀의 새끼는 어미의 덕으로 살고 자란 후에 늙은 어미에게 먹이를 물어다 봉양한다는 것에서 유래한 이야기다. 이처럼 짐승도 은혜를 알고 갚을 줄 아는데, 하물며 인간으로 태어나 은혜를 모른다면 짐승만도 못한 가치 없는 인간으로 전락하는 것이다.

어떻게 은혜를 갚아야 하는가?

《명심보감》에 이런 말이 있다. '은혜를 베풀거든 그 보답을 구하지 말고, 남에게 주었거든 뒤에 뉘우치지 마라(施惠勿求報, 與人勿追悔)', 즉 은혜를 베풀되 갚기를 바라지 말고, 남에게 주었으면 후회하지 말라는 뜻이다. 내가 남에게 베푼 공을 늘 마음 한 구석에 품고 있으면 언젠가 그가 공을 갚기를 바라는 마음이 싹트기 때문이다. 그래서 《채근담》에 이르기를 '은혜를 베푸는 사람이 내가 누구를 도왔다든가 누가 내 도움을 받았다는 것을 굳이 드러내지 않는다면, 그때 베푼 한 말의 곡식은 만 섬의 은혜와 맞먹는 것이다. 그러나 남에게 이로움을 주는 사람이 내가 남에게 베푼다는 생각을 가지고 그것을 따져 갚기를 바란다면, 비록 수천 냥의 돈을 주었다고 해도 단 한 푼의 공도 되지 않고 보람이 없게 될 것이다'고 했다. 이것은 은혜를 베푸는 사람의 마음가짐이 어떠해야 하는지를 일러주는 가르침이다. 베푸는 마음은 언제나 순수해야 한다. 그래야 베푸는 사람에게는 축복이 되고 받는 사람에게는 은혜가 되는 것이다. 일찍이 로마의 철학자 세네카는 '은혜를 베푸는 자는 그것을 감추고, 은혜를 입은 자는 그것을 남이 알게 하라'고 말했다. 남에게 은혜를 베푸는 일은 그것을 굳이 밝히지 않아도 언젠가 세상에 알려지기 마련이고, 어떤 보상을 원치 않는다 하더라도 세상은 반드시 어떤 형태로든 그 은혜를 갚기 마련이다.

젊은이여, 늙기는 쉽고 학업을 이루기는 어려우니 짧은 시간이라도 아껴 쓰고 헛되이 보내지 마라.

시간의 값

미국의 정치가이고 사상가이며 피뢰침을 발명한 과학자이기도 한 벤저민 프랭클린(Benjamin Franklin : 1706~1790)이 필라델피아에서 자그마한 출판사를 경영하고 있었을 때의 일이다. 그때 그는 출판사를 경영하면서 거기에서 만든 책을 판매하는 서점도 같이 운영하고 있었다. 어느 날, 그 서점에 어떤 신사가 자기가 찾던 책을 고르더니, 그 책의 값을 물었다.

222

"이 책은 얼마지요?"

"네, 2달러입니다."

그러자 손님은 책값을 좀 깎아 달라고 말했다. 점원은 한 푼도 깎아 줄 수 없다고 대답했지만 손님은 좀 비싸다고 생각했던지 사장인 프랭클린을 만나게 해 달라고 요구했다. 사장이 몹시 바쁜 것을 알고 있는 점원은 신사에게 만나기 어려울 것이라 말했으나 잠깐이면 되니 만나도록 해 달라고 간청하여 결국 프랭클린을 만나게 되었다. 그는 프랭클린에게 이렇게 말했다.

"이 책값을 좀 깎아 줄 수 있겠습니까?"

그러자 프랭클린은 이렇게 대답했다.

"2달러 50센트를 받아야겠습니다."

손님은 처음에 프랭클린이 자기가 한 말을 잘못 알아들은 줄 알았으나 책값을 깎아주기는커녕 오히려 올렸다는 것을 깨닫고 잔뜩 화가 났다.

"아니, 책값을 좀 깎아 달라는데 왜 점점 비싸지는 겁니까?"

손님이 항의하자 프랭클린은 조용히 이렇게 말했다.

"지금은 2달러 50센트에 팔아도 손해가 납니다."

신사는 그 말이 무슨 뜻인지 몰라 의아해하며 말했다.

"여보시오, 농담 그만하시오. 도대체 꼭 받아야 할 책값이 얼마요?"

프랭클린이 태연하게 대답했다.

"지금은 3달러를 받아야겠습니다."

"여보시오, 같은 책을 가지고 깎아달라는데 계속 값이 오르니 어찌된 셈이오?"

손님이 짜증을 내며 반박을 하자 프랭클린은 그때서야 이유를 말했다.

"손님, 시간은 돈보다 귀한 것인데 손님께서 자꾸 이렇게 시간을 허비하도록 했으니, 책값에 시간의 값을 가산하는 게 마땅하지 않습니까?"

신사는 말뜻을 이해하고 아무 말 없이 책값 3달러를 내밀었다. 프랭클린은 받은 돈 중에서 1달러를 되돌려 주며 말했다.

"저의 말을 알아주시고 시간의 값을 계산하시니 감사의 뜻으로 책은 2달러에 팔겠습니다."

시간이란 무엇인가?

사람들이 한 푼의 돈에는 인색하면서도 생명같이 귀중한 시간은 하찮게 생각하여 낭비하고 돌아보지 않는 것을 깨우쳐주는 이야기다. 시간은 영원에서 영원으로 흐르고 있으니 시간 자체는 무한량이라고 할 수 있다. 그러나 애석하게도 우리의 생활에 쓸 수 있는 시간은 지극히 한정되어 있기 때문에 아껴 써야 할 밑천이다. 그런데 시간은 시위를 떠난 화살 같아서 한번 지나가면 돌아오지 않는 법이다. 시간은 모든 것을 변하게 만들지만 우리는 그 시간을 붙잡아 놓을 수가 없다. 그래서 우리 앞에 와 있는 현재의 시간을 놓치지 말고 잘 활용해야 한다.

러시아의 문호 톨스토이는 '이 세상에서 가장 중요한 시간은 현재라는 시간이다'라고 말했다. 어떻게 보면, 인생이란 오늘 하루에 비유할 수 있다. 어제는 이미 가버린 시간이고 내일은 아직 오지 않은 시간이다. 내 앞에 존재하는 것은 오직 오늘이라는 시간뿐이다. 오늘이라는 시간은 두 번 다시 오지 않는다. 우리가 시간을 소중하게 여거아 하는 까닭은 그 일회성(一回性)에 있다. 지금이라는 이 시간을 놓치면 다시는 그 시간을 활용할 수가 없기 때문이다. 시간은 황금이라고 옛 사람은 말했다. 그러나 시간은 황금 이상의 것이다. 시간은 돈으로 살 수가 없다. 천만금을 주어도 단 일 초의 시간을 살 수가 없다. 사람은 나이가 들어야 시간의 가치와 소중함을 절실히 느끼게 된다. 젊었을 때에는 시간이 귀하다는 것을 들으면서도 실감을 느끼지 못한다. 벤저민 프랭클린은 이렇게 말했다.

"만약 당신이 인생을 사랑한다면 당신의 시간을 사랑하라. 왜냐면 인생은 시간으로 구성되어 있기 때문이다."

그렇다. 시간은 곧 생명이다. 시간을 낭비하는 것은 생명을 낭비하는 것이다. 인생의 낭비 중에서 시간의 낭비만큼 나쁜 것은 없다.

돈은 없다가도 벌면 생긴다. 그러나 한번 가버린 시간은 다시 돌아오지 않는다. 우리는 우리의 인생을 두 번 살 수가 없다. 그러므로 한 순간이라도 소홀히 보내서는 안 된다. 특히 젊은 사람들은 시간을 영원할 것처럼 생각해 소중함을 깨닫지 못하는 경우가 많다. 아직 살아야 할 시간이 까마득한데, 까짓것 조금 낭비한다고 표가 나겠느냐고 생각한다. 그러나 세월은 사람을 기다리지 않는다. 그야말로 세월은 쏜살같이 지나간다. 그래서 주자(朱子)는 우성(遇成)이라는 시에서 다음과 같이 말했다.

'젊은이여, 늙기는 쉽고 학업을 이루기는 어려우니 짧은 시간이라도 아껴 쓰고 헛되이 보내지 마라(少年易老學難成, 一寸光陰不可輕).'

시간을 어떻게 활용할 것인가?

독일의 철학자 쇼펜하우어는 '보통사람은 시간을 소비하는 데에 마음을 쓰고, 재주가 있는 사람은 시간을 이용하는 데 마음을 쓴다'라고 말했다. 세월은 누구에게나 공평하게 주어진 자본이다. 그 자본을 잘 활용하느냐, 그렇지 않고 낭비를 했느냐에 따라 인생의 성패가 좌우된다. 그러므로 오늘 우리에게 허락된 시간을 헛되이 보내서는 안 되겠다는 생각이 있어야 한다. 오늘 주어진 하루를 충실하게 가꾸어야 한다. 이것은 곧 인생을 값있게 살아야 한다는 것을 뜻한다. 오늘 우리에게 주어진 이 하루를 땀 흘리고 애쓰지 않으면 내일 열매를 거두기 어렵다. 주어진 하루에 충실하지 않는다면 내일 병든 열매를 거두어야 할 것이다. 우리는 시간을 생산적으로, 건설적으로, 창조적으로 잘 활용해서 뜻을 성취하고 보람 있는 생애를 보내도록 노력해야 한다. 우리가 살 수 있는 시간은 그리 많은 것은 아니다. 우리가 70년을 산다고 한다면 어림잡아 약 60만 시간을 살 수 있다. 그러나 삶에서 유용하게 쓸 수 있는 시간은 그 중의 3분의 1 밖에 되지 않는다. 우리는 잠자고 쉬는 데 20만 시간을 보내고, 성장하고 공부하며 준비하는 시간으로 20만 시간을 쓰고 보내면, 우리가 유용하게 쓸 수 있는 시간은 20만 시간밖에 남지 않는다. 우리는 이 20만 시간을 어떻게 효율적으로 쓸 것인가, 이 주어진 시간을 어떻게 잘 활용하여 관리하느냐에 따라 인생의 성패가 결정되는 것이다.

로마의 철학자 세네카는 시간의 활용에 대해 이렇게 충고하고 있다.

'인생은 충분히 길다. 보람차게 보낼 수만 있다면 우리의 인생은 위대한 일을 완성하는 데 부족하지 않을 만큼 길다. 그러나 방탕과 나태 속에 낭비해 버리거나 착한 일을 위해 살지 않으면 어느 순간에 인생이 덧없이 지나가 버렸다는 것을 깨닫게 된다. 우리의 인생이 짧은 것이 아니라 우리가 그것을 짧게 만들며 낭비하고 있는 것이다. 막대한 재산도 엉터리 관리자가 관리를 하면 순식간에 탕진을 하지만, 얼마 안 되는 재산이라도 제대로 관리를 한다면 오래 지탱하고 수단 여하에 따라 불어나기도 한다. 우리 인생도 그와 같은 것이다.'

우리 자신의 생활을 잘 살펴보면 우리의 비합리적인 사고와 비능률의 행동으로 인해 귀중한 시간을 낭비하고 있다는 것을 깨닫게 된다. 이같은 시간의 낭비요소를 제거하려면 하루하루 주어진 시간을 최대한 활용하는 것부터 시작해야 한다. 하루 일찍 시작하는 것, 불필요한 일이나 행동을 하지 않는 것, 계획을 세우는 것, 시작한 일은 미루지 말고 끝장을 보는 것 등 효율적인 시간활용의 방법을 연구해야 한다.

젊었을 때 시간을 저축해야 늙어서 엄청난 시간의 이자를 보장받을 수 있다. 만약 젊은 시절에 시간을 낭비한다면 늙어서 반드시 시간을 벌기 위해 애쓰게 될 것이다.

돈

모든 사람은 행복해지기 위해 돈을 번다. 하지만 많은 돈을 버는 것이 행복한 것은 아니다. 오히려 불행에 가까워지는 길이다. 진정한 행복은 돈을 벌어 어떻게 쓰느냐에 달려 있다.

 베니스의 상인

베니스에 살고 있는 유태인 샤일록은 고리대금업을 하는 사람이었다. 그는 인근의 모든 상인으로부터 미움을 받고 있었다. 그 중에서도 시민의 사랑을 받고 있는 안토니오라는 상인은 그를 뱀처럼 싫어하여 두 사람의 사이는 매우 좋지 않았다. 그런데 안토니오의 절친한 친구인 밧사니오가 부호인 포오샤와 결혼을 하려 했으나 사업에 실패하여 청혼자의 체면이 서지 않게 되자 안토니오에게 3천

다케트나 되는 큰 돈을 빌려 달라고 부탁을 했다. 마침 수중에 돈을 가지고 있지 않았던 안토니오는 머지않아 돌아올 그의 장삿배를 저당하여 샤일록으로부터 돈을 꾸어 친구에게 빌려주었다. 안토니오는 돈을 빌리는 과정에서 약속한 기일 안에 돈을 갚지 못하면 몸의 어느 부분이든 살 1파운드를 잘라 주겠다는 계약서에 서명을 했다. 밧사니오는 친구와 함께 베니스 부근의 벨몬드에 사는 포오샤를 찾아가 결혼을 하게 되었다. 하지만 불행하게도 안토니오의 배가 행방불명이 되어 기일 내에 돈을 갚지 못하게 되었다. 그 사실을 알게 된 포오샤가 급히 돈을 마련하여 샤일록을 찾아 갔으나 샤일록은 지불 기한이 지났다며 돈을 받지 않고 계약대로 안토니오의 살 1파운드를 요구했다. 결국 당사자들은 해결을 위해 베니스의 법정에 오르게 되었다.

안토니오를 살리고자 궁리하던 포오샤는 한 가지 계책을 생각해 냈다. 법률고문의 도움을 받아 시녀를 서기로 하고 자신은 남자 재판관으로 변장하여 법정에 올라 샤일록이 안토니오에게 동정을 베풀기를 간청했다. 하지만 샤일록은 계약서를 근거로 완강히 거부하며 오직 살 한 파운드를 요구했다. 결국 하는 수 없이 재판관으로 변장한 포오샤는 안토니오의 가슴팍에서 살 한 파운드를 베어 내도록 판결을 했다. 하지만 계약서에는 안토니오의 살에 대한 언급만 있으므로 피는 한 방울도 가져갈 수 없다고 단서를 달았다. 샤일록은 의외의 판결에 궁지에 빠져 패소하고 말았다.

 ## 돈이란 무엇인가?

셰익스피어의 희곡《베니스의 상인》의 줄거리이다. 이 글을 읽으면 누구나 샤일록이라는 수전노에 대해 분노를 느낀다. 샤일록이라는 주인공이 유태인이라는 것 때문에 엉뚱한 결과지만 많은 사람들이 유태인에 대해 편견을 품기도 했다. 유태인은 구두쇠에 수전노이며 돈을 벌기 위해서는 수단과 방법을 가리지 않는다는 일반적인 통념이 유태인을 나쁜 사람으로 만들었다. 하지만 유태인은 희곡속의 샤일록처럼 수전노가 아니다. 유태인은 돈을 열심히 벌기도 하지만 돈을 가장 효과적으로 쓸 줄 아는 민족이기도 하다.

현대 자본 위주의 사회에서 가장 위력을 갖는 것은 돈과 그 돈을 가진 사람이다. 그래서 프랑스의 실존주의 철학자 사르트르는 '돈은 나의 힘을 나타낸다' 라고 했다. 돈은 인간의 욕망을 충족시키는 기본적인 수단이다. 돈이 있어야 의식주를 마련하고 생활을 유지해 나갈 수가 있다. 돈은 우리 생활을 윤택하고 편리하게 해주며 안락과 쾌적한 삶을 제공해 준다. 그리고 돈은 우리에게 경제적인 독립을 보장해 준다. 경제적 독립은 인격적 독립의 근원이자 기초다. 그렇기 때문에 경제적 독립이 없으면 양심과 사상과 인격도 예속될 수 있다는 의미이다. 우리는 인격의 독립자존을 위해 필요한 돈을 소유해야 한다. 돈은 이처럼 인간에게 매우 유용한 것이기도 하지만 다루는 사람이 잘못 생각하면 매우 유해한 것이기도 하다. 우리는 먼저 돈에 대한 올바른 인식에서 경제적 독립을 시작해야 한다.

돈에 대한 그릇된 인식 가운데 가장 위험한 것이 황금만능이라는 사고방식이다. 돈이면 무엇이든 다 할 수 있다는 생각이 온갖 부조리와 부패를 낳는다. 돈을 인생의 목적으로 생각하여 오직 돈 버는 것만을 보람으로 여기고, 돈을 벌기 위해 수단과 방법을 가리지 않는다. 그래서 권력과 결탁하고, 양심을 팔고, 지조를 버리고, 신의를 저버린다. 돈 때문에 사회가 병들고 국민의 기초적인 도덕성이 타락한다. 돈에 대한 생각과 태도가 잘못되어 있을 때 얼마나 무서운 결과를 초래하는지 인식해야 한다. 스마일스가 말했듯 악의 근원은 돈 그 자체가 아니라, 돈에 대한 집착이다. 돈 자체는 선한 것도, 악한 것도 아니다. 다만 돈을 다루는 사람의 마음에 따라 돈의 성질이 선하게도 악하게도 변하는 것이다. 그러므로 돈에 대한 참된 가치와 올바른 인식을 가르치는 일이 중요한 과제다.

돈에 대한 올바른 인식에 대해서는 유태인의 사고방식을 배울 필요가 있다. 유태인은 우리나라의 청빈사상이나 서양의 기독교적 금욕주의와 다르게, 돈을 죄악시하거나 더러운 것으로 생각하지 않는다. 오히려 금전은 인생을 풍요롭고 행복하게 하며 사람들에게 다양한 기회를 제공하는 원천으로 보고 있다. 이런 생각은 그들의 격언이나 교훈에 잘 나타나 있다.

'가난은 수치가 아니다. 그러나 명예라고 생각하지 마라.'

'돈은 만사를 좋게 만들지는 못한다. 그렇다고 돈이 모든 것을 썩게 하지도 않는다.'

'금전은 기회를 제공한다.'

이와 같이 돈을 천시하거나 더러운 것으로 여기는 생각은 조금도 나타나 있지 않다. 그들은 자녀들에게 돈은 사람의 마음을 미혹케 하고 죄악으로 인도하는 요물이니 재물을 가까이해서는 안 된다고 가르치지 않는다. 오히려 돈은 유용한 것이기 때문에 적극적으로 돈을 벌어야 한다고 가르친다. 상당히 현실적인 가르침이다.

 어떻게 돈을 벌 것인가?

유태인의 금전에 대한 가치관 교육은 이른바 금전만능의 가치관의 위험성을 경계하고 돈을 정당하게 벌어 정당하게 사용하는 것이 중요하다고 강조하고 있다. 그들의 교훈 중에는 이런 것들도 있다.

'돈은 인간에 대하여 옷이 인간에게 할 수 있는 정도밖에 하지 못한다.'

'돈은 벌기는 쉽지만 쓰기는 정말 어려운 일이다.'

'돈은 선한 사람에게 좋은 선물을 주고 악한 사람에게 좋지 못한

선물을 준다.'

'자갈밭에 돈을 뿌리면 쭉정이를 거두게 된다.'

'부자에게는 자녀가 없다. 상속인이 있을 뿐이다.'

이 교훈들은 돈을 잘못 사용할 때 생기는 부작용에 대해 가르치고 있다. 돈은 선하게 사용되어야 하며 그럴 때에만 돈은 선한 열매를 맺게 된다고 가르치며 돈에 지나치게 집착해서는 안 된다고 타이른다. 유태인의 가정에서는 돈의 가치를 가르치고 인생에 유용한 돈을 적극적으로 추구할 것을 가르치는 일과 더불어 금전이 인간보다 위에 있지 않다는 것을 강조한다. 이처럼 유태인의 돈에 대한 인식은 현대 자본사회에 걸맞은 사고방식으로 본받을 점이 많다.

우리나라는 예부터 청빈사상(淸貧思想)을 강조해 왔다. 돈보다는 양심의 가치를 더 높게 보았고, 재물보다는 인격의 가치를 더 존중했기 때문이다. 물론 인간의 욕망이란 통제하기 힘든 것이기에 아예 불행의 근원을 멀리하는 것이 좋다는 측면에서 재물을 경시하는 사조가 생겼지만, 역사적으로 볼 때 재물을 멀리하는 풍습은 발전이 더디게 만든다는 사실에 주목해야 한다. 현대의 가치관은 청빈(淸貧)보다 청부(淸富)를 중요한 가치로 생각한다. 정당한 방법을 통해 떳떳하게 번 돈으로 널리 많은 사람을 이롭게 하는 부자를 존경하는 사회로 변하고 있다.

돈이란 많아도 걱정, 적어도 걱정이다. 유태인의 격언에 '재물이 많으면 그만큼 근심이 늘어나지만, 재물이 전혀 없으면 근심은 더욱 많아진다'고 했다. 과연 얼마나 재물이 있어야 사람은 만족할 수 있을 것인가? 사람의 욕망은 만족을 모르는 법이다. 먹고 사는 데 지장이 없으면 욕심을 멈추어야 하는데 그것이 힘들다. 《성경》은 '욕심이 잉태한 즉 죄를 낳고, 죄가 장성한 즉 사망에 이르니라'고 경고하고 있다. 그렇다면 어떻게 돈을 벌어야 하는가?

먼저 자신에게 돈이 왜 필요한 것인지 먼저 생각해야 한다. 기본적인 의식주를 해결하기 위한 돈은 누구에게나 필요한 것이다. 어떤 사람은 잠을 잘 수 있는 보금자리면 된다는 사람이 있는 반면, 50평은 되어야 집이라고 생각하는 사람도 있다. 바로 욕망의 차이다. 이런 욕망을 위해 돈이 필요한 사람은 아무리 많이 벌어도 만족하지 못한다. 50평의 집을 장만하면 그에 걸맞은 가구가 필요한 법이기 때문이다. 결국 더 많은 돈 자체가 목적이 되어 점점 인간다움에서 멀어져 추악한 욕망의 기계가 되어버리고 만다.

그러므로 돈은 목적이 아니라 수단이 되어야 한다. 미국의 전설적인 부자 록펠러는 43세에 이미 세계에서 가장 큰 회사를 경영했고 53세에 세계 최고의 부자가 되었다. 그러나 그 과정에서 돈벌이에 급급해 사람들의 인심을 잃고 도무지 행복한 느낌을 가질 수 없었던 그는 건강까지 나빠지게 되어 의사로부터 1년 이상 살기 힘들다는 판정을 받았다. 자신의 죽음이 임박했다고 느낀 록펠러는 자신의 과거를 돌아보았다. 자신이 그토록 바라던 세계 최고의 부자가 되는 꿈을 실현했지만 죽음 직전에 그 많은 돈은 그에게 더 이상 어떤 의미도 없었다. 자신에게 돈이 왜 필요한 것인지 생각하지 않고 무작정 돈을 번 결과였다. 결국 그는 '인생에 돈이 전부는 아니다'라고 생각하고 록펠러 재단을 설립하여 막대한 재산을 사회에 환원하기 시작했다. 그러자 놀랍게도 그에게 기적이 일어나 당초 죽을 것이라던 54세를 훌쩍 뛰어넘어 98세까지 장수를 누리게 되었다.

모든 사람은 행복해지기 위해 돈을 번다. 많은 돈을 버는 것이 행복한 것은 아니다. 오히려 불행에 가까워지는 길이다. 진정한 행복은 돈을 벌어 어떻게 쓰느냐에 달려있다. 사람은 관계와 공동체의 생물이기에 사랑받고 사랑하는 속에서 진정한 행복감을 느낀다. 록펠러 또한 먼 길을 돌아온 후에야 그 사실을 깨달은 것이다. 우리는 세계 최대의 부자가 겪은 이야기를 통해, 우선 어떤 목표를 가지고 돈을 활용할 것인가를 먼저 고민하는 기회를 가져야 한다. 그럴 때 돈은 진정한 가치를 가지는 것이다.

청 렴

흔히 공무원은 공복(公僕)이라고 한다. 나라의 종이라는 뜻이다. 그 주인인 나라를 섬겨야 할 종이 주인은 안중에도 없고 자신만을 위한다면 그 집은 이내 망하고 마는 것이다.

가난한 정승의 높은 뜻

세종 때 영의정을 지냈던 황희는 항상 검소하게 살아온 보기 드문 청백리(淸白吏)로 유명하다. 어느 날, 세종이 궁궐 밖에 암행을 나갔다가 황희의 집 근처를 지나게 되었다.

"참, 이 근처에 황 정승의 집이 있다고 했지. 잠시 들렀다 갈까?"

세종은 느닷없이 계획을 바꿔 황희의 집으로 갔다. 즐비하게 늘어선 집 가운데 유난히 낡고 보잘것없는 집 앞으로 인도된 세종은 깜짝 놀랐다.

'이 나라 최고의 벼슬인 영의정의 집이 이럴 수가……'

집 안으로 들어선 세종은 더욱 놀랐다. 방에는 너덜너덜한 멍석이 깔려 있고 누덕누덕 기운 이불이 낡아 빠진 궤짝 위에 놓여 있었다.

"대감, 멍석을 보니 가만히 누워서도 등 긁기는 좋겠소이다."

세종은 황희가 무안해할까 염려하여 놀란 표정을 감추고 우스갯소리를 꺼냈다. 세종은 대궐에 돌아오자 황희를 불렀다.

"한 나라의 영의정 집이 그래서야 어찌 나라의 체면이 서겠소? 나라에서 내리는 녹이 너무 적어서 그렇소?"

"그렇지 않사옵니다. 나라에서 내리는 녹으로 사는 벼슬아치가 어찌 호화로운 생활을 할 수 있겠습니까? 의복이야 예에 어긋남이 없이 입을 정도면 되고, 집이야 비바람을 막아낼 정도면 충분하옵니다."

"아무리 그렇더라도 영상의 처지는 좀 지나친 것 같소이다. 당장 비용을 내릴 테니 필요한 것을 모두 새로 갖추도록 하시오."

"아뢰옵기 황송하오나, 신은 상감마마의 넓고 큰 성은의 말씀을 사양하고자 합니다. 나라에는 여러 가지 애써야 할 일이 많사옵니다. 사사로운 일에 마음 쓰시지 않음이 옳은 줄 아옵니다."

황희는 끝내 임금의 뜻을 받아들이지 않았다. 69세 때 영의정이 된 이래 무려 18년 동안이나 그 소임을 다하여 훌륭한 정치를 폈던 황희는 항상 청렴결백하게 살면서 평생 나라와 백성을 위해 몸 바친 조선왕조 500년 역사에 길이 빛나는 공복이었다.

청백리란 무엇인가?

황희(黃喜 : 1363~1452)는 고려 말과 조선 초의 문신으로 인품이 어질고 온화하여 누구에게나 존경받는 명재상(名宰相)이었다. 그가 긴 세월을 한결같이 영상의 자리에 재임할 수 있었던 것은 무엇보다 청렴결백한 인물이었기 때문이다. 정치하는 사람은 예로부터 청렴을 으뜸으로 꼽았다. 이는 백성 앞에 탐욕을 부리지 않고 청렴히고 깨끗한 몸가짐을 지녀야 하기 때문이다. 사실 정치나 행정관리가 자기의 몸가짐이 흐트러지는 것은 권력을 남용한 탐욕에서 비롯된다. 물욕에 젖게 되면 부패하게 되어 저절로 몸가짐이 허물어지는 것이다. 또한 나라를 이끌어가는 관리들이 호의호식하고 으리으리한 집에서 아무런 불편도 모르고 산다면 어떻게 가난한 백성의 마음을 헤아려 올바른 정책을 펼 수 있겠는가? 청백리를 높이는 이유가 바로 여기에 있다. 청백리로 역사에 기록된 사람만도 300명이 넘는다고 한다. 이런 꿋꿋한 사람들이 버티고 있었기에 그 험난한 역사 가운데서도 조선왕조가 500년이 넘도록 버텨온 것이다. 우리는 이 자랑스러운 전통을 오늘날 공무원 사회에서 면면하게 계승, 발전시켜 깨끗한 공무원상을 확립해야 한다.

어떻게 청백리를 구현할 것인가?

공직자에게 요구되는 첫 번째 덕목은 무엇보다도 청렴결백해야 한다는 것이다. 청렴이란 성품이 고결하고 탐욕이 없는 것이고 결백이란 마음과 행실이 발라서 더러움이 없는 것을 말한다. 공직자는 모름지기 청렴결백해야 한다. 그래야만 국민이 믿고 따르게 된다. 《목민심서(牧民心書)》를 쓴 정약용은 '청렴이란 목자(牧者)의 본무요, 온갖 선행의 원천이며 모든 덕행의 근본이다' 라고 말했다.

옛날 양관이라는 사람이 덕천원 고을의 원을 마치고 서울로 돌아갈 때, 때마침 그곳을 지나던 암행어사 이색이 불시에 그의 행장을 수색했다. 벼슬을 하는 동안 치부를 하지 않았는가 싶어서였다. 그러나 그의 행장 속에는 책 세 권과 활과 화살, 그리고 산 채로 잡은 학 한 마리뿐이었다. 이색은 그 사실을 적어 임금에게 고했다. 성종은 이를 듣고 양관의 청렴을 높이 사서 그를 의주목사로 승진시켰다. 뿐만 아니라 화공을 시켜 이색이 양관의 행장을 뒤지던 그 장면을 그리게 하여 벽에 붙여두고 벼슬아치들이 임지에 떠나기에 앞서 문안을 드리면 그 그림을 가리키며 훈계를 했다고 전한다. 그 그림이 유명한 '양관의 행장도(行裝圖)' 라는 그림이다. 옛날에는 탐관오리(貪官汚吏)가 많았다. 벼슬을 마치고 귀경할 때에는 축재한 많은 재산을 소달구지에 실어 돌아가던 행태가 빈번했던 그 시대에 양관의 청렴결백이 모든 벼슬아치의 귀감이 된 것이다.

공직자에게 요구되는 둘째 덕목은 공사(公事)에서 사리사욕을 취해서는 안 된다는 것이다. 공직사회의 부패원인은 공직의 지위나 권력을 등에 업고 사사로운 이익을 도모하는 데에 있다. 사리사욕은 양심을 마비시키고 정의감을 혼탁하게 하여 마침내는 패가망신으로 이어지고 국가와 국민에 크나큰 누를 끼치는 것이다. 공직자는 엄히 이를 경계하여 공(公)과 사(私)를 분별하고 공무를 공명정대하고 공평무사하게 집행하여 민원(民怨)을 사지 말아야 한다. 황희와 거의 같은 시기에 또 한 사람의 청백리가 있었다. 우의정과 좌의정을 지낸 맹사성(孟思誠) 또한 청렴하기로 이름 높아 청백리에 녹선된 사람으로 교훈이 될만한 일화가 많이 전해오고 있다.

한번은 어느 병조판서가 국사의 자문을 구하기 위해 맹사성의 집을 찾아갔으나 아무리 둘러보아도 정승이 살고 있을 만한 집이 보이지 않았다. 그도 그럴 것이 그의 집은 너무나 초라하고 볼품이 없어, 고래등 같은 기와집을 상상하고 찾아갔던 사람이 쉽게 찾을 수 없었던 것은 당연했다. 겨우 수소문을 해서 찾아갔으나 때마침 쏟아진 비로 방안 여기저기에 비가 떨어져 의관을 차려 입은 정승과 판서가 꼼짝없이 비어 젖고 말았다는 이야기는 맹 정승이 얼마나 청렴했는가를 잘 말해 주고 있다. 그런 맹 정승이 어느 날 온양의 생가로 가던 날이었다. 그 소식을 전해들은 근처의 양성과 진위의 현감이 길가의 정자에서 기다리고 있었다. 그런데 기다리던 정승의 행차는 보이지도 않고 차림이 남루한 늙수그레한 노인이 소를 타고 큰길을 지나자 관리들이 나서서 호통을 쳤다. 하지만 그 사람이 바로 정승일 줄이야. 일국의 정승이 허름한 옷차림에 소를 타고 지나 갔으니 누가 알아볼 수 있었겠는가? 그는 벼슬을 이용해 축재를 도모한 적이 없으니 집은 낡고 초라했다. 고향에 다녀오는 사사로운 일에 요란한 행차가 있을 리 없다.

공직자에게 요구되는 세 번째 덕목은 강직하고 소신 있게 직무에 충실해야 한다는 것이다. 공직자는 소신이 있어야 한다. 자기가 맡은 직분에 대한 사명감과 책임의식을 깊이 인식하여 정정당당하게 공무를 집행해야 한다. 부당한 권력에 굴복하지 않아야 하며, 재물의 유혹에 빠져 양심을 파는 부도덕한 공직자가 되어서는 안 된다. 강직하고 소신 있는 공무집행으로 자기 소임을 다하는 공복이 되어야 한다. 연산군 시절에 정붕이라는 사람이 있었다. 정붕은 연산군한테 바른 말을 하다가 몇 번이나 죽을 고비를 넘긴 강직한 사람이었다. 그런데 그 정붕이 청송부사로 있을 때, 당시의 영의정 성희안으로부터 꿀과 잣을 보내달라는 기별을 받았다. 청송은 석청꿀과 잣의 명산지였다. 정붕은 편지를 썼다.

'잣은 높은 산꼭대기에 있고 꿀은 백성들의 벌통 속에 있는데 그 것을 지켜야 하는 내가 어디서 그 물건을 구하겠습니까?'

성희안은 그 편지를 받고 후회하여 정중하게 사과의 뜻을 전하고 정봉의 편지를 여러 사람들에게 보여 주었다고 한다. 참으로 흐뭇하고 자랑스러운 청백리들의 이야기다. 어찌 보면 괴팍하고 깨씸하기 이를 데 없는 일이지만 정봉의 꿋꿋한 기상을 높이 사서 도리어 자기를 부끄럽게 여기고 많은 사람들에게 그를 칭찬하였다니 과연 정승의 기개에 걸맞은 행동이었다. 옛날의 청백리들은 이렇듯 청렴 결백하고 사리사욕을 멀리하며 소신 있게 자기 직무에 충실했다. 오늘날에도 이런 청백리가 없지 않으나 가간이 들려오는 부패 공직 자들의 독직사건은 우리를 실망시키고 있다. 흔히 공무원을 공복 (公僕)이라고 한다. 나라의 종이라는 뜻이다. 그 주인인 나라를 섬겨 야할 종이 주인은 안중에도 없고 자신만을 위한다면 그 집은 이내 망하고 마는 것이다.

책임감

쓸모없는 사람이 태어나지는 않는다. 다만 쓸모없는 사람으로 성장하는 것이다. 책임감이란 자신의 쓸모를 자각하고 성실하게 완수하려는 자세다. 부모나 교육자들은 작은 일에도 관심을 가지고 아이를 칭찬해야 미래의 책임 있는 사회구성원을 만들 수 있다.

 선장의 책임

1990년 2월 26일, 선장 유정충 씨와 선원 22명을 태운 100톤급의 조그마한 오징어잡이 배 하나호는 만선의 꿈을 안고 경남 대변항을 떠나 동지나해로 출항했다. 이들이 출어한 지 사흘째 되는 3월 1일, 제주도 남서쪽에서 조업을 하던 선원들이 점심식사를 막 끝낼 무렵, 갑자기 조용하던 바다가 일렁이기 시작했다. 이윽고 최

대풍속 18-20m의 바람이 4-5m나 되는 파도를 몰고 뱃전을 때리며 금방이라도 하나호를 삼켜버릴 듯 집채 같은 거센 파도가 휘몰아쳐 왔다. 조타실에서 키를 좌우로 돌리며 파도 사이를 조심스럽게 헤쳐 나가는 유 선장의 등에 진땀이 흘렀다. 아슬아슬한 곡예처럼 파도를 가까스로 타넘어 가던 순간, 거대한 파도가 배의 옆구리를 강타하자 엔진이 클럭클럭하며 이상징후를 보이기 시작했다. 오후 1시 51분, '쿵' 하는 소리와 함께 배는 큰 충격을 받고 선미 부분에 차가운 바닷물이 쏟아져 들어오며 배는 침몰하기 시작했다. 빠른 속도로 바닷물에 잠기기 시작한 배는 금세 선미가 45도로 기울어졌다.

"배가 침몰한다! 빨리 탈출하라!"

유 선장은 황급히 선원들에게 하선을 명령했다. 다급한 상황에서 선원들은 구명조끼를 착용할 겨를도 없이 바닷물로 뛰어들었다. 뒤이어 내려진 구명보트가 바다에 뜨자 물 속에서 허우적거리던 선원들이 하나둘 보트에 오르기 시작했다. 불과 몇 초 사이에 벌어진 일이었다. 선원들이 구명보트에 무사히 오르는 것을 확인한 선장은 침몰하고 있는 배에 남아 그때까지도 구조전문을 보내고 있었다. 다급한 상황에서 자신의 목숨을 구하기도 벅찼던 선원들은 그때서야 선장이 침몰하는 배에 남아 있다는 것을 알아챘다. 장수남 사무장이 절규했다.

"선장님, 빨리 배를 포기하고 탈출하세요."

그러나 그의 안타까운 외침은 나선형의 소용돌이를 그리며 침몰하는 선체의 마지막 모습 위로 메아리칠 뿐이었다. 배가 기울기 시작한 지 불과 5분 만에 하나호는 유 선장과 함께 물 속으로 영원히 사라지고 말았다.

책임감이란 어떤 것인가?

책임감(責任感)이란 말 그대로 맡은 임무를 스스로 꾸짖어 완수하게 하는 마음이다. 모두가 같은 일을 추진하다 어떠한 난관에 부딪혔을 때, 아무도 책임감을 가지지 않는다면 모두 같이 공멸(共滅)하는 수밖에 없다. 목숨은 모두에게 소중한 것이다. 하지만 군인이 적과 마주쳤을 때 목숨이 위태롭다고 모두 자신의 목숨을 구하고자 뿔뿔이 흩어지면 결국 모두 함께 죽는 결과를 초래한다.

이럴 때, 자신의 안전보다 동료의 안전을 위해 살신성인하는 유 선장 같은 사람이 있음으로 해서 위대한 인간정신을 기리는 계기가 된다. 공자는 살신성인을 인간 최고의 덕목이라고 예찬했다. 내 몸을 바쳐 의를 실천한다는 것은 결코 아무나 할 수 있는 것은 아니기 때문이다. 이에, 맹자는 사생취의(捨生取義)의 정신을 강조했다. 의를 취하기 위해서 나의 생명을 버리라는 것이다. 이순신 장군은 '살고자 하면 죽을 것이고, 죽고자 하면 살 것이다'라고 말했다. 죽을 각오로 모두가 힘을 합친다면 분명 살 길이 열린다는 뜻이다. 한 사회나 공동체가 위기에 처했을 때, 그 위기에서 벗어나려면 무엇보다 힘을 합치는 일이 중요하다. 이처럼 '책임'은 공동체를 유지하기 위한 기본적인 약속이다. 집단을 구성하면 각 구성원에게는 각자의 책임이 주어진다. 많은 구성원을 가진 사회는 언뜻 보기에 하나 둘 빠져도 잘 돌아가는 것처럼 보인다. 하지만 안정적으로 보인다고 해서 '나 하나 없어도 괜찮겠지'라고 생각하는 순간 그 집단은 쇠퇴의 길을 걷기 마련이다. 책임이라는 것은 마치 시계의 부속품과 같다. 각자의 부품이 모두 제 기능을 하고 있을 때 시계는 정확한 시간을 가리킬 수 있다. 하지만 어느 부품 하나가 제 기능을 하지 않는다면, 비록 그 부품이 아무리 사소하고 작은 것이라 해도 그 시계는 점차 느려지기 시작하여 마침내 다른 부품에도 영향을 미쳐 마침내 서버린다.

특히 집단의 지도자나 책임자는 위기를 외면하지 않고 자신의 임무를 다하는 본을 보여야 한다. 책임자란 공동체의 흥망성쇠를 쥐고 있는 사람이다. 비유를 하자면, 어떤 목적지를 향해 여행을 떠나는 여행자에게 두뇌는 책임자와 같다. 만약 두뇌가 '나의 임무가 너무 과중하고 피로하여 조금 쉴 테니 나머지 신체의 각 부분이 알아서 가시오'라고 하며 판단하기를 중지한다면 눈은 어디를 보아야 할지를 모를 것이고 다리는 걸어야 할지 말아야 할지 망설일 것이다. 그렇게 된다면 사람의 몸은 갈팡질팡하다가 쓰러져 다치고 말 것이다. 그래서 집단의 책임자는 자신의 이익보다는 집단의 이익을 위해 헌신해야 하는 것이다.

알렉산더 대왕이 페르시아 원정에 나섰을 때, 사막을 지나게 되었다. 닷새나 사막을 지나는 동안 물 한 모금 구해 마실 수가 없었다. 심한 갈증으로 병사들이 가슴을 쥐어뜯으며 나뒹구는데, 마침 적은 물이 고여 있는 오아시스를 하나 발견했다. 한 병사가 자신의 투구에다 물을 떠서 대왕에게 바치자 대왕은 고맙다고 말한 다음 그 천금같은 물을 다시 오아시스에 부어 버렸다. 그리고 알렉산더는 가장 계급이 낮은 순으로 오아시스의 물을 마시게 했다. 물론 자신에게 돌아오기 전에 물은 바닥이 나고 말았다. 알렉산더의 경우와 반대로 '사자의 차지'라는 이야기가 있다. 사자는 다른 짐승을 먹이로 잡으면 힘이 센 순서대로 먹는다는 이야기다. 집단의 지도자인 최고 책임자는 짐승이 아니라 대왕의 책임감을 가지고 있어야 한다.

 ## 어떻게 책임감을 기를 것인가?

책임감이란 자신에 대한 존엄이 있을 때 생기는 것이다. 자기 자신에 대해 가치를 느끼지 못하는 사람에게서 책임감을 기대할 수는 없다. 자신을 하찮고 쓸모없이 여긴다면 그는 무슨 일을 해도 의욕과 성취의 만족을 느낄 수 없다. 그저 마지못해 하는 노예의 마음으로 사는 것이다. 이런 마음이라면 책임감이란 기대할 수도 없고 100%의 성과를 낼 수 있는 일을 애초부터 포기하거나 겨우 10% 정도의 성과에 머물고 말 것이다. 자신에 대한 존엄은 어릴 때부터의 환경이 중요하다. 어린 아이가 작은 일을 이루었을 때 칭찬받지 못하고 꾸지람이나 무시를 받는 경우, 성장해서도 일과 자신에 대한 보람과 가치를 찾기보다는 자신이 한 일에 대한 비판적 책임추궁과 무관심을 염두에 두고 능동적으로 참여하지 않으려 하는 것이다. 쓸모없는 사람이 태어나지는 않는다. 다만 쓸모없는 사람으로 성장하는 것이다. 책임감이란 자신의 쓸모를 자각하고 성실하게 완수하려는 자세다. 부모나 교육을 담당하는 사람들은 작은 일에도 관심을 가지고 아이를 칭찬해야 미래의 책임 있는 사회구성원을 만들 수 있다.

또한 책임감이란 사회구성원으로서 자신의 임무를 자각하는 데에서 출발한다. 사람이란 홀로 고립무원(孤立無援)하여 살 수 없다. 사회의 일원일 때 사람은 사람다울 수 있다. 그러므로 유기적인 조직체의 일원으로서 자신의 임무에 충실할 의무가 있다. 하지만 작은 조직에서는 자신에게 할당되는 역할이 명확하지만 사회라는 거대한 조직에서는 자신의 임무가 불분명하게 느껴질 수가 있다. 사회의 구성원으로서의 개인의 임무는 거창한 것이 아니다. 물론 자신이 태어난 사회에 크게 이바지해야 하는 것도 중요하지만 자신이 몸담고 있는 사회란 더불어 사는 것이기에 서로를 위하는 마음자세를 갖는 것이 바로 사회구성원으로서 개인의 임무다. 바로 사랑하는 마음이다. 아버지가 자식을 사랑하는 마음으로 아랫사람을 대하고 자식이 아버지를 공경하는 마음으로 윗사람을 대하며, 남의 것을 내 것처럼 아끼고 남의 아픔을 내 아픔처럼 여기는 마음으로 각자의 맡은 역할에 충실할 때 사회의 공동번영은 이루어지는 것이다. 공자는 '군군신신부부자자(君君臣臣父父子子)'라는 말로 올바른 사회를 이룰 수 있다고 보았다. 임금은 임금다워야 하고 신하는 신하답게 행동하고, 아버지는 아버지답고 자식은 자식다운 것이 간단하지만 바람직한 사회로 가는 지름길이다.

인간관계

웃는 얼굴과 밝은 표정으로 남보다 먼저 인사를 하자. 반갑고 부드러운
인사말은 인간관계의 첫걸음이다. 첫 인사말이 첫인상을 좌우
하고 좋은 인간관계를 위한 초석이 될 것이다.

먼저 생각하는 자세

남자는 여름이 지나자 자신이 가진 보트를 물에서 건져 창고에
보관하려다 보트 밑바닥에 난 작은 구멍을 보았다. 그는 다음 해 여
름에 그 구멍을 메우리라 생각하고 페인트공을 불러 보트에 칠만
새로 했다. 이윽고 시간이 흘러 여름이 왔고 그의 아이들은 보트를
타고 싶다고 아버지를 졸랐다. 그는 시간이 흐른 탓에 보트의 밑바
닥에 난 구멍을 깜빡 잊어버리고 아이들에게 보트를 타도 좋다고

허락을 하고 말았다. 아이들이 보트를 타고 깊은 물로 향한 후 두어 시간이 지났을 때, 아버지는 보트의 밑바닥에 난 구멍이 갑자기 생각났다. 게다가 아이들이 전혀 수영을 하지 못한다는 사실도 함께 깨달았다. 갑자기 앞이 캄캄해진 아버지는 서둘러 호수로 뛰어나가려는데 마침 아이들이 보트를 타고 즐겁게 돌아오는 것이 보였다. 그는 아이들을 부둥켜안고 안도의 한숨을 쉬었다. 그리고 보트로 올라가 작년에 구멍이 났던 보트의 밑바닥을 살펴보았다. 그런데 구멍이 나 있던 자리는 말끔하게 메워져 있는 것이 아닌가? 그는 보트를 보관하기 전에 칠을 맡겼던 페인트공을 찾아갔다. 그리고 페인트공에게 거듭 고맙다고 말하며 준비한 선물을 건넸다. 그러자 페인트공은 당황하며 말했다.

"보트를 수리한 대금은 이미 받았습니다만, 이 선물은 무엇이지요?"

"작년에 보트를 수리하며 밑바닥에 난 구멍을 수리한 것이 당신이 아닙니까?"

"네, 맞습니다만……."

"그 구멍을 제가 올해 수리하려다 그만 깜빡 잊었지 뭡니까. 부탁하지도 않았는데 당신이 구멍을 수리해 주어서 아이들의 목숨을 구할 수 있었답니다."

인간관계란 어떤 것인가?

이와 같이 인간관계란 돈으로 계산할 수 있는 것 이상의 의미를 가지고 있다. 만약 페인트공이 자신이 받은 대가만을 생각하여 페인트 칠만 했다면 아이들은 목숨이 위태로운 상황까지 갈 수 있었다. 그렇다고 아이들이 사고를 당한 책임이 페인트공에게 전가되는 것도 아니다. 그저 불행한 아버지만 홀로 자신의 부주의를 탓하며 고통스럽게 살아갔을 것이다. 인간관계의 핵심은 이처럼 돈으로 형성되는 것이 아니라 타인의 일을 내 일처럼 여기는 배려에 있다. 인간은 누구나 관계 속에서 살아간다. 부자관계, 형제관계, 친구관계, 동료관계 능 다종다양한 촘촘한 관계의 그물 속에서 살아간다. 사람 사이에 좋은 관계를 형성하려면 형식보다 진정성에 의존해야 한다. 좋은 관계를 위해 아무리 값진 선물을 하더라도 마음이 담기지 않았다면, 선물한 사람의 금전적 여유가 사라지는 순간 그 관계도 끝나는 것이다. 반면 아무리 하찮은 선물이라도 선물하는 사람의 마음이 담겨 있다면 선물을 받는 사람은 선물보다 커다란 마음의 선물을 받는 것이다. 때문에 사람 사이에 금전적인 여유의 많고 적음이 아닌 진정한 인간관계가 형성되는 것이다. 인간관계가 좋은 직장생활이나 사회생활은 모두 서로의 일을 배려하고 협력하기 때문에 즐겁고 능률이 극대화된다.

또한 인간관계가 좋은 사람은 성공할 수 있는 가능성도 크다. 미

인간
관계

국의 카네기 공업협회에서 사회적으로 성공한 만 명을 대상으로 '성공의 비결'이 어디에 있는가를 조사했더니, 두뇌·기술·노력에 의한 성공의 확률은 15%인데 반해, 인간관계에 의한 성공률은 놀랍게도 85%를 차지했다고 한다. 또한 하버드대학의 직업보도국에서 '실직의 사유'를 조사했더니 직무능력의 부족으로 실직한 사람보다 인간관계가 나빠 적응을 하지 못하고 그만 둔 사람이 두 배 이상이었다고 한다. 이런 연구결과에서 알 수 있듯이 인간관계가 성공과 실패에 미치는 영향이 크다는 것을 알 수 있다. 우리가 중·고등학교를 졸업한 후에 시간이 흘러 동창회에 나가 보면 인간관계의 중요성을 새삼 깨달을 수가 있다. 학교 다닐 때 공부에만 몰두해 좋은 성적을 거두었지만 친구를 사귀지 못하고 이기적인 심성으로 남을 배려할 줄 모르던 친구는 나이가 들수록 승진과 성공의 소식이 끊어진다. 하지만 학교 다닐 때 성적은 별로 좋지 않았지만 친구들과 잘 어울리고 따뜻한 배려를 아끼지 않던 친구는 사회에 진출하여 주위 사람으로부터 환영과 지지를 얻어 점점 두각을 나타내 예상치 못한 지위에 올라 있기도 하는 경우를 본다.

어떻게 좋은 인간관계를 형성할 것인가?

우리들 주변에는 딱히 꼬집어 말할 수는 없지만 어쩐지 마음이 끌리는 사람이 있다. 저 사람이라면 어떤 문제라도 터놓고 의논할 수 있을 것 같은 마음이 들거나 고민을 얘기하면 해결의 기미가 보일 것 같은 사람이 그런 사람이다. 그러나 반대로 이유 없이 싫거나 경계심이 생기는 사람이 있다. 이런 차이는 왜 생기는 것일까? 그것은 그 사람이 갖는 인간관계에서 유래한다. 인간관계가 좋은 사람은 누구나 가까이하고 싶기 때문에 대개의 경우 호감과 환영을 받는다. 인간관계가 나쁜 사람은 아무도 가까이하지 않으려 하고 찾거나 따르지 않으므로 인생이 고독하고 불행해질 수밖에 없다. 좋든 싫든, 이런 심성이 오래도록 지속되면 그 마음은 자연히 몸에 습관처럼 배기 마련이다. 그래서 새로 만난 사람이라 하더라도 잠시의 시간만 지나면 그 마음을 읽을 수 있다. 좋은 인간관계를 형성하기 위해서는 좋은 인상을 주어야 한다.

인간관계를 좋게 하는 핵심은 친밀감과 신뢰감이다. 친밀감을 주는 사람은 매사에 부드럽고 친화력을 가지고 있다. 누구나 가까이하고 싶고 가까이 하기 쉬운 사람이다. 대화를 나누다 보면 저절로 호감이 가고 호의를 갖는다. 그래서 만나는 것이 즐겁고 기뻐서 자주 만나고 싶어진다. 또 언제나 따스한 마음과 온유한 태도로 사람을 대하기 때문에 상대방의 마음도 편해진다. 이해심이 많아 남을 배려할 줄 알고 어려운 일에 발벗고 잘 도와 준다. 그리고 서로 협동하게 하여 일의 성과를 높인다. 다음으로 신뢰감을 주는 사람은 신망이 두텁고 양심이 바른 사람이다. 누구나 마음을 터놓고 이야기하고 싶고 의논할 수 있는 사람이다. 남을 속이지 않는 정직한 사람이기에 그의 인격을 믿고 따르는 것이다. 그런 사람은 매사에 성실하고 작은 일에도 정성을 다해 주므로 상대방을 감동케 하고 마음으로부터 깊은 연대감을 갖게 한다.

좋은 인간관계는 원만한 사회생활뿐만 아니라 인격적인 성장도 가져온다. 인간관계를 좋게 하여 성공과 훌륭한 인격을 갖고 싶다면 다음의 아홉 가지 방법에 귀를 기울일 필요가 있다.

❶ 먼저 인사하라. 웃는 얼굴과 밝은 표정으로 남보다 먼저 인사를 하자. 반갑고 부드러운 인사말은 인간관계의 첫걸음이다. 첫 인사말이 첫인상을 좌우하고 좋은 인간관계를 위한 초석이 될 것이다.

❷ 웃으며 대하라. 미소는 호의의 표정이고 다정함을 전하는 수단이다. 웃는 얼굴은 호감을 사고 친밀감을 갖게 한다. 봄바람처럼 부드러운 미소로 사람을 대하라. 모두가 친구가 되고자 할 것이다.

❸ 친절하게 대하라. 친절은 정답고 부드러우며 따뜻한 마음의 표현이다. 친절만큼 가슴을 따뜻하게 하는 것은 없다. 언제나 친절히 대하라. 그러면 당신 주변에 많은 사람들이 모일 것이다.

❹ 인정해 주고 칭찬하라. 사람들은 누구나 인정받고 칭찬받기를 원한다. 남의 능력이나 업적, 장점을 발견하고 칭찬해 보라. 상대방은 그 기쁜 마음을 믿음으로써 보답할 것이다.

❺ 이름을 기억하라. 자기의 이름을 기억하고 있다는 것은 정말

기분 좋은 일이다. 상대방의 이름을 정확히 기억하고 불러주라. 이 것은 자기에 대한 관심이 크다는 것을 말하는 것이므로 상대방도 이에 호응하여 호감을 갖게 될 것이다.

❻ 관심을 가져라. 관심을 갖는다는 것은 상대방에 대해 마음을 쓰고 있다는 것을 보여 주는 것이다. 상대방의 기쁨과 슬픔에 공감할 준비가 되어 있다는 것이다. 상대방에 대해 깊은 관심을 가져라. 인간은 누구나 자신에게 따뜻한 관심을 갖는 사람을 좋아하기 마련이다.

❼ 존중해 주라. 상대방을 정중하게 대하는 것은 예의를 갖추어 존경의 뜻을 표하는 것이다. 먼저 상대방의 의사를 존중하고, 인격을 존중하고 개성을 존중하라. 그러면 상대방 또한 당신을 위해 베풀려는 마음을 가질 것이다.

❽ 너그럽게 대하라. 이 세상에 허물이 없는 사람은 아무도 없다. 누구나 언젠가는 잘못을 저지를 수 있다. 남의 잘못에 대해 너그럽게 대하라. 사람이 관대하면 인심을 얻고 많은 사람이 따르게 된다.

❾ 남을 도우려 힘써라. 남을 돕는 일처럼 가치 있는 일은 없다. 비록 적은 도움이라도 그것을 받는 사람에게는 큰 기쁨이 되고 힘이 된다. 남을 위해 봉사하라. 그것이 좋은 친구를 얻는 길이자 좋은 인간관계를 맺는 지름길이다.

존재 가치

존재가치에 대한 자기성찰은 스스로에게 더 큰 동기를 부여하게 될 것이다. 자신의 발전을 반성하는 계기가 될 뿐만 아니라 미래에 대한 의욕도 생길 것이다.

할아버지의 마지막 당부

1930년대에 미국 출판계에서 베스트셀러가 되었던 책 가운데 《에드워드 보크(Edward Bok)》의 자서전이 있었다. 이 에드워드 보크라는 사람은 그 당시 전 세계적으로 널리 알려진 미국 필라델피아의 커티스 출판사 사장으로 매우 권위 있는 몇 개의 잡지와 일간신문 등을 발간하여 미국 국민들에게 각 방면에 걸쳐 지대한 영향을 끼치고 있었다. 이 거대한 영향력을 가진 출판사가 이루어지기까지 당시 사장이었던 에드워드 보크의 일생의 교훈이 담긴 자서전이 바로 그것이다.

보크는 열두 살 때 고국 네덜란드를 떠나 미국으로 이민을 했다. 어릴 때 부모를 여의고 할아버지의 손에서 자란 어린 에드워드가 정든 고향을 버리고 외톨이 이민으로 머나먼 신대륙 미국으로 떠나지 않을 수 없을 만큼, 그의 가정은 가난하고 보잘 것 없었다. 손자의 배 삯만 겨우 마련해 준 할아버지는 어린 보크의 머리를 쓰다듬으며 마지막 작별을 했다.

"에드워드야, 네게 꼭 일러주고 싶은 말이 있구나. 너는 이제부디 이디를 기든지 네가 속한 곳을 어떤 형태로든 더 나은 곳으로 만들기 위해 애쓰기 바란다. 이것이 내가 네게 주는 마지막 부탁이다. 잊지 말고 명심하기 바란다."

그의 자서전에 의하면 어린 보크가 미국 땅을 밟았을 때 호주머니에는 1달러도 안 되는 돈만 있었을 뿐이라고 했다. 어떻게든 살아야만 했던 그가 시작할 수 있는 일이라곤 신문을 파는 일뿐이었다. 사람이 많이 오가는 어느 거리 한 모퉁이에서 신문을 팔면서 보크는 할아버지가 일러준 교훈을 떠올렸다.

'나는 지금 이 보스턴이라는 도시의 길모퉁이에서 신문을 팔고 있다. 내가 속한 곳을 어떤 모양이든 더 나은 곳으로 만들라는 것이 할아버지의 부탁 아닌가? 하지만 나 같은 어린 아이가 이 거리에

있으나마나지 무엇을 어떻게 변화시킬 수 있단 말인가?'

그는 할아버지의 당부를 되새기며 자신의 처지에 맞는 일을 찾기로 결심했다. 그는 우선 길거리에 흩어져 있는 종이조각과 담배꽁초를 주워 치우기도 하고 빗자루를 마련해 두고 때때로 거리를 쓸기 시작했다. 그리고 그는 조간신문이든 석간신문이든 어김없이 준비해두고 손님들이 찾아와 그냥 돌아가는 일이 없도록 했다. 얼마가 지났을 때, 이 거리에 신문 파는 아이가 나타난 이후, 거리가 눈에 띄게 깨끗해지고 사람들은 언제든 원할 때 신문을 살 수 있었다. 보크는 몇몇 직장을 옮기던 끝에 커티스 출판사에 취직하게 되었다. 그가 맡은 첫 일거리는 사무실과 판매장을 청소하며 심부름을 하는 사환의 일이었다. 그는 그 직장에서도 할아버지의 당부를 생각했다.

'나는 커티스 회사의 사무실과 판매장의 잡역부다. 내가 오기 전보다 모든 면에서 나아져야 한다. 좀더 깨끗하고 잘 정돈된 모습을 보여야 한다.'

이렇게 결심하고 일을 시작한 그는 자기가 맡은 일에 최선을 다하며 틈틈이 판매원들의 일까지 거들었다. 시간이 지날수록 어린 사환이 들어온 이후 그 영업소는 깨끗해지고 점포의 분위기도 바뀌며 판매량도 늘게 되었다. 이런 변화를 눈여겨본 그의 상사는 그를 점원으로 진급시켰다. 정식 직원이 된 그는 정성을 다해 열심히 일했다. 회사에서는 그의 성실성과 능력을 높이 평가했으며 점차 중요한 직책으로 승진시켰다. 그는 판매부장, 경제부장, 편집국장, 지배인 등의 직위를 두루 거쳐 중역의 한 사람이 되었으며 마침내 커티스 회사의 사장 딸과 결혼하는 행운아가 되었다. 그가 40고개를 넘었을 때, 그는 이미 다채로운 경험을 쌓아 경제적으로, 인격적으로 미국 사회에서 손꼽히는 존재가 되었다. 그는 이렇게 되는 날까지 할아버지의 당부를 결코 하루도 잊지 않았다. 그가 1925년 은퇴할 때까지 일생을 통해 '내가 살고 있는 이 미국을 어떻게 하면 보다 살기 좋은 나라로 만들 수 있을 것인가' 라는 일념으로 여러 사회운동과 문화사업, 그리고 세계평화를 위한 사업에 전념하여 큰 업적을 이루었다.

 ## 존재가치란 어떤 것인가?

인간에게 자신이 속한 위치에 알맞은 존재가치를 찾는다는 것은 어려운 일이다. 사람들은 자신이 처한 현실에 대해 수동적인 입장을 취하기 쉽다. 살다보니 어찌어찌 지금의 일을 하게 되었고, 지금 맡은 일을 그냥 열심히 성실하게 수행하다 보면 언젠가 좋은 미래가 찾아올 것이라는 희망을 가지고 산다. 물론 이런 생각을 가지고 사는 것도 진지한 삶의 태도 중의 하나다. 성실하고 믿음직한 사람이라는 평판도 들을 수 있다. 하지만 수동적인 삶의 태도는 자신이 발전할 수 있는 기회를 우연에 맡길 수밖에 없다. 더 바람직한 삶의 태도는 적극적인 삶의 태도를 갖는 것이다. 바로 이럴 때, 자신의 존재가치에 대해 자신에게 물어보는 지혜가 필요하다. '나는 어떤 존재가치가 있는가?', '내가 맡은 일은 나와 집단에 얼마나 큰 역할을 하고 있는가?'를 스스로에게 반문해보자. 내가 맡은 일만 충실히 수행하면 된다고 생각하는 사람은 자신이 현실에 안주하고 있다는 것을 깨닫게 될 것이다. 존재가치에 대한 자기성찰은 스스로에게 더 큰 동기를 부여하게 될 것이다. 자신의 발전을 반성하는 계기가 될 뿐만 아니라 미래에 대한 의욕도 생길 것이다. 하지만 자신이 맡은 일을 등한시하고 얕은 잔꾀로 발전을 도모하는 일은 경계해야 한다. 잔꾀로 이루어진 성과는 기초가 부실한 높은 빌딩과 같아서 일이 어긋나면 한 순간에 무너지는 재앙을 초래할 것이다.

자신이 밟고 있는 토대를 기반으로 한 계단을 쌓은 다음 그 계단을 기반으로 다음 계단을 쌓아야 하는 이치와 같다. 자신의 존재가치를 성찰하고 남보다 더 열심히 계단을 쌓는다면 스스로의 의욕을 자극하여 다른 사람보다 성실하다는 평가와 함께 업무 수행능력이 탁월하다는 칭찬을 받게 될 것이다. 남다른 노력은 분명 그 가치를 알아주는 사람의 눈에 띄기 마련이고 기회의 빈도는 높아질 것이다. 위인들의 생애를 통해 보면 우연한 기회에 갑작스러운 업적을 이룬 사람이 없다는 사실에 주목해야 한다.

어떻게 존재가치를 높일 것인가?

자신의 존재가치를 높인다는 것은 쉽게 말해서 '제구실'을 밝힌다는 말과 같은 의미이다. '제구실'이란 자기가 맡은 역할을 말한다. 부모는 부모의 역할을 다하고, 학생은 학생의 역할을 다하는 것을 말한다. 제구실을 하기 위해서는 자신이 어떤 위치에 있는 어떤 사람인지 먼저 인식해야 한다. 학생이면 학생으로서의 본분이 있다. 학생이 사회인의 본분으로 산다면 부질없는 행동이다. 그러므로 자신이 학생이라면 학생의 태두리 안에서 자신의 능력을 최대한 발휘할 수 있도록 노력해야 하는 것이다. 직장인은 직장인으로서 자신이 능력을 최대한 발휘해아 한다.

만약 사람이 가진 몸의 각 부분이 제구실을 다하지 못한다면 어떻게 될 것인가? 눈은 보는 구실을 해야 하고, 귀는 듣는 구실을, 코는 숨쉬고 냄새를 맡는 구실을, 입은 말하고 먹는 구실을 충실히 담당해야 한다. 그런데 인체의 각 부분이 제구실을 못하면 장님이 되고 귀머거리가 되며 벙어리가 되거나 숨이 막혀 몸 전체에 영향을 주게 되어 마침내 죽고 마는 것이다.

자신의 존재가치를 최대로 끌어 올리기 위해서는 첫째로 제구실이 무엇이고, 어떤 인간으로 남을 것인가를 먼저 생각해야 한다. 우리는 태어나서 보람 있는 역할을 수행하고 가치 있는 인간으로서 행복한 삶을 마감하기를 원한다. 이런 꿈을 가지고 있다면 우리는

존재가치

먼저 자랑스럽고 보람 있는 인생의 목표를 선택하여 그 길에 자신을 아낌없이 던질 수 있어야 한다. 그래야 자신의 존재가치가 빛나는 위대한 인물로 길이 남게 될 것이다. 이렇게 생각하면 혹시라도 이 일도 보람 있는 일이고, 저 일도 자랑스러운 일이니 모두 성취하고 싶은 생각이 들 것이다. 하지만 안타깝게도 대부분의 사람은 유한한 재주만 타고 난다. 다만 한 가지 성취가 인접한 분야의 다른 성취로 이어질 수는 있다. 그러니 우선은 자신이 성취할 수 있는 분야의 최고를 꿈꿀 필요가 있다.

스스로 하나의 '제구실'을 정했다면 다음으로 그 속에서 괄목할 만한 성취를 이루어내는 노력이 필요하다. 제구실도 못하는 사람이 분야의 최고가 될 수는 없다. 그러므로 자신이 맡은 구실을 충실하고 정성껏 감당해야 한다.

안양대학교의 김영실(金英實) 총장의 조일우 교육론이 있다. 바로 '한구석 밝히기' 운동이 그것인데 '한구석 밝히기'란 자신의 존재가치를 깊이 인식하고 자신에게 주어진 일에 최선을 다하여 자기가 속한 한 구석을 밝힘으로써 자신과 나라의 발전에 이바지하라는 의미다. 그는 자기가 맡은 분야를 '구석'이라고 표현하고 자신이 맡은 분야를 충실하게 돌보는 것을 '제구석 밝히기'로 규정하고, 사회의 각 분야에서 '한구석 밝히기'가 이루어진다면 나라를 부강하게 하고 국민을 행복하게 하며, 민족을 위대하게 하는 근본으로 작용할 것이라고 말했다. 각자가 제구실, 자신의 존재가치에 충실한 사람이 된다면 보람 있는 자아실현과 더불어 사회 공동의 번영에 크게 이바지하는 것이다. 주위 사람을 위해 항상 성실하게 노력하는 사람은 좋은 사람이다. 하지만 만인을 위해 항상 성실하게 노력하는 사람은 위대한 사람이다. 자신의 인생을 빛낼 목표를 정하고 매사에 노력하고 발전시키려 애쓰는 사람에게 진정한 존재가치의 명예가 뒤따르는 것이다.

만남

사람은 성실하고 진실한 만남 속에서 인생의 행복을 찾을 수 있다. 이것이 선택되고, 보람 있고, 영원한 만남이다. 인생의 변치 않는 교훈은 좋은 만남이 행복한 삶을 만들고 나쁜 만남이 불행한 삶을 만든다는 것이다.

 3일의 소원

눈이 멀고, 귀도 멀고, 말도 못하는 세 가지 불구를 한 몸에 지닌 삼중고의 성녀 헬렌 켈러는 《만약 나에게 3일 간의 광명을 준다면》 이란 책을 통해 이렇게 말했다.

"내가 만일 3일 동안 눈을 뜰 수 있다면, 첫날 눈 뜨는 순간 나는 나를 가르쳐 준 설리반 선생님을 보고 싶다. 그의 인자한 얼굴 모습, 끈질긴 사랑의 힘, 그리고 성실함, 이 모든 그의 성품을 내 마음 속에 깊이깊이 새겨 놓겠다. 그리고 나를 사랑하고 아껴주던 친구들의 모습을 물끄러미 바라보는 동안 그들의 모습을 똑똑히 기억해 두겠다. 다음에는 녹음이 우거진 산과 들로 산책하며 하늘거리는 나무 잎사귀의 모습, 아름다운 꽃들의 색깔, 그리고 그것들이 이루는 조화의 신비를 만끽하며 하루를 보내다가 저녁 때 멀리 서편 하늘에 아롱지는 저녁노을을 보며 하루를 접겠다.

둘째 날에는 뉴욕 시가의 번잡한 거리를 헤치며 많은 사람들의 틈에 끼어 메트로폴리탄 박물관 안에 진열된 역사적 작품들을 감상하며 인류 역사의 발자취를 한눈에 살피고 싶다. 다음에는 미술관에 가서 레오나르도 다 빈치, 렘브란트, 미로 등의 화폭들을 감상하며 내 손끝으로는 알 수 없었던 색깔의 조화로 이루어지는 예술의 신비를 감상하고 싶다.

마지막 날에는 먼동이 트는 햇살과 함께 일어나 바쁘게 출근하는 군중의 모습, 거미줄 같이 줄지어 질주하는 자동차의 움직임을 보며 나는 극장으로 뛰어갈 것이다. 극장에서 공연되는 오페라 가수들의 노래와 우아한 동작들, 그리고 영화관에서 상영되는 명배우들의 연기를 감상하겠다. 그러다 밤이 되면 아름다운 네온사인 속에 묻힌 고층건물들의 숲 속을 헤치며 쇼윈도 안에 진열된 아름답고 귀여운 상품들을 쳐다보며 집으로 돌아오겠다. 그러다 어느덧 시간이 흘러, 다시 영원한 암흑 속으로 나의 눈이 감길 때, 나는 나의 하느님께 3일 동안의 귀중한 경험과 기회를 준 것에 감사하며 고요히 눈을 감을 것이다."

단 3일 간의 시각을 바라는 그녀의 소망과 그 안에 담긴 간절한 열망에는 장애를 모르고 사는 사람들에게 지금 누리고 있는 각양각색의 색깔이 빚어내는 향연과 사소하게 들리는 무의미한 소리, 필요할 때 도움을 요청할 수 있는 목소리에 대한 소중함을 다시 한번 깨우치는 애절한 마음이 담겨 있다. 만약 그녀가 설리반 선생을 만나지 못했다면 그녀는 세상과의 소통을 단절하고 오직 먹는 것에만 집착하는 동물처럼 자랐을지도 모른다. 그러나 설리반 선생님의 헌신적인 교육과 지도에 힘입어 불굴의 투지로 장애를 극복하고 마침내 저술가이며 사회복지 운동가로 거듭나 세계 최초의 맹농아 법학박사가 되는 위업을 이루었다. 그녀는 어린시절 야수처럼 자랐다. 식사 때에는 손에 잡히는 대로 먹었으며 기분이 상하면 닥치는 대로 집어 던졌다. 그나마 그녀에게 다행인 것은 유복한 가정에서 태어났다는 것뿐이었다.

그녀의 부모는 설리반을 가정교사로 맞았다. 7세의 야수 같은 삼중장애아와 20세 처녀의 첫 만남이었다. 설리반 선생은 상상을 초월하는 인내와 헌신적인 노력으로 상처 받은 야수를 가르쳤다. 선생의 갸륵한 노력에 점차 켈러도 호응하기 시작했다. 그러나 볼 수도, 들을 수도, 말할 수도 없는 아이를 가르친다는 것은 어려운 일이었다. 그나마 남아 있는 손과 몸의 느낌으로 둘의 교류가 시작되었다. 어떻게든 켈러에게 말을 가르치고 싶었던 설리반 선생은 자신의 목에 켈러의 손가락을 대게 한 다음, 다른 손은 자신의 입술에 대게 하여 발음과 입 모양을 가르쳤다. 이렇게 일 년이 지나고 방학이 되어 집으로 돌아가 어머니를 만났을 때 켈러는 태어나서 처음으로 '엄마'라는 말을 했다. 점점 세상과 소통하고 자신감을 얻은 켈러는 마침내 설리반 선생의 끝없는 도움에 힘입어 1904년 하버드 대학 클리프 칼리지를 우등으로 졸업함으로써 세계 최초로 삼중의 장애를 물리치고 대학을 졸업한 여성이 되었다. 그 후 남은 한평생을 세계 각지를 돌며 강연을 하며 장애인을 위한 복지에 헌신하는 봉사생활로 거룩한 생을 살았다. 그녀의 초인적인 정신력과 노력은 여전히 세계인들의 희망과 인간승리의 표본으로 꼽히고 있다. 그녀가 이처럼 위대한 생을 살 수 있었던 것은 물론 설리반 선생의 헌신적인 교육과 애정 때문이었다. 만약 헬렌 켈러가 설리반 선생을 만나지 못했다면 어떻게 되었을까?

 만남이란 무엇인가?

독일의 의사이자 작가였던 한스 카로사는 '인생은 만남이다'는 명언을 남겼다. 인생은 인간과 인간의 만남으로 시작된다. 만남은 그 사람의 일생과 운명을 결정하기도 한다. 어떤 부모를 만나고, 어떤 형제를 만나느냐에 따라 그 사람의 첫 인생이 시작되고 운명이 형성된다. 그리고《나와 너》의 저자 마틴 부버는 '모든 참된 삶은 만남에서 비롯된다'고 말했다. 참된 삶은 참된 만남에서 시작된다. 특히 그 어느 때보다 인생의 의미에 대해 진지하게 고민하고 정서적 감수성이 극도로 예민한 청소년기에 어떤 사람을 만나게 되느냐가 중요하다. 분명 청소년기에 만나는 사람이 그 사람의 앞날에 결정적인 영향을 미치는 것이 사실이다. 낙관적인 사고를 가진 사람을 만나면 낙관적인 삶을 살고, 비관적인 사람을 만나면 어두운 삶을 산다. 훌륭한 사람을 만나면 훌륭한 사람이 되고 행복한 사람을 만나면 행복한 사람이 된다. 사람은 자기가 좋아하는 사람을 본받기 때문이다. 청소년기의 만남은 가족이라는 테두리의 세상을 떠나 새로운 세상과의 만남이 시작되는 시기다. 이제 막 걸음마를 배우고 인생의 여행을 떠난 여행자가 앞으로 자신이 가야 할 세상의 풍경을 처음으로 그려보는 시기가 청소년기다.

어떤 만남을 만들 것인가?

우리는 일생 동안 수많은 사람과 만나지만 인연이 있는 만남은 그리 많지가 않다. 우리는 살기 위해서 만나야 하고 만나야 관계를 맺을 수 있기 때문에 안 만날 수도 없는 것이 인간의 사회생활이다.

그러나 사람을 만날 때는 가려서 만나야 한다. 좋은 사람을 선택해서 만나야 한다. 그러기 위해서는 올바른 선택을 할 수 있는 기준이 필요하다. 세상에 어리석은 선택, 잘못된 선택을 해 후회하고 좌절하고 불행을 초래하는 사람이 얼마나 많은가? 먼저 만남이 엄숙하고 두렵고 중요하다는 인식을 가져야 한다. 철학자 안병욱 박사는 '인간의 만남에는 깊은 만남과 얕은 만남, 창조적인 만남과 파괴적인 만남, 행복한 만남과 불행한 만남이 있다'고 말함으로써 신중한 만남을 강조하고 있다. 그렇다면 어떤 만남을 가져야 바람직한가?

첫째, 깊은 만남을 가져야 한다. 의기투합하는 두터운 우정의 만남, 따뜻한 정을 주고받을 수 있는 사람과의 만남, 진리를 주고받을 수 있는 스승과 제자의 만남처럼 혼과 혼, 마음과 마음, 인격과 인격이 서로 깊이 교류할 수 있는 만남이 깊은 만남이다. 이런 만남을 통해 인생의 참된 신뢰와 삶의 보람, 인생의 행복을 바랄 수 있게 된다. 그러나 얕은 만남은 이해와 타산에 의한 만남으로써 잠시 스쳐가는 일시적인 만남이자 마음과 마음이 서로 통하지 않는 무의미한 만남에 불과하다.

둘째, 창조적 만남을 가져야 한다. 서로 만남을 통해 착해지고 진실해지며 서로가 힘과 빛을 얻는 만남처럼 정신이 향상되고 인격이 깊어지며 안목이 넓어지는 만남이 창조적인 만남이다. 이런 만남은 인생의 지평을 새롭게 열어주어 인생의 감격과 정신의 희열을 느낄 수 있다. 그러나 파괴적인 만남은 만남이 거듭되면서 악의 구렁텅이로 전락하고 부패와 타락의 길로 빠지는 길이다. 그런 만남이라면 자신의 영혼이 악으로 물들기 전에 서둘러 거부하는 것이 좋다. 매우 경계해야 할 만남이다.

셋째, **행복한 만남을 가져야 한다.** 너와 나의 만남이 기쁨이 되고 즐거움이 되고 축복이 되는 만남과 같이 사랑과 호의와 기쁨이 충만한 만남이 행복한 만남이다. 이런 만남은 사는 것이 즐겁고 보람된 인생을 제공한다. 그러나 불행한 만남은 서로의 만남 자체가 힘겹고 부담스러운 만남이다. 만남이 거듭된다 하더라도 계속되는 불화와 불일치로 결국은 헤어지는 만남이다. 이런 만남이라면 일찌감치 멀리해야 한다. 사람은 성실하고 진실한 만남 속에서 인생의 행복을 찾을 수 있다. 이것이 보람 있고 영원한 만남이다. 인생의 변치 않는 교훈은 좋은 만남이 행복한 삶을 만들고 나쁜 만남이 불행한 삶을 만든다는 것이다.

보 상

조건 없이 주는 마음을 가져야 한다. 어떤 반대급부도 바라지 않는 순수한 마음으로 주어야 한다. 남에게 무언가를 베풀 때는 자신의 재산과 마음의 여유부분을 떼어서 주는 것이다. 이왕 주려고 마음먹었으면 넓은 마음으로 기쁨을 가지고 도와야 한다.

공주님의 신랑은 누구?

어느 마을에 삼형제가 살고 있었다. 이 형제들에게는 각자 하나씩 보물이 있었는데, 첫째는 어디든 볼 수 있는 천리안이 있었고, 둘째는 어디든 갈 수 있는 마법의 양탄자가 있었으며, 막내는 어떤 병이든 고칠 수 있는 마법의 사과를 가지고 있었다. 삼형제가 사는 나라의 왕에게는 예쁜 공주가 있었는데 어느 날, 이유를 알 수 없는 병에 걸려 언제 죽을지도 모르는 처지에 놓이게 되었다. 왕은 세상의 뛰어나다는 의사를 모두 초빙하여 진료를 했으나 모두들 고개를 저으며 말했다.

"진기한 명약이 아니고서야 공주님의 병환은 고칠 수가 없는 것입니다."

의사의 말을 들은 왕은 고민 끝에 다음과 같이 세상에 알렸다.

'공주의 병을 고쳐주는 사람은 공주의 남편이 되어 나의 왕위를 계승하게 될 것이다.'

어디든 볼 수 있는 천리안으로 여기저기를 살피던 머나먼 마을의 첫째가 왕이 내린 포고문을 읽게 되었다. 그는 공주의 병을 고쳐주자고 동생들과 상의를 했다. 그래서 어디든 갈 수 있는 둘째의 양탄자에 삼형제가 나란히 타고 궁전으로 향했다. 왕을 알현한 삼형제는 곧바로 공주의 처소로 향해 어떤 병이든 고칠 수 있는 막내의 사과를 공주에게 먹였다. 그러자 공주는 씻은 듯 병이 나았다. 공주의 병이 완쾌된 것을 알고 왕은 축하연을 베풀고 자신의 사위를 뽑으려 했다. 하지만 곤란한 입장에 처하고 말았다. 삼형제 중 누구를 사위로 삼아야 할지 선뜻 결정할 수가 없었기 때문이었다. 첫째의 천리안이 없었다면 삼형제는 공주의 병을 알 턱이 없었고, 둘째의 양탄자가 없었다면 공주가 위험하기 전에 도착할 수도 없었기 때문이며, 셋째의 사과가 없었다면 공주의 병을 고칠 수 없었기 때문이었다. 결국 고심 끝에 왕이 사위로 삼은 것은 막내였다. 그러자 두 형제가 강력하게 항의를 했다. 그에 대해 왕은 이렇게 말했다.

"첫째는 공주의 병을 고치기 위해 왔지만 아직도 그 천리안을 지니고 있다. 그리고 둘째 또한 공주의 병을 고치기 위해 왔지만 역시 자신의 양탄자를 가지고 있다. 하지만 막내는 공주의 병을 고치기 위해 자신의 사과를 내주어 자신에게 남아 있는 것이라곤 아무것도 없다. 누군가를 위해 자신의 것을 줄 때 모든 것을 주어야 가장 소중한 것이 된다."

보상이란 무엇인가?

사람은 어울려 살며 서로에게 도움을 주고 도움을 받으며 한평생을 산다. 우리는 날마다 말과 인사를 주고받고, 물건과 돈을 주고받고, 지식과 정보를 주고받고, 사랑과 도움을 주고받는다. 또 주면 받게 되고 받으면 돌려주는 것이 일상의 상식이다. 말하자면 서로 빚을 지고 사는 것이다. 어느 누가 일방적으로 받기만 하고 주지 않는 관계란 있을 수 없다. 보상(報償)이란 받은 대가를 치르는 것을 말한다. 배움도 마찬가지다. 누군가에게 배움을 얻어 그 지식을 활용해 성공을 거두면 반드시 자신이 터득한 성공의 비결을 가르치는 덕을 베풀어야 한다. 또한 부모가 나를 기르기 위해 밤낮으로 애쓰고 자신을 희생하였듯이 그 은혜를 잊지 말고 되돌려주어야 하며

보
상

내 자식 역시 부모가 나를 기른 것처럼 정성과 희생으로 길러야 한다. 이처럼 보상의 원리는 주고받는 관계에서 시작하여 사회 공동체 전체로 퍼져나가 자신이 베푼 값진 가치가 다른 사람에게 도움을 주고 그 도움을 받은 사람이 또 다른 사람에게 도움을 주어 결국 커다란 원을 그릴 때처럼 자신에게 돌아올 때 그 사회는 건강하고 발전하는 사회로 도약할 수 있는 것이다.

만약 서로 주고받아야 할 도움의 관계에서 어느 누가 중간에 자신의 이익만을 취하여 받기만 하고 주지 않는다면 그 집단은 이내 병들 것이다. 사람의 몸에 비유하면 골고루 순환되어야 할 혈액이 어느 한 곳이 막힘으로써 얻는 질병이 동맥경화이다. 이 질환을 그대로 방치하면 계속 악화되어 심한 경우 심장마비라고 일컫는 심근경색을 일으켜 목숨을 한 순간에 잃게 된다. 그러니 도움을 받았다면 그에 상응하는 대가를 분명히 돌려주는 인식의 전환이 필요하다. 나쁜 일에 대한 보상을 생각하면 우리가 좋은 일에 왜 보상을 해야 하는지 이유가 분명해진다. 우리는 악행을 저질러 죄를 지은 사람이 벌을 받는 것을 당연하게 여긴다. 만약 범죄를 저지르고도 이에 대한 대가를 받지 않는다면 공동체의 위기는 순식간에 찾아오기 때문이다. 역설적으로 내가 받은 도움을 의무처럼 돌려줄 때 그 사회는 희망과 건강을 유지할 수 있는 것이다.

🙂 어떻게 보상할 것인가?

이처럼 주고받는 것은 서로의 희망이자 공동의 이익을 구현하는 길이다. 그러므로 주는 사람은 기쁜 마음으로 주어야 하며 받는 사람은 감사한 마음으로 받아야 한다. 또한 당장 돌아오는 보상이 없다고 해서 계산하고 인색한 모습을 보여서는 안 된다. 세상만사는 새옹지마, 돌고 도는 것이다. 잃는 것이 있으면 얻는 것도 있고 주면 받을 때가 있는 것이다. 자신은 베풀었는데 돌아오는 것이 없어 마음이 상한다면 그것은 지혜롭지 못한 생각이다.

사회 생물학자 리처드 도킨스는 그의 저서 《이기적인 유전자》에서 사람의 이기심과 그 결과에 대해 이렇게 예를 들고 있다. 등이 가려운 사람이 있다. 내 손을 뒤로 꺾어 자신의 등을 긁기란 여간 불편한 것이 아니다. 등이 가려운 사람이 또 하나 있다. 그 역시 자신이 스스로 등을 긁기 곤란한 입장이다. 이때 서로가 서로의 등을 긁어주는 약간의 수고를 들이면 둘 다 만족할 수 있다. 하지만 서로가 힘들이지 않고 다른 사람이 자신의 등을 긁어주길 원하는 것이 사람의 본능이다. 내가 다른 사람의 등을 긁어주지 않고 다른 사람이 내 등을 긁어줄 때 얻을 수 있는 만족감이 100%, 등을 긁어주고 배신당하는 사람의 만족감은 0%, 서로가 등을 긁었을 때의 만족감은 긁어주는 수고 20%를 뺀 80%로 보았을 때 서로 이기적인 만족감을 원한다면 둘 다 도움을 주지 않으려 하기 때문에 모두 만족감

0%인 참을 수 없는 가려움을 그대로 내버려 두는 어리석은 행동을 한다는 것이다. 도움을 줄 때 이기적인 계산이 포함되면 이와 같은 결과를 낳는 것이다. 그러므로 무엇인가 베풀 때에도 지혜로운 마음의 태도가 중요하다. 사람은 어떤 마음자세로 도움을 주어야 하는가?

첫째, 조건 없이 주는 마음을 가져야 한다. 어떤 반대급부도 바라지 않는 순수한 마음으로 주어야 한다. 남에게 무언가를 베풀 때는 자신의 재산과 마음의 여유부분을 떼어서 주는 것이다. 이왕 주려고 마음먹었으면 넓은 마음으로 다른 사람을 돕는다는 기쁨을 가지고 도와야 한다.

둘째, 누구에게 베풀든 의식하지 않는 마음으로 주어야 한다. 자신이 누구에게 베풀었다는 마음에 집착하는 것은 자신의 공명심을 세우려는 욕심에서 비롯된다. 이런 공명심은 다른 사람이 알아주지 않는 경우, 불쾌한 내색을 비추기 마련이라 주고도 욕을 먹는 결과를 초래한다. 받는 사람 또한 자신의 위세와 공명심을 앞세운 교만한 도움에는 수치심을 느껴 고마운 마음을 갖지 않는다.

셋째, 준 것을 기억하지 않는 마음을 가져야 한다. 자신에게 꼭 필요하고 중요한 것이라면 주지 않는 것이 현명하다. 그러나 주기를 작정했다면 돌아올 대가를 기대하지 말고, 주지 않더라도 섭섭하게 생각하지 않도록 마음을 비워야 한다. 주고 나서도 돌아오는 것이 없어 섭섭한 마음이 생긴다면, 이는 자신이 베푼 것이 호의가 아니라 거래의 의미로 준 것이다. 그럴 바에는 정당한 거래를 요구하거나 호의를 가장한 잔꾀를 부리지 말아야 옳은 것이다. 대가성 호의는 분명 주고도 비난을 받는 결과로 이어질 것이다.

공평하게 주고받는 것이 분명 말처럼 쉬운 것은 아니다. 하지만 주는 것 또한 자신의 너그러운 인격의 완성과 행복으로 가는 길임을 깨달아야 한다.

보
상

우정

평생 동안 서로 아끼고 도와주며 돈독한 우정으로 살 수 있는 참된 친구를 가진다면 그보다 값진 재산은 없을 것이며 그보다 행복한 사람도 없을 것이다.

목숨을 건 우정

옛날 로마시대에 시라규스의 용감한 장군 피시어스는 포악한 왕 디오니소스를 암살하려던 음모가 탄로나 사형선고를 받았다. 사형이 집행되기 전 디오니소스 왕은 피시어스에게 마지막 소원이 있으면 말해 보라고 했다. 그는 고향에 있는 노모에게 마지막 인사를 드리고 싶다며 잠시 고향에 다녀올 여유를 달라고 애원했다. 왕은 그가 속임수를 써서 도망갈 것이라고 비웃으며 허락하지 않았다. 이

때 이 소식을 들은 피시어스의 절친한 친구인 데이먼이 찾아와 왕에게 무릎을 꿇고 간청했다.

"내 친구 피시어스는 비록 중죄를 지었지만 절대로 거짓말을 할 사람이 아닙니다. 왕께서 그를 의심한다면 제가 대신 옥에 갇혀 있을 것이니 그의 소원을 들어 주소서."

왕은 그들의 우정을 시험해 볼 속셈으로 그 청을 들어 주었다. 그런데 약속한 날이 다가왔는데도 피시어스는 돌아오지 않았다. 드디어 사형집행 시간이 되어 데이먼은 사형장으로 끌려 나왔다. 사형장 주변에는 많은 사람이 모여들었다. 그들 중 일부는 바보 같은 친구의 얼굴이나 보자며 비웃었고, 일부는 의리 있는 친구의 마지막을 보자며 슬퍼했다. 처형장에 나온 왕이 친구 대신 죽게 된 데이먼에게 심정을 물었다.

"피시어스에게 피치 못할 사정이 생겼을 것이니 내가 죽는다 해도 조금도 원망하지 않습니다."

그는 태연했고 친구를 믿어 의심치 않았다. 이윽고 사형집행을 알리는 세 번째 북이 울리는 그 순간, 먼 곳에서 소리를 지르며 죽을 힘을 다해 달려오는 한 사나이가 있었다. 헐레벌떡 달려오는 사람은 바로 피시어스였다. 그는 닷새 동안의 말미를 얻어 이틀 만에 고향에 당도했다. 홀로 남겨질 노모에게 마지막 하직인사를 올리고 곧바로 길을 떠났지만 중도에 갑자기 폭우를 만나 강물이 불어 강을 건널 수 없었다. 무리를 해서 건너다 행여 자신이 죽기라도 하면 친구 데이먼도 억울한 죽음을 맞게 될 것을 생각하여 강을 건널 수 없었다. 이틀이나 걸려서 갔던 길을 이틀을 더 허비하고 하루 만에 돌아오려니 피시어스는 사력을 다해 달렸고 천신만고 끝에 사형집행 직전에 도착할 수 있었던 것이다. 이 광경을 지켜본 디오니소스 왕은 두 친구의 우정과 신의에 감동하지 않을 수 없었다. 그는 이렇게 말했다.

"나에게 임금의 자리와 저 신의 있는 두 친구 중에서 하나를 택하라면 나는 주저 없이 왕관을 버리고 신의 있는 두 사람을 택할 것이다."

그러면서 그는 피시어스의 죄를 용서해 주고 두 사람 모두에게 나라의 중책을 맡겼다. 폭군이었던 디오니소스 왕은 그 후 마음을 고쳐 선정을 베풀어 시라규스의 존경받는 성군이 되었다.

 ## 친구란 무엇인가?

소년 시절 이 글을 읽고 매우 깊은 감명을 받았다. 이런 친구와 함께 일생을 함께 살아간다면 얼마나 보람 있고 행복한 일이겠는가? 나는 이런 친구를 몇이나 가지고 있는가를 자문하며 우정에 대해 깊은 생각을 했던 기억이 있다. 친구라는 인간관계는 우리 생활 속에 깊은 영향과 비중을 가진 존재다. 서로 주고받는 영향이 너무 크기 때문에 속담에 '마누라 팔아 친구 산다'는 말까지 생길 정도다. 그만큼 친구를 소중히 여기는 우리네 전통은 우정을 인생의 높은 가치로써 우러러보게 했다. 우정의 두터움을 표현하는 선인들의 고사가 많이 전해지는 것도 우정의 가치를 높게 평가한 때문일 것이다. 세상에서 가장 절친한 어릴 때부터의 친구를 죽마고우(竹馬故友), 떨어지려야 떨어질 수 없는 친밀한 사이를 수어지교(水魚之交), 쇠나 돌처럼 견고한 우정을 이르는 금석지교(金石之交), 서로 의기투합하여 거리낌 없는 사귐을 일컫는 막역지교(莫逆之交), 그리고 매우 다정하고 허물이 없는 관포지교(管鮑之交), 비록 목이 잘리는 일이 있더라도 마음이 변치 않을 만큼 신의가 있는 문경지우(刎頸之友)라고 하는 등 그 사귐의 정도와 깊이는 실로 다종다양하다. 앞서 등장한 피시어스와 데이먼의 우정은 문경지우의 표본이다. 친구를 위해 목숨까지도 마다하지 않는 교우야말로 의리 있는 참된 친구요, 진정한 우정이다.

영국의 철학자 베이컨은 친구가 없는 세상을 황야에 비유했다. 황야를 홀로 걸어가는 사람의 모습을 상상해 보라. 얼마나 쓸쓸하고 처량하겠는가? 우리에게 어려움이 닥쳤을 때 찾아갈 사람도 없고, 같이 의논할 상대도 없다면 우리의 생활은 얼마나 외로울 것인가? 서로 믿고 의지할 수 있으며 고난과 역경을 이겨나갈 친구가 없다면 인생은 얼마나 비참할 것인가? 그래서 우리는 정다운 벗이 필요하고 서로 진심으로 마음을 교류하는 막역한 친구가 있어야 한다. 특히 남자의 생애에 우정은 결정적인 의미와 가치를 지닌다. 세상의 뜻을 함께 품어보는 든든한 동지로서, 큰 뜻을 도모할 때 힘이 되는 믿음직한 버팀목으로서 친구는 존재만으로도 인생의 기쁨이 될 수 있다. 또한 사람은 인생의 고독한 여정에 정다운 동반자로서, 가치 있는 삶을 위한 후원자로서 참된 친구를 가져야 한다. 사회생활에서 친구가 차지하는 비중은 매우 크다. 변치 않는 믿음과 조건 없는 희생을 기꺼이 감수할 수 있는 친구는 사회생활의 활력소가 되고 여러모로 큰 도움이 된다. 우리는 참된 친구를 갖도록 힘써야 한다. 하지만 인생에서 마주치는 그 많은 사람들이 모두 친구가 될 수는 없다. 예로부터 참된 친구는 세 손가락으로 꼽기도 힘들다고 했다. 그만큼 참된 친구를 만나기 어렵다는 것이다.

 ## 어떻게 참된 친구를 사귈 것인가?

평생 동안 서로 아끼고 도와 주며 돈독한 우정으로 살 수 있는 참된 친구를 가진다면 그보다 값진 재산은 없을 것이며 그보다 행복한 사람도 없을 것이다. 그렇다면 어떤 사람과 사귀어야 하는가? 또 어떤 사람이 참된 친구인가?

첫째, 참된 친구란 신의가 있다. 서로 마음과 마음으로 통하여 믿고 의지할 수 있으며, 자신의 허물이라도 경계하지 않고 털어 놓을 수 있는 친구가 참된 친구이다. 그리고 참된 친구는 친구의 허물을 들추어 누를 끼치지 않는 믿을 수 있는 친구다. 만약 조금이라도 믿을 수 없다면 참된 친구가 될 수 없다.

둘째, 참된 친구는 서로 희생할 수 있는 정신이 있다. 친구의 사귐에는 응분의 손해를 볼 수 있고 고민도 함께 나눌 수 있다는 자세가 있어야 한다. 친구의 불행이 자신에게까지 영향을 미칠까봐 멀리하는 친구는 참된 친구가 아니다. 어떠한 희생과 불편도 함께 나눌 수 있는 친구가 참된 친구다.

셋째, 참된 친구는 의기투합하여 마음이 통한다. 뜻을 같이하여 위대한 꿈을 향해 공동의 목표를 가지고 서로를 자극하고 격려하며 발전을 고취할 수 있는 친구라면 더 없이 참된 친구라고 할 수 있다. 세월이 지나도 한결같은 마음으로 친구의 발전을 자신의 일처럼 기뻐하고 친구의 불행을 위해 발벗고 나설 수 있다면 세상의 온갖 기쁨 중 반쯤은 이미 얻은 것이다.

이런 친구는 누구나 바라는 이상적인 친구의 모습일 것이다. 하지만 이런 친구가 어느 날 갑자기 우정을 과시하며 다가오지는 않는다. 미국의 철학자 에머슨은 '친구를 얻는 유일한 방법은 스스로가 다른 사람의 참된 친구가 되는 것이다'라고 말했다. 그렇다! 참된 친구를 얻으려면 스스로 남의 참된 친구가 됨으로써 신뢰와 우정을 함께할 수 있는 것이다. 서양 속담에 '비슷한 깃털을 가진 새들끼리 무리를 이룬다'는 말이 있다. 참된 친구는 비슷한 마음을 가진 친구와 '유유상종(類類相從)' 하기 마련이다. 내가 먼저 참된 친구의 모습을 보이려면 어떻게 사귀어야 하는가?

첫째, 무엇보다 성실하고 진실된 마음으로 사귀고,

둘째, 서로 깊이 이해하고 아껴주며,

셋째, 예의와 신의를 지키고,

넷째, 고락을 함께 나누는 마음가짐을 가져야 한다.

자기를 위해 친구를 이용하거나 덕을 보려는 이기적인 사람은 평생 참된 친구를 가지지 못한다. 더욱 자기희생에 인색해서는 참된 친구를 얻을 수 없다. '사람의 됨됨이를 보려면 그가 사귀는 친구를 보라'는 말이 있다. 불성실하고 신용이 없는 사람은 그의 친구 역시 그와 같다. 친구란 마음과 마음이 통하여 형성되는 관계이기 때문이다. 친구의 단점이 눈에 거슬린다면 자신을 되돌아 볼 필요가 있다. 친구가 더없이 존경할 만한 장점을 가지고 있다면 자신의 됨됨이도 결코 헛된 것이 아니라는 의미다.

마음

마음이 모든 것을 지배하고 좌우한다. 마음은 곧 나의 모든 생각과 행동을 지배하는 주인이다. 그러므로 인간이 자아를 확립하려면 먼저 자기의 마음을 확립해야 한다.

 두 마음의 인간

중국의 전국시대(戰國時代 : 403~221, B.C.)의 위(魏)나라에 미자하라는 소년이 살고 있었다. 그는 빼어난 용모로 왕의 각별한 애정을 받아 가까이에서 왕을 보필하며 남부럽지 않은 위세를 떨쳤다. 어느 날, 미자하는 어머니가 위독하다는 전갈을 듣자 급한 나머지 왕의 명령이라고 관리를 속여 왕의 마차를 몰고 어머니에게 달려갔다. 당시 위나라에서는 왕의 마차를 탄 사람은 다리를 자르는 형벌

을 정하여 왕의 권위를 세우고 있었다. 왕은 그 소식을 신하들로부터 전해 듣고 화를 내기는커녕 오히려 미자하를 칭찬했다.

"어머니를 걱정하는 마음에 다리가 잘리는 형벌도 잊고 내 마차를 몰고 달려갔구나. 너는 과연 효자로다."

그리고 어느 날, 왕이 과수원을 지날 때였다. 미자하는 아주 먹음직스런 복숭아를 발견하고 이를 따서 맛을 보았다. 복숭아가 달고 시원하기에 미자하는 반을 먹다 남겨 왕에게 맛볼 것을 권했다. 왕은 말했다.

"갸륵하도다. 제가 먹고 싶은 것도 참고 나에게 권하는구나."

이처럼 왕은 미자하의 행동 하나하나를 칭찬하며 가까이 두고 귀하게 여겼다. 하지만 인간이 가진 아름다움이란 세월 앞에 무색해지기 마련이다. 미자하의 아름다움이 시들자 왕의 총애는 점점 밀어졌다. 마침내 왕은 미자하에게 싫증을 느껴 화를 내는 지경에 이르렀다.

"네 녀석은 전에 거짓말을 하여 내 마차를 몰고 나간 적이 있지 않느냐! 또한 먹다 만 복숭아를 내게 먹인 적도 있도다."

미자하는 시든 아름다움으로 인해 왕으로부터 미움을 사게 되었다. 누군가에게 애정을 갖고 있을 때에는 말과 행동이 모두 좋아 보이기 마련이다. 하지만 미운 감정이 있을 때에는 아무리 좋은 말과 좋은 행동을 해도 좋게 받아들이지 않고 무시 당하기 마련이다.

마음이란 어떤 것인가?

　도스토예프스키는 《카라마조프의 형제》라는 명작에서 '신과 악마가 싸우고 있다. 그리고 그 싸움터는 인간의 마음이다' 라고 말했다. 그렇다. 우리 마음속에는 선과 악이 늘 대결하고 있으며 쉴 새 없이 싸움을 벌이고 있다. 영국의 작가 스티븐슨이 쓴 《지킬 박사와 하이드 씨》라는 작품이 있다. 지킬 박사와 하이드 씨는 동일 인물이지만, 약물 작용으로 선량한 지킬 박사가 악의 화신인 하이드 씨로 탈바꿈하는 이중생활을 통해서 인간이 가지고 있는 선악의 양면성을 극적으로 표현한 소설이다. 조금은 황당무계한 공상소설이긴 하지만 기묘한 실제감이 있다. 그것은 이 작품을 통해 인간의 마음속에 숨어 있는 선과 악의 갈등을 상징적으로 표현했기 때문이다.

　사실 인간의 마음속에는 누구나 지킬 박사와 하이드 씨 같은 요소가 동거를 하는 이중성을 지니고 있다. 아무리 착한 사람이라도 그 내면에는 악한 인간성을 지니고 있으며, 또 아무리 극악무도한 악한 마음을 가진 사람이라도 그 내면에는 선량한 인간성이 잠재해 있는 것이다. 여기에 인간의 모순이 있고 비극이 있다. 인간의 이 두 마음의 갈등으로 해서 행복과 불행이 엇갈리고 있다. 선의지가 강하면 행복해지고 반대로 악의지가 강하면 불행해진다. 그것을 알고 있기 때문에 우리는 우리의 마음을 우리 이성과 의지대로 지배하려고 애쓰지만 마음대로 되지 않는 것이 또한 사람의 마음이다.

마음

내 마음이면서 내 마음대로 지배할 수 없는 나약한 인간, 선을 원하면서도 선을 행하지 못하고, 악을 원하지 않으면서도 악을 행하게 되는 인간의 나약함을 가장 솔직하게 고백한 사람이 예수의 제자 바울이다.

'나는 내가 바라는 선한 일을 하지 않고 악한 일을 하고 있습니다. 만일 내가 원치 않는 것을 한다면 그렇게 하는 것은 내가 아니라 내 속에 있는 죄입니다. 여기서 나는 하나의 원리를 발견했는데, 그것은 선한 일을 하려는 나에게 악이 함께 하고 있다는 사실입니다. 나의 속 사람은 하나님의 법을 좋아하지만 내 육체에는 또 다른 법이 있습니다. 그것이 내 마음과 싸워서 나를 아직도 내 안에 있는 죄의 종으로 만들고 있다는 것을 알았습니다. 아아! 나는 얼마나 비참한 사람인가요? 누가 나를 이 죽음의 몸에서 구해내겠습니까?'

《신약성서》로마서 7:19-24)

이 얼마나 진솔한 양심의 절규인가? 그는 선악의 갈등으로 고민하는 인간의 양심을 적나라하게 대변해 주고 있다. 내 마음이면서 내 마음대로 다스리지 못하는 이 불가해한 마음이 세상의 모든 것을 결정하고 지배하고 있다. 불경에 일체유심조(一切唯心造)란 말이 있다. 모든 것은 마음이 짓는다는 뜻이다. 이 세상의 모든 것이 마음가짐에 달렸다는 것이다. 인생의 희로애락이 모두 다 마음의 산물이다. 내가 내 마음을 어떻게 갖느냐에 따라 즐거운 세상이 될 수도 있고 괴로운 세상이 될 수도 있다. 다시 말해서 천국이나 지옥이 따로 있는 것이 아니라 나의 마음속에 있다. 나의 마음이 곧 이 세상을 천국으로 만들기도 하고 지옥으로 만들기도 한다. 내 마음이 사랑과 평화와 기쁨에 차 있으면 그것이 천국이요, 내 마음이 미움과 불평과 불화로 차 있으면 그것이 곧 지옥이다.

어떻게 마음을 다스릴 것인가?

마음이 모든 것을 지배하고 좌우한다. 마음은 곧 나의 모든 생각과 행동을 지배하는 주인이다. 그러므로 인간이 자아를 확립하려면 먼저 자기의 마음을 확립해야 한다. 곧 마음을 다스리지 않고는 자아의 확립이란 불가능한 것이다. 그러면 어떻게 마음을 다스릴 수 있을 것인가? 일찍이 맹자는 마음의 수양방법을 세 가지로 제시했다. 첫째는 흐트러진 마음을 본래의 마음으로 돌이키는 것이고, 둘째는 욕심을 적게 내고 절제하는 것이며, 셋째는 호연지기를 기르는 것이라고 했다.

철학자 안병욱 박사는 《삶의 완성을 위하여》라는 그의 인생론에서 갈고 닦고 길러야 할 다섯 가지 마음을 제시하고 이 마음을 연마하고 훈련하여 깊은 경지에까지 심화시켜 자아완성과 자아실현을 이룩해야 한다고 강조했다. 그가 제시하는 다섯 마음을 알아보자.

첫째는 굳센 마음(強心)을 길러야 한다. 우리의 마음을 강건하게 만들어야 한다. 의지가 약한 사람은 아무것도 성취하지 못한다. 뿌리 깊은 나무는 바람에 흔들리지 않지만, 뿌리가 약한 나무는 폭풍에 힘없이 쓰러진다. 나무는 뿌리가 깊어야 잎이 무성하다. 온실에서 자란 나무보다 벌판에서 비바람을 맞으며 자란 나무가 생명력이 더 강해진다. 어려운 일을 피하려 하지 말고 적극적인 자세로 힘든 일에 용감하게 도전하여 자기 자신의 심신을 강화해야 한다. 강한 사람만이 유혹을 물리치고 난관을 극복하여 목표를 실현시킬 수 있다. 의연한 자세로 소신껏 살아가려면 강한 마음이 필요하다. 약한 마음이 죄가 되는 것은 아니지만 죄를 낳는 원인이 된다. 강건한 심신은 인생의 튼튼한 초석이다. 강한 정신력은 위대한 것을 창조하는 원동력이다. 먼저 굳센 마음을 길러야 한다.

둘째는 바른 마음〔正心〕을 길러야 한다. 마음이 곧고 바르고 착해야 한다. 정직한 마음, 거짓이 없는 마음, 사악하지 않은 마음은 인간이 가져야 할 마음가짐의 근본이다. 우리는 이런 마음을 가지고 바른 인생의 길을 가야 한다. 우리는 광명정대(光明正大)의 정신을 가지고 인생의 옳은 길을 정정당당하게 걸어가야 한다. 이것이 성공과 승리의 길이다. 사는 것이 중요한 문제가 아니라 바르게 사는 것이 중요하다. 이성(理性)의 소리에 귀를 기울이고, 양심의 명령에 따르고, 사람된 도리를 다하고, 신의를 가지고 열심히 일하면서 떳떳하게 사는 것이 바르게 사는 것이다. 우리는 바른 마음을 갖는 의로운 사람이 되어야 한다.

셋째는 **인자한 마음**〔仁心〕을 길러야 한다. 인자한 마음을 가지고 착하게 살아야 한다. 동정심과 용서하는 마음, 너그러운 마음과 사랑하는 마음은 다 어진 마음의 표현이다. 인간의 마음에서 이런 마음을 빼버리면 인생은 사막처럼 황량해지고 허무해져서 사는 의미를 잃어버리게 된다. 그래서 인자하고 따뜻하고 너그러운 마음씨가 무엇보다 중요하다. 기독교에서는 사랑하는 마음을 강조했고, 불교에서는 자비로운 마음을 강조했고, 유교에서는 인자한 마음을 강조했다. 우리는 사랑하는 마음, 자비로운 마음, 인자한 마음을 가진 어질고 착하고 온화한 사람이 되어야 한다.

넷째는 **열린 마음**〔開心〕을 길러야 한다. 마음의 문을 활짝 열어 더불어 사는 사람이 되어야 한다. 마음이 열린 사람은 성격이 밝고 활달하고 개방적인 사람이다. 그러나 마음이 닫힌 사람은 성격이 좁고 옹졸하고 폐쇄적인 사람으로 남을 받아들이지 못하고 남과 어울리지 못하는 소인(小人)이다. 우리는 여러 사람들과 넓고 자유로운 인간관계를 맺고 살아가야 한다. 활짝 열린 마음을 가지고 남과 자유롭게 만나고 사귀고 대화할 때, 생활의 발전이 있고 정신의 진보가 있다. 개방적인 인간의 사고(思考)는 자유롭고, 행동은 유연하고, 인간관계는 넓고, 정신은 활달하다. 이런 마음을 가진 사람이 현대사회가 요구하는 새로운 인간형이다.

다섯째는 한마음〔一心〕을 길러야 한다. 마음을 모으고 정신을 집중하는 힘을 길러야 한다. 한마음은 집중된 마음이고 통일된 정신이며 열중하는 마음이다. 정신이 한 목표에 집중될 때 무서운 힘이 생긴다. 불가능을 가능케 하는 힘은 모두 한마음의 산물이고 정신 집중력의 산물이다. 옛사람들이 이르기를 '정신일도하사불성(精神一到何事不成)'이라고 했다. '정신을 한 곳에 모으면 이루어지지 않는 것이 없다'는 것이다. 세상에서 큰일을 성취한 사람들은 모두 한 가지 일에 전심전력(全心全力)한 사람들이다.

마음은 인생의 뿌리이자 나의 주인이다. 이 마음을 어떻게 갖느냐, 어떻게 쓰느냐, 어떻게 닦느냐, 어떻게 다스리느냐의 문제는 전적으로 자기의 마음 먹기에 달려 있다. 우리는 끊임없는 수양을 통해 내 마음을 내 마음대로 다스릴 수 있는 참 주인이 되도록 힘써야 한다. 마음을 다스리는 길은 마음을 바르게 닦는 것뿐만이 아니고, 바르게 쓸 줄 아는 지혜도 갖추어야 한다.

성 실

어떻게 성실한 사회를 다시 만들 수 있을까? 한 가지 방법이 있다. 그것은 온 국민이 정직하게 살아가는 길이다. 양심이 명하는 대로 참되게 살아가야 한다. 이것이 성실을 제자리로 돌아가게 하는 유일한 길이다.

 작은 정성, 큰 기쁨

프랑스 파리에 설립된 지 얼마 안 되는 자그마한 은행에 어떤 처녀가 찾아왔다. 은행장을 만난 처녀는 조심스럽게 구직의사를 밝혔다.

"글쎄요, 모처럼 오셨는데 미안합니다. 마침 자리가 없으니 다음에 한번 찾아주시지요."

처녀는 젊은 은행장에게 보기 좋게 거절당하자 빨개진 얼굴을 들키지 않으려고 고개를 푹 숙이고 나오다가, 마침 마룻바닥에 핀 한 개가 떨어져 있는 것을 발견하였다. 그녀는 핀을 주워 옷자락에 닦아서 탁자 위에 얹어 놓고 나가려고 했다.

"아가씨, 잠깐만 기다리세요."

은행장은 다급하게 일어나 처녀를 불렀다. 그 처녀는 의아하게 여기며 몸을 돌려 은행장을 바라보았다.

"방금 당신을 채용하지 않겠다고 했지만, 생각한 바가 있어서 채용하기로 했습니다. 내일부터 출근하도록 하세요."

은행장은 만족스러운 표정을 지으며 말했다. 이때 처녀는 붉어진 얼굴을 들며 물었다.

"방금 채용 계획이 없다고 하시지 않았나요?"

"아, 예. 방금 주운 그 핀을 아껴주듯 우리 은행 일을 해 주신다면 내 월급을 나누어 드리더라도 채용을 하겠다는 것입니다."

그 후, 몇 해의 세월이 흘러 그 처녀는 젊은 은행장의 부인이 되었고 작았던 은행은 크게 번창하여 큰 은행으로 발전했다.

이 이야기는 사람이 성실하면 반드시 도와 주는 사람이 생긴다는 것을 보여주는 흐뭇한 이야기다. 아주 하찮은 일이라도 사람이 성실하면 뜻하지 않게 도와 주는 사람이 생기고 일이 쉽게 풀리는 경우가 많다. 미국의 정치가이자 사상가인 프랭클린은 '정직과 성실을 그대의 벗으로 삼으라. 아무리 친한 벗이라고 하더라도 그대 자신으로부터 나오는 정직과 성실만큼 그대를 돕지는 못하리라. 백 권의 책보다 단 한 가지 성실한 마음이 사람을 움직이는 데 큰 힘을 발휘하게 될 것이다' 라고 말했다.

　어느 회사에서 채용공고를 하고 사원을 뽑기 위해 필기시험을 끝내고 면접시험을 치를 때였다. 면접관은 미리 문 앞에다 일부러 구겨진 종이 한 장을 던져 놓았다. 거의 대부분의 응시자들이 구겨진 종이를 의식하지 못하고 지나쳤지만 드물게는 자기도 모르는 사이에 그것을 집어서 쓰레기통을 찾아 집어넣는 사람도 있었고, 일부는 주워서 어쩔 줄 모르고 머뭇거리는 사람도 있었다. 심사 결과 구겨진 종이를 주은 사람은 모두 합격했다. 그리고 모자라는 인원은 머뭇거린 사람들 가운데서 뽑아 충당했다. 그 회사에서는 가장 간단한 생활습관 한 가지를 보고 사원을 뽑은 것인데 그 같은 채용방법은 크게 성공했다. 그 해 뽑은 사원들은 그 어느 때 들어온 사원보다 직무수행에 성실했기 때문이다. 요즘도 이런 방법으로 사원을 채용하는 회사가 있는지 모르겠다. 인간성이나 창의성 같은 것은 뒷전이고 오로지 실력만을 요구한다. 하기야 치열한 경쟁 속에서 살아남기 위해서는 어쩔 수 없는 일일지도 모른다. 그러나 사람이 능력이나 실력도 중요하지만 그것보다 더 중요한 것은 그 능력과 실력을 옳게 쓸 수 있는 성실한 마음이다. 궁극적으로 사람의 성실성이 사업의 성패를 좌우하기 때문이다. 자기도 모르게 발 앞에 떨어진 핀을 주워 자기 옷자락으로 닦아 다시 쓸 수 있도록 탁자 위에 올려놓는 행위나, 문 앞에 떨어져 있는 휴지를 집어 휴지통에 집어넣는 행위는 누가 시켜서 하는 것이 아니라 어릴 적부터 성실하게 살아온 사람의 습관적 행위다. 이 같은 습관은 그 사람의 몸에 밴 성실성을 보여주는 것이라 금방 호감이 가고 믿음이 생겨 도와 주고 싶은 마음이 생기는 것이다. 아무리 하찮은 일이라도 한 가지 일을 보면 열 가지 일을 미루어 알 수 있기 때문이다. 이런 사람이야말로 우리 사회가 필요로 하는 참 인재다.

성실이란 어떤 것인가?

중국 송나라 때의 대 유학자인 사마광(司馬光)의 제자 유안세(劉安世)가 그의 스승에게 물었다.

"선생님, 수많은 한자 중에서 우리가 일생 동안 마음에 간직하고 행동의 길잡이로 삼을 수 있는 글자 한 자만 골라 주십시오."

"그것은 성(誠)이라는 글자다."

"그러면 성이란 무슨 뜻입니까?"

"허망한 말을 하지 않는 것이다(不妄語)."

이 짧막한 이야기는 성실의 중요성과 의미를 잘 설명하고 있다. 성실(誠實)이란 무엇인가? 성실에는 두 가지 의미가 들어 있다. 하나는 참되고 거짓이 없는 진실(眞實)의 뜻이고, 또 하나는 최선을 다하는 정성(精誠)의 뜻이다. 이 두 가지 의미를 좀더 살펴보자.

먼저, 성실은 곧 참이다. 거짓이 없는 것이고 거짓말을 하지 않는 것이다. 나를 속이지 않고 남을 속이지 않는 진실한 마음이다. 성(誠)이 뜻하는 의미는 깊다. 말씀 언(言)변에 이룰 성(成)자가 결합한 글자로써 '말이 이루어진다'는 의미를 가지고 있다. 말이 이루어진다는 것은 약속을 현실화시킨다는 의미다. 즉 성실이란 말한 대로 실천하는 것이고 약속을 어기지 않는 것을 의미한다. 우리나라에서 성실의 철학을 가장 강조한 사람은 도산 안창호 선생이다. 그는 '죽더라고 거짓이 없어라. 꿈에라도 성실을 잃었거든 통회하라. 큰 일이건 작은 일이건 네가 하는 일을 정성껏 하라'고 강조했다. 우리는 이 몇 마디 말에서 도산의 지극한 성실정신을 읽을 수 있다. 그는 '거짓말', '거짓행실'을 통렬하게 비판하며 그 때문에 인생이 좀먹고 민족을 쇠퇴시키며 나라를 망하게 하는 근본 원인이라고 통탄했다. 그는 농담이라도 절대 거짓말을 하지 말라며 국민에게 호소했다.

다음으로, 성실은 곧 정성이다. 모든 일에 정성을 다하는 것이다. 정성을 다하면 안 되는 일이 없다. 이 세상의 모든 위대한 가치와 업적은 정성이 낳은 산물이다. 지극한 정성을 일컬어 우리는 지성(至誠)이라고 한다. 지성을 가지고 사람을 대하면 감동하지 않는 이가 없다. 지성은 사람만 움직이는 것이 아니라 하늘도 움직인다. 여기 정성을 다하여 일하는 사람의 모습을 보여준 이야기가 있다.

네덜란드 태생의 에드워드 윌리엄 보크라는 유명한 신문기자가 있었다. 미국에 이민을 가서 「브루클린 매거진」이라는 잡지사를 창업하여 잡지계의 거성으로 자리 잡은 언론인이다. 젊은 시절, 고생을 많이 한 그는 「브루클린 이글」이란 이름 없는 신문사의 말단 기자로 사회에 첫발을 내딛었다. 그가 마침 미국 19대 대통령 루퍼토스 헤이스의 연설을 취재하게 되었는데, 다른 기자들은 속기를 잘했지만, 보크는 그렇지 못하여 연설 내용을 제대로 기록하지 못하는 어려움을 가지고 있었다. 대통령의 연설 장소는 만찬장이라서 포도주와 식사가 나왔지만 보크는 그것들을 옆으로 치우고 대통령의 연설을 열심히 기록하기에 바빴다. 하지만 워낙 속기 실력이 부족한 나머지 제대로 받아 적을 수가 없자 연설을 마치고 나가는 대통령을 불러 세웠다. 경호원은 깜짝 놀랐다. 하지만 대통령은 보크의 얼굴을 보고, 포도주도 마시지 않고 열심히 취재에 열중하던 모습을 떠올렸다. 또한 퇴장하려는 대통령을 불러 세울 만큼 열의를 가지고 직무에 충실하려는 그의 모습에 감동하여 대통령은 단지 연설문 초고를 얻으려는 그를 호텔방으로 데려갔다. 다음날, 「브루클린 이글」 신문에만 대통령 연설의 전문이 특종으로 실렸다. 그것으로 해서 윌리엄 보크는 일약 일류기자로 우뚝 서게 되었다. 정성을 다하는 사람에게는 언제나 도움을 주는 사람이 있기 마련이다. 정성은 사람의 마음을 움직이는 놀라운 힘을 가지고 있다. 그래서 '지성이면 감천'이란 말이 생겼다.

어떻게 성실한 사람이 될 것인가?

성실한 사람이 되려면 어떻게 살아야 하는가?

첫째, 먼저 자기 자신에게 성실해야 한다. 스페인의 철학자 오르테가 이 가제트는 '현대인의 최대의 정신적 범죄는 자기 자신에게 불성실한 것이다'라고 말했다. 자기 자신에 대해 불성실하다는 것은 무엇을 말하는가? 내가 나를 속이고, 자기가 맡은 일에 정성을 기울이지 않으며 책임지지 않는 것이 바로 자기 자신에게 불성실한 것이다. 자기가 자기를 학대하고, 과소평가하고, 되는 대로 살아가는 사람이나 자기의 의지대로 살지 못하고 다른 사람에게 끌려다니는 사람은 모두 자기 자신에 대한 불성실의 죄를 범하고 있는 사람들이다. 우리는 무성의 속에서 아무렇게나 인생을 살아가는 불성실한 사람이 되어서는 안 된다. 성실한 사람이 되려면 무엇보다 먼저 자기 자신에 대해 성실해야 한다.

둘째, 참되기 위해 힘써야 한다. 생각하고 말하고 행하는 모든 것이 참되고 거짓이 없도록 애써야 한다. 동서고금의 고전(古典) 중에서 성실을 가장 강조한 것이 유교의 사서(四書) 중 하나인 《중용(中

庸》이다. 《중용》에 이르기를, '성은 하늘의 길이요, 성을 행하는 것은 사람의 길이다〔誠子天之道也, 誠之者人之道也〕'라고 했다. 천지만물은 참의 원리로 되어 있다. 천지자연은 거짓이 없다. 콩을 심으면 콩이 나고, 팥을 심으면 팥이 난다. 많이 심으면 많이 나고, 적게 심으면 적게 난다. 자연은 절대로 사람을 속이지 않는다. 우리는 천지자연을 본받아 참되게 살려고 노력해야 한다. 그것이 사람이 가야 할 길이다.

정직

믿음은 오직 정직을 통해 이룰 수 있는 덕목이다. 대인관계의 근본은 정직한 것에서 시작한다. 정직하다면 믿음이 생기고 도움을 주고받을 수 있는 것이다.

양심은 팔지 않는 백화점

19세기 미국을 대표하는 저명한 사업가 중의 한 사람으로 손꼽히는 스튜어트의 사업이 성공을 거두기 시작할 때의 일이었다. 스튜어트는 그 당시 백화점을 운영하고 있었다. 그 많은 점원들에게 언제나 정직하게 상거래를 하도록 가르쳤으며, 손님들로 하여금 믿음을 갖고 찾아오도록 해야 한다고 늘 당부하곤 했다. 그러던 어느 날, 스튜어트는 철이 바뀜에 따라 새로 나온 상품을 납품 받게 되었는데, 점원들에게 그 상품에 대하여 보고 느낀 것을 솔직하게 말하도록 일렀다. 점원들은 제각기 상품을 세밀히 살펴보고는 새로운 상품에 대해 평을 하기 시작했다. 나이가 들어 보이는 점원이 먼저 말했다.

"새로운 상품은 전의 것에 비해 특별한 점이 없습니다."

"저 역시 그렇게 생각합니다. 우아한 멋도 없고, 고상한 면도 전혀 느낄 수 없습니다."

"색상이 눈을 끌긴 하지만 이렇다 할 특징이 없군요. 더구나 자세히 살펴보면 바느질도 꼼꼼하지 못합니다."

점원들은 누구 한 사람 새로 들어온 상품에 대해 호평하는 사람이 없었다.

"그만 알겠네. 아무도 새로 구입한 상품이 좋다는 사람이 없는 걸 보니 확실히 좋지 않은 상품임에 틀림없군."

"예, 사장님의 말씀이 옳습니다. 결코 좋은 상품이 아닙니다."

젊은 사원이 의기양양하게 말했다.

이때 백화점의 문이 열리며 중년의 손님이 들어왔다.

"어서 오십시오."

손님은 점원들의 인사를 받자, 새로 들어온 상품이 있는지 살폈다. 약삭빠른 젊은 점원이 잽싸게 손님 앞으로 다가갔다. 그리곤 여태껏 나쁘다고 말하던 상품을 손님에게 내밀었다.

"한번 보시지요. 이번에 새로 들어온 상품입니다. 색상도 아주 좋은 데다가 모양도 아주 세련되지요? 그뿐 아니라, 품질도 전에 것에 비하면 아주 우수한 것입니다."

조금 전까지 그렇게 악평을 늘어놓던 젊은 점원은 내가 언제 그랬냐는 듯, 입에 침이 마르도록 찬사를 늘어놓으며 손님에게 권했다. 시골에서 올라온 듯한 손님은 상품을 잠시 훑어보고는 젊은 점원을 믿는다는 듯 고개를 끄덕이며 만족한 미소를 지었다.

"자, 그러면 물건을 싸 주세요. 당신의 말을 믿고 이 물건을 사도록 하겠습니다."

손님은 대금을 지불하려고 지갑을 열었다. 이때 스튜어트가 앞으로 나서며 말했다.

"손님, 잠시만 기다리십시오."

"아니, 왜 그러십니까?"

"실은 이 상품이 신상품이기는 하지만, 이 상품이 그리 좋은 상품은 아니라는 것이 많은 사람들의 의견입니다. 그러니 이 상품만은 안 사시는 것이 좋을 듯합니다."

주위의 점원들이 스튜어트의 말에 눈이 휘둥그레졌다.

"그러고 보니, 당신은 이 백화점의 주인이군요."

"예, 그렇습니다."

"점원이 좋다고 소개를 하는데, 어째서 주인께서 물건이 팔리는 것을 마다하고 나쁘다고 말하는 겁니까?"

"정말 죄송합니다."

스튜어트는 난처한 웃음을 띠며 말했다.

"손님, 제 말을 믿으시고 다음 기회에 좋은 상품이 새로 들어오면 사십시오. 그렇게 하시는 것이 손님에게도 이로울 것입니다. 주소를 남기고 돌아가 주시면 새 상품이 들어올 때 꼭 알려드리겠습니다."

손님은 스튜어트의 양심적인 상술을 칭찬하며 주소를 적어 놓고 돌아갔다. 그날 상점 문을 닫을 무렵, 스튜어트는 젊은 점원을 불렀다.

"회계과에 가 보게. 자네에게 줄 봉급이 준비되어 있을 걸세."

"사장님, 오늘은 봉급날이 아니잖습니까?"

점원은 뜻하지 않은 스튜어트의 말을 이상하게 여기며 물었다.

"물론 아니지, 하지만 자네에게만은 봉급을 지불하라고 내가 일러두었다네. 자네처럼 좋지 않은 상품을 좋다고 속여 파는 사람은 우리 가게에 필요 없네. 그러니 오늘부터 백화점 일을 그만두게."

스튜어트는 돈벌이보다 먼저 고객을 생각하는 고객 제일주의로 신용을 쌓아 많은 고객을 확보할 수 있었다. 마침내 그는 미국에서 유명한 사업가로 성공하는 결실을 맺었다.

정직이란 무엇인가?

사람의 삶은 많은 만남과 약속, 거래 속에서 이루어진다. 이런 관계의 사슬에서 가장 중요한 것은 믿음이다. 믿음은 오직 정직을 통해 이룰 수 있는 덕목이다. 대인관계의 근본은 정직한 것에서 시작한다. 정직하다면 믿음이 생기고 도움을 주고받을 수 있는 것이다.

정직이란 무엇인가? 거짓이나 꾸밈이 없이 마음이 바르고 곧은 것을 말한다. 어떤 사람을 정직한 사람이라고 부르는가?

첫째, 정직한 사람이란 거짓말을 하지 않는 사람이다. 거짓말로 남을 속이지 않는 양심적인 사람이다. 앞의 이야기에 등장한 스튜어트는 양심적인 사람이다. 남을 속이지 않는 정직한 사업경영을 해왔기 때문에 그는 고객으로부터 신망을 얻어 저명한 사업가로 대성할 수 있었다. 혼탁한 세상에서는 정직한 사람이 곤란을 겪고 정직하지 못한 사람이 잘 사는 것처럼 보이기도 한다. 때때로 거짓이 참을 누르고 허위가 정직을 짓밟는 경우도 물론 있다. 그러나 사람의 삶과 사회를 긴 안목으로 관찰해 본다면, 거짓은 잠깐의 위세에 불과하며 영원불멸의 가치는 정직이라는 것을 알 수 있다.

둘째, 정직한 사람이란 마음이 바르고 곧은 사람이다. 마음을 바르게 쓰는 사람이 착한 사람이다. 결코 남에게 해되는 일을 하지 않으며, 남의 것을 탐하지 않는 삶을 사는 사람이다. 퇴계 이황(退溪 李滉) 선생의 강직한 성품은 이미 널리 알고 있는 바이지만, 한때 한

양에 머물고 있을 당시 그의 정직함을 잘 말해 주는 일화가 있다. 어느 가을, 선생이 평소처럼 사색에 잠겨 뜰을 거닐고 있을 때, 뜰 안에 몇 개의 알밤이 떨어져 있는 것을 보았다. 이웃집의 밤나무 가지가 선생 집의 담장을 넘어와 익은 밤이 떨어진 것이었다. 선생은 물끄러미 밤을 내려보다가 밤을 주워 얼른 담장 너머로 던졌다. 시중을 들던 아이가 의아한 눈으로 바라보다가 이유를 물었다.

"외람된 말씀이오나, 그 밤은 우리 마당에 떨어졌으므로 이미 우리의 것인데, 그것을 왜 도로 담장 너머로 던지시는지 모르겠습니다."

선생은 미소를 머금은 채 이렇게 말했다.

"너는 그렇게 생각하느냐? 나는 그렇게 생각하지 않는다. 이것은 분명 내 것이 아니다. 이것을 이대로 두면 우리 아이들이 주워 먹지 않겠느냐? 그러면 아이들은 제 것이 아닌 물건을 먹은 셈이다. 그것은 옳지 않은 일이지 않느냐. 그래서 서둘러 밤을 본디 주인에게 돌려보내는 것이다."

참으로 마음이 바르고 곧은 사람이다. 정직한 마음은 이렇듯 욕심에 사로잡히지 않으며 남의 것을 탐하지 않는 선한 마음을 가진 사람이다.

어떻게 정직한 사람이 될 것인가?

서로가 믿지 못할 때 인간관계는 무너진다. 믿을 수 있으려면 남을 속이지 않아야 한다. 진실하고 정직해야 믿을 수 있다. 정직하면 믿게 되고, 믿게 되면 신임할 수 있다. 3·1운동 때 민족대표 33인 중의 한 사람으로 오산(五山)중학교를 설립하여 새로운 학문과 애국사상을 고취하려 애썼던 남강(南岡) 이승훈(李昇薰)은 몹시 가난한 집에서 태어났다. 열여섯 살 때부터 장돌뱅이 생활을 하다가 나이 서른이 되어서야 조그만 가게를 갖게 되었다. 그는 거부인 철산 오 씨로부터 적잖은 금액을 사업자금으로 빌려 썼는데, 열심히 장사해 자리가 잡힐 무렵, 그만 청일전쟁이 일어나 청나라 병사들이 약탈해 가는 바람에 상점은 쑥대밭이 되었다. 하루아침에 거지 신세가 된 이승훈은 맨손으로 오 씨를 찾아갔다.

"피난을 갔다 오니 상점은 빈 터만 남았습니다. 당분간 돈을 갚을 수 없기에 우선 채무의 명세서만 가지고 왔습니다. 기한을 늦춰 주신다면 반드시 벌어서 갚도록 하겠습니다."

오 씨는 이승훈의 정직한 태도에 오히려 감동을 받았던지 그의 손을 꼭 잡고 이렇게 말하는 것이었다.

"난리통에 망하자 돈을 꾸어간 사람들이 채무 장부가 없어진 것을 기화로 한 사람도 찾아오지 않았다네. 자네만 유일하게 찾아와 주니 고맙네. 자네같이 바르고 진실한 사람은 앞으로 반드시 성공하고 큰일을 해낼 걸세."

그러며 오 씨는 즉석에서 채무 일체를 탕감하고 이승훈에게 많은 돈을 쥐어주었다. 이승훈은 이 돈으로 다시 사업을 일으켜 오산중학교를 세워 수많은 애국지사를 길러내는 큰 업적을 남겼다. 오 씨는 이승훈의 사람됨을 그의 정직한 마음에서 찾았다. 그는 이승훈을 신용했고 또다시 거액의 사업자금을 내준 것이다.

또한 도산 안창호 선생의 '무실역행(務實力行)' 정신이 있다. 참되고 실속 있게 힘써 행하라는 뜻이다. 저마다 공리공론(空理空論)에서 벗어나 거짓 없는 성실한 마음으로 노력하는 사람이 되라고 부르짖은 것이다.

겸 손

겸손하라! 진실로 겸손하라! 왜냐면 그대는 아직 위대하지 않기 때문이다. 진실한 겸손은 자기완성의 토대다.

 겸손한 화가

가난하고 외로웠던 화가 이중섭의 부인은 일본인이었다. 그래서 이중섭은 부인이 있는 곳으로 갈 여비를 마련하기 위해 처음이자 마지막으로 개인전을 열었다. 개인전이 열린 당일, 회장 안은 많은 사람들로 붐볐다. 많은 사람들이 이중섭의 그림을 계약하고 갈 때마다 쓸쓸한 미소를 띠면서 같은 화가이자 절친한 친구를 불렀다.

"나는 지금 사기를 치고 있네."

"아니, 자네가 사기를 친다고? 번번이 사기를 당하는 주제에 누가 누구를 사기 친다는 말인가?"

"이것 보게. 자네도 보다시피 이게 사기가 아니고 뭔가? 도대체 이걸 그림이랍시고 그 많은 사람들이 와서 보는 것만 해도 부끄러운 일인데, 게다가 돈을 받고 팔아먹고 있으니 그게 사기가 아니고 뭔가?"

친구는 어이가 없어 고개를 절래절래 저으며 그의 입을 막았다.

"알겠네, 이제 그런 농담 따위는 그만 하자고."

"허허허……."

이중섭은 허탈한 듯 크게 웃었다. 이때 웬 손님이 다가와 그에게 인사를 했다.

"어서 오십시오."

"정말 감사합니다."

"감사하다니요?"

"모처럼 좋은 그림을 사게 되어 여간 기쁜 게 아니랍니다."

손님은 정중히 그림을 칭찬했다. 그러나 이중섭은 손님의 말에 펄쩍 뛰었다.

"별말씀을 다 하십니다. 제겐 당치도 않은 말씀입니다. 오히려 가치도 없는 그림을 사 주셔서 정말 감사하기 짝이 없습니다."

"원, 겸손의 말씀을……."

손님은 이중섭의 진지한 태도에 오히려 당황했다.

"아닙니다. 제 솔직한 심정을 말씀드리자면 이번 그림은 아직 공부가 덜된 그림입니다. 앞으로 꼭 걸작을 그려서 이번에 사가시는 그림과 바꿔드리겠습니다."

손님은 다른 화가들에서 들을 수 없는 겸손의 말을 듣고 진심으로 고마워했다. 이중섭은 이처럼 한 폭의 그림을 팔면서도 언제나 자기의 그림을 공부가 덜된 그림이라고 겸손해 했다.

이중섭(李仲燮 : 1916~1956) 화백은 향토성을 띤 개성 있는 화법으로 우리나라에 서구 근대화의 화법을 도입하는 데 크게 이바지한 서양화가이다. 그는 화가의 명성과 더불어 보기 드문 겸손을 갖춘 사람으로 알려져 있다. 상당히 실력 있는 화가이면서도 자기 작품에 대해 언제나 덜된 그림이라고 여길 정도로 겸손했다. 다른 사람들처럼 과시하는 일이 없었기에 작품을 파는 일이 없어 매우 가난하고 외롭게 지냈다. 생활고에 시달리다 못해 부인이 자녀와 함께 일본 친정으로 가 있을 때, 그들을 찾아보기 위해 평생에 단 한번 처음이자 마지막으로 연 개인전에서 많은 미술인들의 높은 평가와 미술 동호인들의 큰 호응에도 불구하고 팔려나간 작품에 대해 사기치고 있다고 자책하는 순수한 예술가였다. 조금은 그의 겸손이 지나치다 싶지만 자기를 낮추고 자랑하지 않는 그의 겸손에서 깊은 인간미와 예술에만 전념하려는 순수한 마음이 느껴진다.

인간은 누구나 자기를 자랑하고 뽐내려 하는 욕망을 지니고 있다. 그러나 지나친 자기 자랑은 스스로를 교만하게 만들고 거만해질 뿐만 아니라 남에게 불쾌감과 혐오감을 불러일으킨다. 우리는 겸손해야 한다. 잘난 체하지 말고 뽐내지 말아야 한다. 스스로 낮추고 겸손한 태도로 살아가야 한다. 이것이 인간이 가져야 할 교양 있는 사람의 기본자세다.

겸손이란 무엇인가?

겸손이란 남을 높이고 자기를 낮추는 것이자 자만하지 않는 것이며 자기를 과시하지 않는 것이다. 겸손에 있어 가장 중요한 것은 자기를 나타내 보이지 않는 것이다. 스스로 잘났다고 나서서 자랑하지 않는 것이다. 겸손이란 세상의 수많은 사람이 가진 높은 재능과 다양한 성취를 알고 존경하는 현자의 덕이다. 자기보다 더 뛰어난 사람은 얼마든지 있는 법이니 함부로 나서서 자신이 잘난 사람이라고 말하지 않는 인격의 표현이다.

겸손의 첫 번째 덕은 남을 높이고 자신을 낮추는 것이다. 참으로 현명한 사람은 자신을 낮추고 대신 남을 높인다. 예수는 어느 잔칫집에 초대된 사람들이 저마다 상석에 앉으려는 것을 보고 '무릇, 자신을 높이는 자는 낮아지고, 자신을 낮추는 자는 높아지리라 (누가복음 14:11)'고 했다. 자기를 높이는 교만한 자는 사람들로부터 멸시를 받고, 자기를 낮추는 사람은 배려와 존경의 마음을 주위사람들이 인정하여 높아진다는 뜻이다.

《탈무드》에 이런 이야기가 있다.

랍비가 중대한 문제를 결정하기 위해 여섯 사람을 초대했다. 그런데 약속시간에 모인 사람은 모두 일곱이었다. 초대받지 않은 한 사람이 있었던 것이다. 랍비는 초대받지 않은 사람이 누군지 알 수 없어 모두의 앞에서 이렇게 말했다.

"여섯 사람을 초대했는데 일곱 사람이 왔습니다. 초대받지 않은 한 분은 돌아가 주십시오."

그 말이 끝나자 회의에 꼭 필요하고 존경받는 사람이 일어서서 밖으로 나갔다. 그는 모임에 잘못 찾아온 사람의 창피를 면해주기 위해 자신을 낮추어 밖으로 나간 것이다. 겸손이란 이처럼 자신을 낮춰 타인을 배려함으로써 불필요한 충돌을 방지하는 현명한 행위이다.

겸손의 두 번째 덕은 자만하지 않는 것이다. 자만은 자기 스스로 자기 일을 거만하게 자랑하는 것이다. 사람은 누구나 자기의 특기나 장점과 공적을 자랑하고 뽐내고 싶어 하는 충동을 느낀다. 학자는 지식을, 권력자는 높은 지위를, 부유한 사람은 돈을, 미인은 아름다움을 자랑하고 싶어 한다. 그러나 이런 자랑거리들의 공통점은 사실 다른 사람이 알아줄 때 진정한 가치가 있는 것이다. 스스로 자랑하고자 나선다면 분명 화를 불러일으키고, 손해가 나며, 적을 만드는 어리석은 행동으로 이어질 것이다. 남보다 좀 뛰어난 재능과 성과를 보았다고 자만해서는 안 된다. 자만은 화를 낳고 파멸을 초래한다. 우리는 겸허한 마음으로 이를 경계해야 한다.

프랑스의 한 후작(侯爵)이 아주 초라한 신분에서 높은 지위에 오르게 되었다. 그는 어릴 때 양치는 목동이었다. 그래서 그는 자기 저택의 방 한 칸을 '목동의 방'이라고 이름 지어 마련했다. 거기에는 언덕과 산골짜기, 바위와 흐르는 개울물, 그리고 뛰노는 양무리가 생생하게 그대로 축소판으로 그려져 있었고, 또 그가 어려서 사용하던 지팡이와 헤진 옷도 함께 진열했다. 어느 날, 손님이 찾아왔다가 이것을 보고 후작에게 이게 무슨 의미냐고 물었다. 후작은 이렇게 대답했다.

"내 마음이 버릇없이 교만해지려는 유혹을 받을 때마다, 나는 이 방으로 와서 나의 과거를 떠올리며 자만을 경계하고 있답니다."

뛰어난 사람은 스스로 자랑하지 않아도 남이 알아주고 칭찬한다. 재능이 있으면서도 자랑하지 않을 때, 사람들은 오히려 그를 존경하고 우러러보는 것이다.

겸손의 세 번째 덕은 자기를 과시하지 않는 것이다.

어떻게 겸손을 실천할 것인가?

　겸손한 사람은 누구에게나 호감을 준다. 뿐만 아니라 어디서나 환영과 존경을 받는다. 왜 그런 것일까? 겸손한 사람은 언제나 남을 친절하게 배려하여 상대방이 편하도록 스스로를 낮추기 때문이다. 겸손한 사람은 남의 미움을 사거나 시기와 질투의 대상이 되지 않는다. 그래서 겸손한 사람에게는 적이 없다. 인자무적(仁者無敵)이다. 사람이 겸손하면 언제나 이익이 돌아오고 모든 일이 다 잘되어 만사가 형통한다고 한다.

　일찍이 《주역(周易)》에 인간 최고의 덕은 노겸(勞謙)이라고 했다. 노겸이란 열심히 일해서 공로를 세운 다음에도 그것을 자랑하지 않는 겸손한 마음을 갖는 것이다. 큰일을 하고도 제 자랑을 하지 않고 내세우지 않는 노겸은 인생 최대의 선(善)이다. 우리는 노겸의 인간이 되어야 한다. 겸허한 마음으로 사람을 대하고 겸손한 태도로 세상을 살아가야 한다.

　러시아의 대문호 톨스토이는 '겸손하라! 진실로 겸손하라! 왜냐면 그대는 아직 위대하지 않기 때문이다. 진실한 겸손은 자기완성의 토대다' 라고 말했다. 겸손 없이 진정한 의미의 완성은 불가능하다. 스스로 높이면 높일수록 낮아지고 천해진다는 사실을 명심하고 높아질수록 겸손해야 한다.

양심

인간에게서 양심을 빼 버린다면 어떻게 되겠는가? 마치 소금에서 짠 맛을 빼 버리면 소금이랄 수 없듯이 양심을 빼 버린 인간은 사람이면서 사람이 아닌 한낱 야수와 같은 존재로 남을 것이다.

 양심편지

‘돈의 액수보다 뉘우치는 마음을 헤아려 받아 주십시오.’

충북 영동군 농촌지도소 직원 김종린 씨는 뜻밖의 편지 한 통과 만 원짜리 지폐 한 장을 들고 6년 만에 돌아온 양심에 그저 감격스럽기만 했다. 요즘 같은 각박한 세상에 아직 이런 사람이 남아 있는가 싶어 모처럼 진한 감동을 받은 것이다. 김 씨는 ‘서울 노원구 이’라고만 밝힌 사람으로부터 6년 전 기억을 되살리는 글과 단돈만 원짜리 한 장이 든 등기우편을 받았다.

　사연은 1983년 11월 3일로 거슬러 올라간다. 그날 오후 김 씨는 농촌진흥청에서 축산교육을 받고 집으로 돌아가는 길에 수원에 사는 고모 댁에 전화로 안부를 묻고는 공중전화 박스 위에 수첩과 주민등록증, 운전면허증과 비상금 만 원이 들어 있는 지갑을 두고 나왔다. 수원 시내버스터미널에서 버스표를 사려다가 지갑을 잃고 온 것을 안 김 씨는 허겁지겁 공중전화가 있는 곳까지 달려가 봤지만 허사였다. 수중에 한 푼 없이 두어 시간을 헤맨 끝에 간신히 고모 댁을 찾아 촌놈티 낸다는 핀잔까지 들으며 차비를 구해 집으로 돌아왔다. 그 후 김 씨는 우체부를 통해 두 달 만에 잃었던 지갑을 돌려받았지만 신분증만 들어 있을 뿐, 만 원짜리 한 장은 눈에 띄지 않았다. 뜻밖에 지갑과 신분증을 되찾은 김 씨는 그나마 다행이다 싶어 비상금의 행방은 생각지도 않고 살다가 이내 지갑을 잃었다 찾은 일까지 까맣게 잊었다. 그런데 그로부터 6년이 지난 뒤 사죄의 편지와 함께 만 원짜리 한 장이 돌아온 것이다. 지갑을 주운 이 씨는 바로 김 씨의 주소로 보내려 했으나 그때는 끼니조차 잇기가 어려울 만큼 생활이 어려워 몇 번을 망설이다 그만 지갑 속의 돈을 쓰고 말았다고 밝혔다. 이 씨는 그 후 돈이 생기면 지갑과 함께 보내려고 다짐했지만 여의치 않아 차일피일 미루다가 지갑만 보냈다고 했다. 이 씨는 그러나 자신이 남의 돈을 부당하게 썼다는 사실에

늘 양심의 가책을 느끼고 살다가 하나님 앞에 참회하는 마음으로 돈 1만 원과 함께 그간의 사정을 담은 편지를 썼다는 것이었다. 그리고 김 씨가 이 편지를 받을 때쯤이면 자신은 미국으로 떠나게 된다는 사연과 함께 36세의 기독교 신자로서 거듭 용서를 비는 간곡한 글로 끝을 맺었다. 김 씨는 이 씨의 사죄편지를 '인간 양심의 승리'라고 하며 돈을 평생 쓰지 않고 간직하여 자라는 두 아들에게 교훈을 주고 싶다고 밝히며 답장조차 보낼 수 없는 이 씨의 앞날에 행운이 가득하기를 기원했다.

또 이런 실화도 전해진다. 어느 익명의 공무원이 철도청장 앞으로 50여 년 전 열차 무임승차에 대한 사과의 편지와 함께 100만 원을 보내온 사연이 있었다. 자신을 현직 공무원이라고 밝힌 그는 그 편지에서 영산강 인접지역에서 농부의 아들로 태어나 고교생이던 6·25 무렵 두 동생과 함께 야간열차에 무임승차하여 서울로 올라와 삼형제가 모두 대학을 마칠 수 있었다며 그 때의 무임승차에 대한 마음의 빚을 씻을 수 없었다고 한다. 그는 그 동안 몇 차례 빚을 갚으려 했으나 뜻을 이루지 못하고 있던 중, 최근 서울역 여객과장의 순직을 보고 용기를 내어 이 같은 성원을 보내기로 했다는 것이었다. 이 주인공의 편지에서 무임승차한 시기로 밝힌 6·25 전쟁 무렵은 애써 회고할 필요도 없는 혼란과 궁핍의 시기였다. 보릿고개로 상징되는 농촌사회의 피폐로 인해 그 무렵부터 시작된 청소년들의 무작정 상경은 흔히 볼 수 있는 일이었다.

어찌 보면 그냥 지나쳐 버릴 수도 있는 일이다. 그러나 이들은 줄곧 사죄해야 할 잘못으로 마음속에 간직한 채, 늘 양심의 가책을 받아 고민하다가 끝내 무거운 마음의 빚을 덜기 위해 참회의 길을 선택한 것이다. 공금을 어마어마하게 집어 먹고도 부끄러워할 줄 모르는 요즘의 세태에 이 같은 참회의 행위는 얼마나 값진 일인가? 이제는 좀처럼 만나기 어려운 맑고 깨끗한 '양심'을 새롭게 발견한 것 같아 그를 나무라기보다는 오히려 칭찬해 주고 싶은 마음이 앞선다. 모두가 양심이 갖다 준 청량제 같은 미담이다.

양심이란 무엇인가?

인간에게는 양심이란 것이 있다. 양심에는 선과 도덕적 능력이 포함되어 있다. 인간은 이 선과 도덕적 능력을 가졌기 때문에 동물과 구별되며 만물의 영장이 될 수 있었다. 만약 인간에게서 양심을 빼 버린다면 어떻게 되겠는가? 마치 소금에서 짠 맛을 빼 버리면 소금이랄 수 없듯이 양심을 빼 버린 인간은 사람이면서 사람이 아닌 한낱 야수와 같은 존재로 남을 것이다. 이처럼 인간에게는 양심이 있기에 인간답게 살아갈 수 있는 것이다. 그럼 양심이란 도대체 어떤 작용을 하는지 알아보자. 양심은 인간의 밝은 도덕적 판단력이다. 무엇이 선이고 무엇이 악이며, 무엇이 의이고 무엇이 불의인지, 무엇이 옳고 무엇이 그른지 준엄하게 판단하는 도덕적 의식이다. 양심은 언제나 선악을 구별해 가르쳐주고, 선한 길로 인도하며 잘못된 길로 가지 않도록 경고하고 채찍질한다. 일찍이 독일의 철학자 칸트는 양심을 '인간 내면의 법정'이라고 했다. 양심의 법정은 사회의 법정처럼 물리적인 제재를 가하고 신체적인 고통을 주지는 않는다. 그러나 양심의 명령에 불복하면 그때부터 마음의 고통을 받아야 하고 항상 죄의 굴레에서 두고두고 괴로움을 당해야 한다. 우리는 남을 속일 수는 있어도 나의 양심을 속일 수는 없다. 양심은 나의 가슴 속 깊은 데서 오는 진실한 소리다. 양심은 거짓되고 타락한 나를 꾸짖고 선하고 진실한 자아로 돌아가도록 명령한다. 앞의 익명의 두 사람은 누가 뭐라고 하지는 않았지만, 오랫동안 양심을 속일 수 없어 마음의 고통에서 벗어날 수가 없었던 것이다.

어떻게 양심을 밝힐 것인가?

'양심은 우리 내면에 있는 하나님의 음성'이라고 메난드로스는 말했다. 그래서 양심에는 누구도 도전할 수 없는 권위가 있고, 거역할 수 없는 힘이 있다. 그러므로 우리는 항상 양심의 소리에 귀를 기울이고 두려운 마음으로 양심의 명령에 따라야 한다. 우리가 양심의 소리를 듣지 않고 양심의 명령에 따르지 않을 때 부정과 잘못을 저지르게 되고 악의 구렁텅이에 빠진다. 양심의 마비처럼 불행하고 비참한 것은 없다. 한 개인의 양심이 마비될 때 그는 악인으로 전락하는 것이며, 온 국민의 양심이 마비된다면 그 사회는 부정과 부패가 판을 치는 타락한 사회로 전락한다. 양심은 준엄한 채찍이다. 인간은 양심의 가책을 받기 때문에 스스로 반성하고 뉘우치고 돌이킬 수가 있다. 양심은 끊임없이 자기성찰을 촉구해서 인간답게 살도록 이끌어 준다. 양심은 인간이 갖는 최고의 빛이요, 최대의 권위요, 최상의 가치다. 인간이 인간답게 산다는 것은 양심의 명령대로 생각하고 행동하는 것이다. 그러므로 우리 가슴에는 언제나 맑은 양심이 빛나야 한다. 양심의 샘터에서 나오는 깨끗하고 맑은 물로 우리의 더러운 죄와 악의 때를 깨끗이 씻도록 항상 마음을 바르게 가져야 한다. 이렇게 될 때 인간은 비로소 떳떳하고 평온한 삶을 누리는 것이다.

용서는 아픈 상처를 근원적으로 치유하는 이 세상 최고의 명약이다. 용
서는 미움과 증오와 원한에 찌든 상한 마음을 선의와 화해와
애정의 밝은 마음으로 승화시키는 사랑의 마술사다.

어서 너의 손을 내밀어라

네덜란드에 할머니 전도사가 살고 있었다. 나치 독일이 유태인을
닥치는 대로 학살할 때, 이 할머니는 젊은 시절 전부터 잘 알고 지
내던 유태인을 자기 집에 숨겨 준 일이 있었다. 그러나 그 사실이
발각되어 온 가족이 체포되어 독일의 강제수용소로 끌려가 모진 고
문과 옥고를 치렀다. 전쟁이 끝난 후 같이 끌려갔던 가족들은 다 죽
었고 구사일생으로 그녀만 살아서 고국으로 돌아왔다. 그녀는 가족

을 잃은 슬픔과 인생의 허무함을 깨닫고 신학교에 들어갔다. 그녀는 열심히 공부하여 전도사가 되었다. 그런데 어느 날 기도 중에 하나님의 음성을 들었다.

'지금 수많은 사람을 학살한 독일 사람들이 패전의 쓰라림 속에서 죄책감으로 몸부림치고 있으니 그곳에 가서 복음을 전하고 위로하라.'

그러나 그녀는 옛날의 악몽이 되살아나 주저하고 망설였다.

'왜 하필이면 원수의 나라 독일입니까? 독일만은 피하게 하소서.'

그러나 그녀는 결국 독일로 갔다. 그리고 마음속으로 내키지는 않았지만 순종하는 마음으로 독일 사람을 위해 기도하기로 마음먹었다. 그러자 마음이 훨씬 가벼워지고 즐거워졌다. 그러던 어느 날 설교를 마치고 사람들을 만나는 가운데 한 남자를 보았다. 그녀는 심장이 멎어버리는 듯한 경련을 일으켰다. 바로 수용소에 있을 때, 자신의 옷을 벗기고 갖은 악독한 고문과 폭력을 가하던 병사를 보았기 때문이었다. 그 병사는 그녀를 알아보지 못하고 다가와 손을 내밀었다.

"참으로 감명 깊은 설교였습니다. 죄인을 용서하시는 사랑의 하나님께 감사를 드립니다."

그녀는 아무리 자신이 전도사라지만 선뜻 손을 잡을 수가 없었다. 지난 시절의 악몽이 밀려와 그 병사를 외면하고 싶었다. 더구나

용서

자기와 함께 모진 고문을 당하다 결국 죽은 언니도 생각났다. 자신의 청춘을 짓밟은 장본인이 아닌가? 그런 그를 어떻게 용서할 수 있단 말인가? 그녀는 간절한 심정으로 기도를 했다.

'오, 하나님. 나는 연약한 여자입니다. 나는 도저히 이 남자를 용서할 용기가 없으니 힘을 주소서!'

그러자 성령이 답했다.

'나를 핍박하고 죽이던 사람들을 내가 용서하고 축복한 것을 네가 잘 알지 않느냐? 어서 너의 손을 내밀어라.'

그녀는 겨우 머뭇거리다 무거운 손을 내밀었다. 두 사람의 손이 침묵 속에서 그리스도의 사랑으로 이어졌다. 두 사람의 손은 곧 화해와 용서의 악수가 되었다. 비로소 그녀의 눈에서 증오가 사라지고 사랑의 눈물이 흐르고 있었다.

용서란 어떤 것인가?

참 감격스런 장면이다. 사랑의 극치는 용서라고 했지만, 용서하는 것처럼 아름다운 것은 없다. 그녀는 자신에게 씻을 수 없는 상처를 남긴 원수를 미워하며 용서할 수 없었다. 그러나 그리스도의 사랑이 그녀의 완고한 마음을 열어 주었다. 두 사람의 손은 화해와 용서로 이어졌다. 사랑의 힘은 이처럼 위대하다.

우리는 자기에게 해를 끼친 사람을 쉽게 용서하기 어렵다. 그로 인해 받은 고통이 크면 클수록 용서하기가 더욱 어려운 것이다. 그렇다고 언제까지나 원한과 악몽으로 살아갈 수도 없는 것이다. 상대방을 용서하지 않는다면 자기 자신을 그 불쾌한 감옥에 계속 방치하는 것이며 언제까지나 상대방의 그늘에서 벗어날 수 없는 것이다. 결국 자신의 상처를 몇 번이고 되풀이하여 자해를 하는 꼴이며 그 상처는 날이 갈수록 깊어질 뿐이다. 그래서 한번의 지울 수 없는 아픔을 되풀이해서 겪는 결과를 가져온다. 그러나 상대방을 용서함으로써 죄의 굴레에서 해방시키고 자유롭게 해주면 자신도 비로소 그 아픔의 굴레에서 해방되고 자유로워질 수 있는 것이다. 바로 여기에 용서의 지혜가 있는 것이다.

어떻게 용서할 것인가?

우리는 '용서할 수는 있으나 결코 잊을 수는 없다' 는 말을 종종 듣는다. 얼마나 한이 맺혔으면 그럴까 싶지만 이것은 결코 용서할 수 없다는 말이다. 진정한 용서는 무엇인가? 용서한다는 것은 완전한 소멸이다. 어떤 일을 완전히 기억에서 지워버리고 없었던 것으로 하는 것이다. 우리는 해변을 거닐 때, 발자국이 모래 위에 남는 것을 본다. 그러나 얼마 후 밀물이 오면 모든 발자국은 흔적도 없이 씻겨 사라진다. 이와 마찬가지로 우리도 용서할 때에는 모든 것을 지워 버리듯 깨끗이 잊어야 한다.

용서는 아픈 상처를 근원적으로 치유하는 이 세상 최고의 명약이다. 용서는 미움과 증오와 원한에 찌든 상한 마음을 선의와 화해와 애정의 밝은 마음으로 승화시키는 사랑의 마술사다. 우리는 서로 사랑하고 이해하고 용서하자. 이 세상에 허물이 없는 사람은 아무도 없다. 모두 용서를 받아야 할 사람들이다. 용서받기를 원한다면 먼저 용서하라. 많이 용서하는 자가 많이 용서를 받는다. 이것은 우리가 마음 편하게 살 수 있는 지름길이다.

습관

좋은 습관을 만든 사람은 그 좋은 습관으로 인해 행복한 삶과 성공의 길을 걷지만 나쁜 습관을 둔 사람은 그 나쁜 습관으로 말미암아 능력이 저하되고 불행한 삶을 살며 실패의 길을 걷게 되는 것이다. 습관은 인생을 지배하는 놀라운 힘이다.

기묘한 실험

미국의 신행동주의 심리학자 스키너(B. F. Skinner : 1904~1990)는 하버드대학에 다니던 시절, 러시아의 위대한 과학자 파블로프가 종을 울릴 때마다 개에게 음식을 주면, 결국 종소리만 들어도 개는 침을 흘린다는 연구에서 영감을 얻어 쥐를 가지고 새로운 연구를 시작했다. 그는 상자 속에 지렛대를 마련하고 쥐가 지렛대를 밟으면 음식을 상자 속으로 떨어뜨리는 장치를 만들었다. 상자 속의 쥐는 처음 우연히 지렛대를 밟아 조그마한 통로로 떨어지는 음식을 운 좋게 받아먹었다. 그런데 지렛대를 밟을 때마다 음식이 굴러 떨어진다는 사실을 오랜 시간을 통해 깨달은 쥐는 마침내 음식을 먹고 싶으면 당장 지렛대로 쪼르륵 달려가 지렛대를 누르고 날름 먹이를 물고 사라지는 학습의 효과를 발견했다. 스키너는 더 나아가 한번 누르면 떨어지던 음식을 세 번, 또는 그 이상을 눌러야 떨어지게끔 조정했을 때, 처음엔 당황하던 쥐가 이내 적응하여 얼른 지렛대 세 번을 '탁탁탁' 누르고 음식을 받아먹는 수준까지 발전시켰다. 영리하고 짓궂은 학자는 다시 음식을 주는 방법을 바꾸었다. 지렛대를 여러 번 눌러도 음식이 떨어지지 않게 했다. 대신 운이 좋으면 한두 번에 음식을 받아먹을 수 있고, 운이 나쁘면 수십 번을 눌러도 음식이 나오지 않는 불규칙적인 방법을 썼다. 당연히 쥐는 음식이 나오기를 기대하며 지렛대를 눌렀다. 음식은 나오지 않았다. 적당히 하다가 좌절하고 그만 둘 것 같았지만 실제로는 그렇지 않았다. 쥐는 지렛대 옆을 떠나지 않고 끊임없이 지렛대를 누르기 시작했다. 마치 지렛대 누르기에 중독이라도 된 것처럼 눌러댔다. 이런 실험동물의 행동을 통해 사람의 심리를 연구하던 스키너는 인간의 이해할 수 없던 행동을 이해하는 단초를 제공했다. 물론 인간과 동물을 동격으로 취급하는 몰상식한 연구라고 거세게 반발하는 사람도 많았지만, 그의 연구결과는 현대의 심리학에서 커다란 공감대를 형성하고 있다. 다시 끊임없이 지렛대를 누르는 쥐의 이야기를 계속해 보자. 그 쥐의 모습에서 익숙한 사람의 행동이 떠오를 것이다. 바로 슬롯머신이라는 도박기계 앞에 앉아 시간 가는 줄 모르고 끝없이 지렛대를 당기는 사람들의 모습이 그것이다. 또한 실험동물과 사람이 끝없이 반복하는 행위의 결과물도 형태는 다르지만 결과는 같은 것이다. 바로 음식과 돈이라는 보상이다. 바로 습관의 무서운 힘을 보여 주는 연구다.

습관이란 어떤 것인가?

'세 살 버릇이 여든까지 간다' 는 속담이 있다. 어렸을 때 버릇은 나이가 들어도 고치기 힘든 법이다. 한번 습관이 되면 그 습관에서 벗어나기 힘든 것이 살아 있는 것들의 속성이다. 습관은 무서운 힘으로 사람을 지배한다. 그래서 어떤 철학자는 '습관은 폭군과 같다' 고 말하기도 했다. 공자(孔子)는 인간의 천성(天性)은 원래 큰 차이는 없으나, 습관에 의하여 큰 차이가 생긴다고 했다. 순자(荀子)는 사람의 성질이란 본래 같은 것이나 습관에 의해 변하게 된다고 했다. 사람은 본디 비슷한 성품을 타고 나지만, 후천적으로 생긴 배움의 습관에 따라 착한 사람으로 길러지며 능력과 운명도 차이가 나게 된다고 지적한 것이다. 좋은 습관을 만든 사람은 그 좋은 습관으

습관

로 인해 행복한 삶과 성공의 길을 걷지만 나쁜 습관을 둔 사람은 그 나쁜 습관으로 말미암아 능력이 저하되고 불행한 삶을 살며 실패의 길을 걷게 되는 것이다. 습관은 인생을 지배하는 놀라운 힘이다. 습관은 우리의 생각과 행동을 지배하고 성격을 형성하여 운명까지 좌우한다. 그러므로 습관의 중요성을 깨달은 사람이라면 좋은 습관을 만들어 행복한 삶을 꾸려야 하는 것은 당연한 귀결이다. 만일 나쁜 습관이 있다면 하루라도 빨리 고쳐, 인생을 허비하는 어리석음을 자초해서는 안 된다. 습관을 만들기는 쉬우나, 한번 만든 습관은 고치기가 무척 어렵다. 그래서 도산 안창호 선생은 '천병만마(千兵萬馬)의 대군을 이기는 것보다 자기 습관을 고치는 일이 더 어렵다'고 했다. 우리는 한번 몸에 밴 습관을 고치기가 어렵다는 사실을 깊이 인식하고 나쁜 습관을 만들지 않도록 해야 할 것이다.

어떤 습관을 길러야 하는가?

습관이란 같은 행동을 여러 번 반복함으로써 형성된다. 그것이 일단 형성되면 그 다음부터는 아무런 의식이나 노력이 없이 자연스럽게 기계적으로 이루어지게 된다. 이것이 습관이 가지는 특성의 장점이자 단점이다. 크게 노력하지 않아도 쉽게 이루어지게 하는 이 같은 습관의 특성을 우리가 잘 활용한다면 자기 인생에 크게 도움을 줄 것이다. 하지만 역시 중요한 것은 역시 어떤 습관을 기르느냐에 달려 있다. 좋은 습관을 기르게 되면 힘들이지 않고 쉽게 자기의 뜻을 성취해 나가는 작용을 하지만 나쁜 습관을 기르게 되면 쉽게 고쳐지지 않는다는 특성으로 인해 오히려 인생의 걸림돌로 작용할 수도 있다. 예를 들어, 일찍 일어나는 좋은 습관을 만든 사람은 일찍 일어나려고 노력하지 않아도 저절로 일찍 일어나 부지런하게 자신의 일을 찾아 나선다. 반대로 게으른 나쁜 습관을 만든 사람은 무슨 일에도 게으르게 반응하여 제때에 일을 할 수가 없으니 손해도 이만저만 손해를 보는 것이 아니다. 그러므로 예민한 감수성과 학습력이 왕성한 어린 시절과 젊은 시절에 좋은 습관을 많이 만들어 기도록 힘써야 한다. 늙어서는 생각이 고루해져서 새로운 습관을 만들기도 어렵고 나쁜 습관을 고치기는 더욱 어렵다. 사람에 따라 각자의 필요에 의해 좋은 습관이란 서로 다를 수 있지만, 어리고 젊은 사람일수록 몸에 익혀야 할 바람직한 습관은 다음과 같다.

첫째, 일찍 일어나는 습관을 길러야 한다. 일찍 일어나서 운동을 하면 기분이 상쾌해져서 기분 좋은 하루를 시작할 수 있다. 일찍 일어난 만큼 더 많은 시간을 활용할 수 있고, 더불어 부지런한 태도를 기를 수 있다. 일찍 일어나는 사람은 부지런하고 열심히 일하는 사람이다. 때문에 부가 따르고 상쾌한 공기와 남보다 빠른 시작으로 자신감도 고취된다. 거기에 적절한 아침운동을 곁들인다면 몸과 마음을 모두 건강하게 유지할 수 있다.

둘째, 청결과 정돈하는 습관을 길러야 한다. 주변이 항상 깨끗하고 정돈이 잘 되어 있으면 기분이 상쾌해지고 분위기가 안정되어 일의 능률을 높일 수 있다. 또 흐트러진 마음을 가다듬는 수련이 되고 질서를 존중하는 마음을 불러일으킨다.

셋째, 미소 짓고 인사를 잘 하는 습관을 길러야 한다. 웃는 얼굴과 밝은 표정으로 정답게 인사하는 것은 상대방에게 호감과 친근감을 주게 되어 서로를 친밀하게 만들어 준다. 이것은 좋은 사회성을 기르게 하고 인간관계를 원활하게 한다.

넷째, 독서하는 습관을 길러야 한다. 독서는 정신적으로 우리의 눈을 뜨게 하고 우리의 심령에 감동을 촉발하며 우리의 인격을 풍성하게 만들어 준다. 또 책을 통해 인생의 지혜를 배워 정신적 성숙을 앞당겨 주고 급변하는 사회에 빨리 적응할 수 있도록 지식과 능력을 키워준다.

다섯째, 약속을 잘 지키는 습관을 길러야 한다. 신의는 대인관계의 근본이다. 이 신의는 작은 약속으로부터 형성된다. 약속을 잘 지키면 믿을 수 있는 사람이 되고 신용 있는 사람이 되어 타인으로부터 신임을 받을 수 있다.

여섯째, 근검절약하는 습관을 길러야 한다. 부지런히 일하고 검소하게 살며 절약하고 저축하는 생활습관은 개인의 생활을 윤택하게 하고 국가를 번영케 한다. 또 이것은 분수에 맞는 생활을 하게 하며, 남에게 의지하지 않고 자기 힘으로 살아갈 수 있는 자립심을 길러준다.

일곱째, 깊이 생각하고 행동하는 습관을 길러야 한다. 행동에 옮기기 전에 한 발 물러서서 깊이 생각하는 습관을 기르면 원하는 해결책을 찾을 수 있고 또 실패도 줄일 수 있다. 그와 동시에 생각하고 궁리하는 사고력을 길러 주므로 매사에 신중하게 처리하고 신속하게 움직이는 능력을 계발하도록 도와 준다.

여덟째, 하던 일은 끝마치는 습관을 길러야 한다. 무슨 일이든 시작했으면 끝을 맺도록 습관을 들여야 한다. 하던 일을 중도에 포기하거나 다음 날로 미루지 않고 그날 일은 그날에 끝내도록 노력하는 것은 한 가지 일에 열중할 수 있게 하는 힘을 길러주며, 맡은 일에 책임을 지는 자세를 길러준다. 또 끝까지 물고 늘어지는 지구력과 어떤 일을 완수하려는 성취욕도 강화시켜 준다.

습
관